AS AÇÕES DAS SOCIEDADES E OS TÍTULOS DE CRÉDITO

A Bipartição do Domínio no Direito Societário: Propriedade Direta e Propriedade Indireta

AMÉRICO LUÍS MARTINS DA SILVA

2ª Edição Revista e Atualizada

AS AÇÕES DAS SOCIEDADES E OS TÍTULOS DE CRÉDITO

A Bipartição do Domínio no Direito Societário: Propriedade Direta e Propriedade Indireta

2ª Edição Revista e Atualizada

AMÉRICO LUÍS MARTINS DA SILVA

1ª Edição (livro impresso): 23.09.1994 [Editora Forense].

Copyright © 2016 Américo Luís Martins da Silva

A obra foi registrada, em 05.04.1994, no Escritório de Direitos Autorais da Biblioteca Nacional, junto ao registro nº 89.008, do Livro 231, à fl. 120 (protocolo 1300/94).

A publicação da primeira edição da obra foi averbada, em 13.10.94, no Escritório de Direitos Autorais da Biblioteca Nacional, junto ao registro nº 89.008, do Livro 120, à fl. 231, e lavrada no Livro 128, à fl. 421.

Todos os direitos reservados. Proibida a reprodução total ou parcial, por qualquer meio ou processo, especialmente por sistemas gráficos, microfílmicos, fotográficos, reprográficos, fonográficos, videográficos. Vedada a memorização e/ou a recuperação total ou parcial, bem como a inclusão de qualquer parte desta obra em qualquer sistema de processamento de dados. Essas proibições aplicam-se também às características gráficas da obra e à sua editoração. A violação dos direitos autorais é punível como crime (art. 184 e parágrafos, do Código Penal), com pena de prisão e multa, conjuntamente com busca e apreensão e indenizações diversas (arts. 101 a 110 da Lei federal brasileira nº 9.610, de 19.02.1998, Lei dos Direitos Autorais).

E-mail do Autor de atendimento ao público leitor 913724rb.rj@uol.com.br

ISBN: 9781977028235

SOBRE O AUTOR

Américo Luís Martins da Silva (1955-) nasceu no Rio de Janeiro, Brasil. É Procurador Federal; Professor de Direito Econômico, de Direito Empresarial, Direito Imobiliário, Direito Civil e Planejamento Tributário da Escola de Pós-Graduação em Economia - EPGE da Fundação Getúlio Vargas - FGV; Professor da Fundação Getúlio Vargas – FGV; Professor de Direito Societário da Escola da Magistratura do Rio de Janeiro - EMERJ; Professor de Direito Tributário do Curso de Pós-Graduação em Direito Tributário da Universidade Cândido Mendes – UCAM; Professor de Direito Comercial do Curso de Graduação em Direito da Universidade Estácio de Sá. É Especialista em Direito Empresarial, pelo Centro de Ensino Unificado de Brasília - CEUB. É pós-graduado em Direito Civil pela Escola Superior da Magistratura do Distrito Federal. É Mestre em Direito Empresarial, pela Universidade Gama Filho - UGF do Rio de Janeiro. É autor das seguintes obras jurídicas: 1) AS AÇÕES DAS SOCIEDADES E OS TÍTULOS DE CRÉDITO [2ª edição]; 2) A ORDEM CONSTITUCIONAL ECONÔMICA [3ª edição]; 3) A PARTICIPAÇÃO DOS EMPREGADOS NOS LUCROS, NOS RESULTADOS E NA GESTÃO DA EMPRESA [2ª edição]; 4) DIREITO DE FAMÍLIA E COSTUMES ALTERNATIVOS: ESTUDO JURÍDICO, ANTROPOLÓGICO E SOCIAL DA FAMÍLIA (2 VOLUMES) [3ª edição]; 5) CUMPRIMENTO DE SENTENÇA E EXECUÇÃO DA OBRIGAÇÃO DE PAGAR CONTRA A FAZENDA PÚBLICA: PRECATÓRIO-REQUISITÓRIO E REQUISIÇÃO DE PEQUENO VALOR (RPV) [5ª edição]; 6) DIREITO DAS LOCAÇÕES IMOBILIÁRIAS [4ª edição]; 7) O DANO MORAL E SUA REPARAÇÃO CIVIL [5ª edição]; 8) INTRODUÇÃO AO DIREITO EMPRESARIAL [3ª edição]; 9) A EXECUÇÃO DA DÍVIDA ATIVA DA FAZENDA PÚBLICA [4ª edição]; 10) INTRODUÇÃO AO DIREITO ECONÔMICO [2ª edição]; 11) REGISTRO PÚBLICO DA ATIVIDADE EMPRESARIAL (2 volumes) [2ª edição]; 12) CONTRATOS EMPRESARIAIS (2 volumes) [3ª edição]; 13) DIREITO DO MEIO AMBIENTE E DOS RECURSOS NATURAIS (3 volumes) [2ª edição]; 14) SOCIEDADES EMPRESARIAIS (2 volumes) [2ª edição]; 15) DIREITO AERONÁUTICO E DO ESPAÇO EXTERIOR (4 volumes) [2ª edição]; 16) DIREITO DOS MERCADOS FINANCEIROS (3 VOLUMES) [2ª edição]; 17) DIREITO DA CONCORRÊNCIA EMPRESARIAL; 18) CONDOMÍNIO: DOUTRINA E JURISPRUDÊNCIA; 19) DIREITO DA PROTEÇÃO E DEFESA DO CONSUMIDOR; e 20) DIREITO AQUAVIÁRIO E DA NAVEGAÇÃO

MARÍTIMA (3 VOLUMES). É também autor das seguintes obras não jurídicas: 1) O VOO-SOLO E OUTROS CONTOS [categoria: contos]; 2) UMA ODISSÉIA PELOS MARES ORIENTAIS [categoria: romance]; 3) O RESGATE DE ALLAJI [categoria: romance]; 4) A SAGA DE BARTOLOMEU BRASILEIRO [categoria: romance]; 5) BARTOLOMEU BRASILEIRO, O BUCANEIRO [categoria: romance]; 6) O IMIGRANTE PORTUGUÊS [categoria: romance]; 7) DESCONHECIDO CAVALEIRO DA ORDEM DE CRISTO [categoria: romance]; 8) UM CONTINENTE LONGE DEMAIS [categoria: romance]; 9) UMA PASSAGEM PARA A ESPERANÇA [categoria: romance]; 10) A ÉPOCA DE BUENO MACHADO, DANÇARINO E CABARETIER [categoria: crônica]; 11) POESIAS REUNIDAS DE UM POETA EVENTUAL [categoria: poesias]; 12) OS MAIS FAMOSOS ATORES DE HOLLYWOOD - DE 1940 A 1960 - VOLUME 1 [categoria: biografia]; 13) OS MAIS FAMOSOS ATORES DE HOLLYWOOD - DE 1940 A 1960 - VOLUME 2 [categoria: biografia]; e 14) AS MAIS FAMOSAS ATRIZES DE HOLLYWOOD - DE 1940 A 1960 - VOLUME 1 [categoria: biografia].

Visite os sites:
http://www.americoluismartinsdasilva.com.br **(site pessoal)**
http://www.amazon.com/author/americo.silva **(pagina de autor de livros na amazon.com)**

DEDICATÓRIA

Dedico esta obra, *in memorian*, aos meus pais *Horácio Ferreira da Silva* e *Onícia Martins da Silva*

RESUMO

O presente trabalho expõe o sentido dos problemas existentes para definir a verdadeira natureza jurídica das ações, bem como oferecer um exame crítico das correntes doutrinárias - que ora sustentam serem elas um título de crédito, ora direito de crédito, ora título participação, ora título de propriedade - além de estabelecer a posição do autor e apresentar novas possibilidades para a compreensão dessa natureza, entre elas a bipartição do domínio sobre o fundo social.

ABSTRACT

This paper accounts for the problem found upon defining the real juridical nature of shares, offering a critical survey of the theoretical currents which sometimes treat them either as letters of credit, or rights of credit, or title of participation, or certificates of ownership, the on - going paper also presents its author's viewpoint and sheds new light on the understanding of the nature of shares, including a twofold division of the holding social funds.

RESUMÉ

Le présent travail a le but d'exposer les sens des problémes existants pour définir la vraie nature juridique des actions, en même temps d'offrir un examen critique des courantes doctrinaires, que elles soutiennent d'etre un titre de crédit, un droit de crédit, un titre de participation ou un titre de proprieté. e travail montre encore la position de l'auteur et présente des nouvelles possibilités pour la compréhension de cette nature, parmi les quelles la bipartition du domaine sur le fond social.

SUMÁRIO – ÍNDICE

SOBRE O AUTOR iii
DEDICATÓRIA v
RESUMO vii
ABSTRACT vii
RESUMÉ viii
SUMÁRIO – ÍNDICE ix
AGRADECIMENTOS xi
PREFÁCIO xiii
CAPÍTULO 1 – INTRODUÇÃO 1
CAPÍTULO 2 – ETIOLOGIA HISTÓRICA DAS AÇÕES 5
    2.1 SOCIETATES PUBLICANORUM 5
    2.2 O BANCO DE SAN GIORGIO 7

2.3 AS COMPANHIAS COLONIAIS 11
2.4 DA COMPANHIA GERAL DO COMÉRCIO AO BANCO DO BRASIL...21
2.5 A DIFUSÃO E EVOLUÇÃO DAS SOCIEDADES ANÔNIMAS 26
2.6 A EVOLUÇÃO DO TÍTULO DE REPRESENTAÇÃO DO CAPITAL SOCIAL..38
CAPÍTULO 3 – TEORIA GERAL DOS TÍTULOS DE CRÉDITO 45
3.1 CRÉDITO: O SUBSTITUTO TEMPORÁRIO DO DINHEIRO 45
3.2 A CIRCULAÇÃO DO CRÉDITO...49
3.3 CONCEITO DE TÍTULO DE CRÉDITO.....................................53
3.4 AS CARACTERÍSTICAS DO TÍTULO DE CRÉDITO..............57
3.5 O PRINCÍPIO DA CARTULARIDADE..58
3.6 O PRINCÍPIO DA LITERALIDADE 59
3.7 O PRINCÍPIO DA AUTONOMIA..63
3.8 OS PRINCÍPIOS DA ABSTRAÇÃO E DA INDEPENDÊNCIA 67
CAPÍTULO 4 – O VALOR, AS ESPÉCIES E FORMAS DAS AÇÕES DAS SOCIEDADES...73
4.1 AÇÕES COM VALOR NOMINAL E AÇÕES SEM VALOR NOMINAL..74
4.2 AÇÕES ORDINÁRIAS, AÇÕES PREFERENCIAIS, AÇÕES DE FRUIÇÃO E AÇÕES DE CLASSE ESPECIAL.....................................80
4.3 AÇÕES NOMINATIVAS, AÇÕES ENDOSSÁVEIS, AÇÕES AO PORTADOR E AÇÕES ESCRITURAIS 97
4.4 AS AÇÕES INTEGRALIZADAS E AS AÇÕES NÃO-INTEGRALIZADAS 111
CAPÍTULO 5 – NATUREZA JURÍDICA DAS AÇÕES 119
5.1 CONCEITO JURÍDICO DE AÇÃO..120
5.2 AÇÃO COMO UNIDADE DO CAPITAL SOCIAL....................125
5.3 AÇÃO COMO COMPLEXO DE DIREITOS E OBRIGAÇÕES DO SEU POSSUIDOR..128
5.4 CONCEPÇÃO QUE CONSIDERA AÇÃO COMO TÍTULO DE CRÉDITO..134
5.5 CONCEPÇÃO QUE REJEITA A AÇÃO COMO TÍTULO DE CRÉDITO..152
CAPÍTULO 6 – CONCLUSÃO 163
BIBLIOGRAFIA..175

AGRADECIMENTOS

Ao *professor Theóphilo de Azeredo Santos* pela orientação durante a elaboração desta dissertação , à *Eudélia Fialho De Lima Guerra*, não apenas pela trabalhosa e paciente revisão do texto, mas, também, pelo incentivo e apoio que sempre me ofereceu durante longos anos e à Maria Lygia Abrahão de Carvalho pelas sugestões apresentadas na elaboração final da obra.

AMÉRICO LUIS MARTINS DA SILVA

PREFÁCIO

Em "As ações das sociedades e os títulos de crédito", seu Autor, *Américo Luis Martins da Silva*, propõe-se, a partir do próprio título da obra, a estabelecer de forma muito nítida os traços distintivos entre os dois institutos jurídicos, logrando atingir plenamente aquele objetivo.

O trabalho que se prestou à dissertação de mestrado, que o Autor cursou na antiga *Universidade Gama Filho do Rio de Janeiro*, reveste-se das características da obra resultante de aprofundados estudos e longa pesquisa, revelando-se, por forma, valiosa contribuição científica para a demonstração da heterogeneidade com que se apresentam as ações das sociedades e os títulos de crédito, espancando, de forma definitiva, as dúvidas doutrinárias a respeito.

Américo Luis Martins da Silva, que ao longo do mestrado revelou-se um dedicado e simpático companheiro de estudos, tendo colaborado intensamente com seus colegas nas atividades de pesquisa científica e participação intensamente dos debates que conduzimos, teve, ainda, em sua obra, a preocupação de emprestar-lhe efeitos práticos, não se limitando, assim, às distinções conceituais e acadêmicas, mas enfrentando e apontando as diferenças práticas que separam os institutos, sobretudo diante do tratamento e eficácia diferenciados que lhes atribui o Direito Positivo.

A edição da obra "As ações das sociedades e os títulos de crédito" vem preencher enorme lacuna, ante a ausência de outros trabalhos voltados ao estudo das diferenças entre aqueles e será, com toda certeza, livro obrigatório nas bibliotecas de advogados, magistrados, membros do *Ministério Público* e quantos se dediquem ao estudo do direito, tanto mais que, para chegar à heterogeneidade, o Autor faz exaustivo estudo das características, nuances, propriedades e efeitos, separada e detalhadamente, das ações e dos títulos de crédito.

Parabéns a *Américo Luis Martins da Silva* pelo sucesso a que está predestinada sua excelente monografia.

Zoraide Amaral de Souza

CAPÍTULO 1 – INTRODUÇÃO

A maior parte da doutrina nacional e estrangeira tem apresentado, em suas construções conceituais, as ações das sociedades como um título de crédito. Para tanto, lançaram-se a um laborioso trabalho de adaptação, onde tem prevalecido, por vezes, a inadequação de conceitos e a tentativa de desfigurar parcialmente as regras gerais desses documentos de crédito e circulação (títulos de crédito). Poucos autores, como o jurista italiano *Alfredo de Gregorio*, o jurista francês *Raymond-Théodore Troplong* (1795-1869), os juristas brasileiros *Clóvis Beviláqua* (1854-1944), seu sobrinho *Aquiles Beviláqua, José Maria de Carvalho Santos, Dídimo Agapito da Veiga Júnior* (1847-1939), *Antônio Gonçalves Nunes*, Barão de Igarapé-Mirim (1819 -1893), *Wilson de Souza Campos Batalha* e *José Edwaldo Tavares Borba*, dispuseram-se a questionar as bases tomadas como fundamento para esse entendimento.

AMÉRICO LUIS MARTINS DA SILVA

A presente dissertação visa, pois, oferecer uma demonstração sistemática dos obstáculos que impedem a qualificação da natureza jurídica das ações como títulos de crédito. Para isso, o trabalho que aqui se inicia mantém-se fiel ao rigor dos pressupostos e das regras gerais que regem o título de crédito e procura mostrar a invalidade de todos os enunciados que pareçam desconexos e duvidosos ao estabelecerem pontos de identificação entre títulos tão heterogêneos.

Apesar de os autores acima citados já terem atacado a posição defendida por nomes como o economista, jurista e professor italiano que viveu no Brasil de 1941 a 1946, *Tullio Ascarelli* (1903-1959), o jurista italiano *Cesare Vivante* (1855-1944), o jurista também italiano *Umberto Navarrini* (1870-1947), o comercialista brasileiro *Rubens Requião* e outros, esta dissertação tem como fulcro focalizar o problema de maneira original e, algumas vezes, trazer novos elementos esclarecedores para proporcionar uma pequena contribuição ao melhor conhecimento da natureza jurídica das ações das sociedades comerciais.

Este trabalho não tem por escopo atingir a solução final para complexo problema da natureza das ações nem fortalecer antonomias clássicas. Trata-se, apenas, de uma cooperação para o seu esclarecimento.

Como não poderia deixar de ser, o segundo capítulo do presente trabalho exibe um estudo da origem das ações, que, evidentemente, alinha-se com a origem e a evolução das sociedades que os emitem.

Considerando que o objetivo da dissertação é prender-se à heterogenia entre as ações e os títulos de crédito, o terceiro capítulo cuida, como abordagem preliminar, da teoria geral dos títulos de crédito, envolvendo especificamente o crédito, o conceito e os requisitos do título de crédito, o princípio da cartularidade, da autonomia, da literalidade, da abstração e da independência, em virtude de a forma desses títulos ser, atualmente, utilizada como fundamento de vinculação com as ações das sociedades por ações.

O quarto capítulo, ainda em abordagem preliminar, versa sobre o valor, as espécies e as formas de ações, dada a necessidade de se esclarecer cada ponto de sua classificação antes de adentrarmos no tema central, necessidade esta que encontra razão no fato de que algumas formas e espécies de ações, mais que outras, apresentam indícios de semelhança com os títulos de crédito.

Após as considerações gerais, que serviram de preparação ao que se pretende, o quinto capítulo versa sobre o que representam para as diferentes correntes de pensamento as ações das sociedades, bem como cataloga cada fundamento das posições doutrinárias nascidas do esforço para definir a natureza jurídica desse instituto.

Ao final da dissertação, é apresentada uma conclusão a respeito das questões principais - natureza jurídica do direito do acionista sobre a sua

AS AÇÕES DAS SOCIEDADES E OS TÍTULOS DE CRÉDITO

parte no capital social e natureza jurídica do título que representa a fração mínima do capital social -, onde apresentaremos nossas reflexões sobre o tema e as posições que preferimos adotar no secular debate levado a efeito sobre o assunto.

AMÉRICO LUIS MARTINS DA SILVA

CAPÍTULO 2 – ETIOLOGIA HISTÓRICA DAS AÇÕES

As origens das ações não se confundem com as das sociedades de um modo geral, pois, antes do século XV, não se tem notícias de títulos desse gênero usados com o fim de facilitar a negociação da participação na sociedade. Contudo, as ações surgiram certamente antes da moderna sociedade anônima, produto da evolução econômica entre o fim do século XVI e a primeira metade do século XIX.

2.1 SOCIETATES PUBLICANORUM

Apesar de as ações terem surgido efetivamente em época muito posterior, iniciamos a análise histórica pelo estudo das instituições, que emergiram do Direito Romano com certa similaridade com as sociedades anônimas formadas séculos mais tarde.

Com relação àquele período, o jurista alemão CHARLES GUSTAVE MAYNZ (1812-1882) observou que a divisão das sociedades em sociedade civil e em sociedade comercial e a divisão das sociedades mercantis são inteiramente estranhas ao Direito Romano.[1] Ainda assim, as investigações históricas apontam as *societates publicanorum* ou *societates vectigalium* como instituições do Direito Romano que têm algumas semelhanças com as sociedades anônimas.

O Estado Romano autorizava alguns de seus cidadãos a arrecadar tributos (*vectigalia*), mediante pagamento de um determinada quantia ao tesouro ou àqueles que arrendavam os bens do fisco. Esses cidadãos eram chamados publicanos, ou seja, agentes do fisco, encarregados do lançamento e arrecadação dos tributos. Desta forma, levando em conta estes aspectos, os particulares exerciam funções públicas.

Os publicanos, em regra, constituíam sociedades a fim de que pudessem desenvolver melhor as atividades cujo exercício lhes fora autorizado. Esta classe era formada por banqueiros e capitalistas, que dominaram o comércio de tal maneira, que o desenvolveram em proporções gigantescas entre as províncias e a Itália, praticando toda ordem de especulação e de usura e, em vista da manipulação de vastas operações, que se estenderam por toda bacia mediterrânea, como informa o renomado historiador do direito romano PIETRO BONFANTI (1864-1932),[2] acabaram se associando em corporações para o arrendamento dos tributos públicos, que tomaram o nome de *societates publicanorum*.

Alguns autores, no entanto, afirmam que essa espécie de *societate* não se restringiu à arrecadação dos tributos, mas não raras vezes, incluía, também, no seu rol de atividades, a exploração de contratos de obras públicas e de fornecimentos.

As *societates publicanorum* ou *societates vectigalium* possuíam certas peculiaridades que as distinguiam inteiramente das outras sociedades romanas. Algumas dessas características seriam análogas às das sociedades anônimas contemporâneas. Por exemplo, as sociedades formadas pelos publicanos eram dotadas de personalidade jurídica própria e não se dissolviam pelo simples falecimento de um dos sócios. Dessa forma, os

---

[1] Cf. *Cours de Droit Romain*, tomo II, Bruxelas, Librairie Polytéchique d'Ang. Decq., 1870, p. 249, § 311.

[2] Cf. *Storia del Diritto Romano*, vol. I, Milão, Società Editrice Libraria, 1923, p. 283.

bens dos publicanos e os da sociedade constituída não se comunicavam, ou seja, as dívidas da sociedade não constituíam dívidas dos sócios. Isto indicava a limitação da responsabilidade individual. O sócio mais destacado poderia exigir para si a transferência da quota do sócio menos representativo. E, como lembra o jurisconsulto francês EDOUARD CUQ (1850-1934),[3] os sócios das *societates publicanorum* poderiam alienar sua participação na sociedade, isto é, a parte de cada sócio na sociedade representava valores cedíveis e negociáveis.[4]

As *societates publicanorum*, em resumo, pareciam ser, em sua origem, concessionárias de funções públicas, que antecipavam ao Tesouro o fruto da arrecadação dos tributos, os quais seriam, posteriormente, cobrados dos contribuintes em potencial.

Como já frisamos, apesar de as participações nas *societates publicanorum* poderem ser objeto de cessão, não se tem conhecimento de terem sido consubstanciadas em títulos negociáveis. Por isso, concluímos que os romanos não chegaram sequer a criar uma cártula de participação societária parecida com a ação dos tempos contemporâneos.

As *societates publicanorum* impuseram sua influência até o início do século V. Entretanto, como ressalta EDOUARD CUQ, desde a época dos Antoninos (ou Antonianos - religiosos da *Ordem de Santo Antônio*), foram, aos poucos, substituídas por sociedades de *conductores* encarregados de arrecadar os tributos devidos ao *Tesouro*, mediante determinada remuneração, que, às vezes, era expressa em percentagem sobre as receitas arrecadadas.[5]

Do século V em diante, os *conductores* acabaram por converter-se em funcionários do império, apagando qualquer vestígio que ainda restava das *societates publicanorum* ou *societates vectigalium*. Dessa sociedade romana, conclui o renomado professor da Faculdade de Direito de São Paulo WALDEMAR MARTINS FERREIRA (1885-1964), extraímos a certeza de que nem tudo que o mercantilismo contemporâneo revela é inédito.[6]

2.2 O BANCO DE SAN GIORGIO

---

[3] Cf. *Manuel des Institutions Juridiques des Romains*, Paris, Plon-Nourit, 1917, p. 501.
[4] COSTA, Emílio, *Cicerone Giureconsulto*, vol. I, Bolonha, Nicola Zanechelli Editore, 1927, p. 191, n° 37.
[5] BATALHA, Wilson de Souza Campos. *Sociedades Anônimas e Mercado de Capitais*, 1° vol., Rio de Janeiro, Editora Forense, 1973, p. 12.
[6] Cf. *Tratado de Direito Comercial*, 4° vol., São Paulo, Edição Saraiva, 1961, p. 7.

Uma vez abordados os precedentes romanos da sociedade anônima, antes da fundação do *Banco de San Giorgio*, considerado por muitos como o primeiro exemplo do que, posteriormente, seria denominado sociedade anônima, em Toulouse, na França, existiram, no final do século XII, empresas moageiras com algumas características análogas às das sociedades anônimas contemporâneas. Ainda assim afirma professor emérito da Université de Toulouse MÉLANGES GERMAIN SICARD, ao buscar as origens das sociedades anônimas na França.[7] O valor dos moinhos (*moulins*) era dividido em um determinado número de partes que se denominavam *uchaux* ou *saches*. As partes em que se dividia o valor do moinho poderiam ser cedidas e constituíam a base para o cálculo da distribuição dos resultados aos sócios.

A investigação histórica conseguiu verificar, também, que, no século XIII, existiram associações mineiras germânicas e italianas com certas características que poderiam ter contribuído para a formação das sociedades anônimas que conhecemos. As quotas de condomínio dessas associações poderiam ser transferidas livremente e os lucros eram distribuídos proporcionalmente ao número de quotas de cada um dos participantes.

Assim como sucede em relação às *societates publicanorum*, não há indícios de que as empresas moageiras francesas do século XII e as associações mineiras germânicas e italianas do século XIII tenham se utilizado de títulos com características que se aproximassem das ações atuais, para serem facilmente negociados ou cedidos.

Fundado em Gênova, Itália, no ano de 1407, o *Banco de San Giorgio* (*Casa di San Giorgio*, posteriormente, *Banca di San Giorgio*), sem qualquer dúvida, é o principal predecessor e, até mesmo podemos dizer, o primeiro ancestral das sociedades anônimas contemporâneas. Essa sociedade teve grande repercussão e perdurou por muito tempo, sendo dissolvida somente em 1799, quase quatro séculos depois de sua constituição.

WILSON DE SOUZA CAMPOS BATALHA, em seu esforço para elaborar a constituição histórica da sociedade anônima, lembra que a República de Gênova, desde o século XII, vinha sistematicamente fazendo empréstimos através de emissão de títulos de renda perpétua ou vitalícia, livremente transferíveis e igualmente fracionados (*loca*), garantidos por fundos (*montes profani*) supridos por impostos. Esses empréstimos de renda foram emitidos, não apenas para suprir as despesas corriqueiras da República, mas, principalmente, para custear as guerras que aconteceram

---

[7] Cf. *Aux Origines des Sociétès Anonymes - Les Moulins de Toulouse au Moyen Âge*, Paris, Librairie Armand Colin, 1953, p. 327 e 340.

AS AÇÕES DAS SOCIEDADES E OS TÍTULOS DE CRÉDITO

entre Gênova e Veneza.[8]

A criação da *Casa di San Giorgio* revelou-se de tamanha importância, que tornou-se matéria de várias publicações e até mesmo o historiador, poeta, diplomata e músico italiano do Renascimento NICCOLÒ DI BERNARDO DEI MACHIAVELLI (Florença, 03.05.1469 – Florença, 21.06.1527) dedicou algumas páginas para relatar suas origens. Diz ele que "os genoveses celebraram a paz com os venezianos após aquela importantíssima guerra que, durante muitos anos houve entre eles, não podendo aquela república pagar aqueles cidadãos as grandes somas de dinheiro que lhe haviam emprestado, entregou-lhes a alfândega, com o seu palácio, a fim de que auferissem os rendimentos desta, cada qual segundo os méritos da soma de capital com que tinha entrado, até inteiramente se pagarem do que a cidade lhes devia. Deliberaram os credores, então, agrupando-se, estabelecer entre si forma de governo. Formaram um conselho de cem de entre eles, que sobre as coisas públicas resolvesse. Instituíram magistratura de oito cidadãos para a chefia de tudo e execução do deliberado. Dividiram os seus créditos em partes, as quais se chamavam - *Luoghi*; e a todo corpo intitularam São Jorge".[9]

Na virada do século XIV para o século XV, houve o fatal estrangulamento das finanças públicas da República de Gênova, devastadas pelas sucessivas guerras com os seus vizinhos venezianos. Não podendo pagar os juros dos títulos de dívida pública por ela lançados em praça, foi forçada, por pressão dos credores, a conceder-lhes a cobrança dos impostos devidos à República. Frente a tamanho empreendimento, os credores decidiram formar a corporação *Casa di San Giorgio*.

A *Casa di San Giorgio* surgiu com a mesma aparência das *societates publicanorum*, ou seja, em ambos os casos o poder público concedeu a exação dos tributos devidos ao fisco. Cremos que, no império romano, a exação foi outorgada apenas em vista da maior comodidade que a concessão permitia, uma vez que a arrecadação, desta forma, se tornou certa e antecipada, deixando os dissabores da cobrança a cargo dos publicanos, enquanto que, na República de Gênova, a exação foi concedida como o único meio, nas circunstâncias reinantes, de satisfação da volumosa dívida contraída pelo governo genovês.

É certo que, na sua origem, a *Casa di San Giorgio* não apresentava as características de uma sociedade anônima, uma vez que os credores formaram o que seria uma sociedade de portadores de títulos de empréstimo público. Isto é o que se extrai das observações do jurista

---

[8] Cf. *Sociedades Anônimas e Mercado de Capitais*, 1º vol., Rio de Janeiro, Editora Forense, 1973, p. 13.

[9] Cf. *Le Istore Fiorentine (1520-1525)*, 4º vol., Florença, Casa Editrice Adriano Salani, 1957, p. 494.

francês, professor da Faculdade de Direito de Paris e conselheiro do governo chinês JEAN ESCARRA (1885-1955).[10] Contudo, deve-se ressaltar que a *Casa di San Giorgio* se transformou em Banco Estatal e, depois, em uma Companhia Colonial. Acreditamos, sem elidir o respeito às posições opostas, que a partir de sua transformação em Banco, a *Casa di San Giorgio* avocou para si características bastantes semelhantes com as de uma sociedade anônima.

No decorrer da evolução das sociedades anônimas, houve, evidentemente, a perda de seu aspecto embrionário e, pouco a pouco, a incorporação das suas características atuais. No entanto, não devemos, por isso, descrer do fato de que as origens da sociedade anônima contemporânea localizam-se na transformação da *Casa di San Giorgio* em *Banca di San Giorgio*, pois não há como deixar de atribuir o caráter comercial a essa associação, que teve seu capital dividido em ações.

Os credores associados organizaram de tal forma a entidade criada para coletar os rendimentos da alfândega com o objetivo de pagarem todos os demais credores da cidade, que a associação se tornou próspera e bem administrada, a ponto de a administração pública da cidade, em momentos de dificuldades financeiras, ter buscado constantemente empréstimos, dando terras em garantia. NICCOLÒ DI BERNARDO DEI MACHIAVELLI relata, ainda, que a administração pública chegou a entregar a maior parte das terras e da cidade sob o domínio da República de Gênova, pondo-as sob a administração da *Casa di San Giorgio*, que as governou e defendeu. Em virtude disto, a *Casa di San Giorgio* acabou se sobrepondo ao Estado, apossando-se de poderes, tanto para a paz como para a guerra; daí o formidável poderio da associação e a longetividade de sua existência.[11]

O capital da *Casa di San Giorgio* formou-se com os títulos de renda (*loca montium*), oriundos dos empréstimos públicos. A *Casa di San Giorgio* transformou-se em *Banca di San Giorgio* pela conversão dos títulos de renda em ações de um *Banco Estatal*, nominativas, inscritas em um livro de registro da associação. Na sua origem, não havia negociação dos títulos de renda, porém a investigação histórica aponta a sucessão dos participantes da corporação e a ameaça à subsistência da *Banca di San Giorgio* como os problemas que levaram a tornar negociáveis os títulos de representação do capital. Assim, os títulos de renda se transformaram em verdadeiras ações, sem qualquer restrição à sua alienação, negociáveis em mercado instituído exclusivamente para tanto e com cotações periódicas de seus valores.

Temos aí o primeiro ancestral das ações que representam o capital

---

[10] Cf. *Manuel de Droit Commercial*, vol. I, Paris, Recueil Sirey, 1947, p. 262.
[11] Cf. *Le Istore Fiorentine (1520-1525)*, 4° vol., Florença, Casa Editrice Adriano Salani, 1957, p. 496.

das sociedades contemporâneas e, também, o primeiro ancestral das atuais e tão difundidas bolsas de valores.

O *Banco de São Jorge* ou *Banca di San Giorgio* foi o ponto primeiro da estrutura da árvore genealógica da sociedade anônima e influenciou decisivamente na fundação de outras instituições de formação análoga, entre elas o seu similar *Banco de São Ambrósio*, constituído em Milão, no ano de 1592.

2.3 AS COMPANHIAS COLONIAIS

Os grandes empreendimentos revestidos da forma característica de sociedade anônima, pessoas jurídicas às quais se atribuíram relevantes funções públicas, no dizer de WILSON DE SOUZA CAMPOS BATALHA, surgiram através do desenvolvimento da política colonial nos séculos XVI e XVII.[12]

Os autores citam, como primeiras companhias dessa espécie a serem fundadas, as do tipo *Joint Stock Company*, que foram adotadas na Inglaterra, no século XVI. A *Joint Stock Company* tinha o capital comum dividido em títulos representativos e, como bem esclarecem o jornalista, advogado e ativista intelectual norte-americano JOHN PRESTON DAVIS (19.01.1905 – 11.09.1973)[13] e o jurista francês e professor da Faculdade de Direito e Ciência Econômica de Paris ANDRÉ TUNC (1917-1999),[14] definia-se como uma associação de pessoas incorporadas, para promover, mediante suas contribuições reunidas por um estoque, ou fundo comum, o andamento de uma empresa comercial.

O comerciante ou, em geral, grupo de comerciantes que se aventuravam ao tráfico de mercadorias através dos grandes oceanos, apresentavam ao público investidor proposta de participação, sob a forma de títulos, em um empreendimento que seria realizado. A participação de investidor visava a cobrir as despesas orçadas para a efetivação do tentame, porém reservando determinado número de quotas na participação ao comerciante executor, a fim de se manter o controle sobre o negócio. Aqueles que adquiriam os títulos de participação lucravam diretamente com a distribuição dos dividendos, ou repartição dos lucros apurados no

---

[12] Cf. *Sociedades Anônimas e Mercado de Capitais*, 1º vol., Rio de Janeiro, Editora Forense, 1973, p. 14.

[13] Cf. *Corporations*, vol. II, New York, Capricorn Books,1961, p. 114 e segs.

[14] Cf. *Le Droit Anglais des Sociétés Anonymes*, Paris, Librairie Juridique Dalloz, 1971, p. 6.

empreendimento e, indiretamente, com a valorização das ações conforme o prestígio alcançado junto ao público. Os compradores dos títulos de participação não podiam ser responsabilizados em seus bens pelos débitos contraídos pela companhia. A companhia, por sua vez, não desapareceria caso ocorresse a morte de algum participante ou investidor, tendo em vista que, sendo possível a transferência dos títulos de participação para os herdeiros, era permanente a sua atividade.

Entre as sociedades do tipo *Joint Stock Company*, surgidas na Inglaterra, no século XVI, citam-se a dos Comerciantes Aventureiros da Inglaterra, em 1552/1553, transformada, em 1555, na *Cia da Moscóvia* ou *Russia Company*, incorporada pela Rainha Elisabeth; em 1583, a Cia Veneza; em 1600, a *East India Company*, criada mediante carta real e constituída pelos comerciantes de Londres.

Há notícias de que, para a primeira viagem, organizada em 1601 pela *East India Company*, foram vendidas 68.000 libras esterlinas em títulos de participação para 208 investidores, sendo que o capital e os lucros foram divididos na volta da frota mercante. Nesta fase, o capital da companhia era de constituição temporária, isto é, era levantado dias antes da partida da frota organizada e, junto com os lucros, era devolvido aos investidores no fim da viagem prevista. A companhia tinha o monopólio do comércio entre a Inglaterra e as Índias Orientais, com quase ilimitados poderes administrativos e militares na área onde atuava. Há notícias, também, de que a viagem organizada pela companhia no ano de 1612 pagou aos investidores um dividendo de 220% (duzentos e vinte por cento), exemplo que bem demonstra a lucratividade do negócio à época.

A *East India Company* recebeu capital e organização permanentes somente em 1657. Talvez este seja um dos motivos pelo qual a maior parte dos autores exclui este tipo de companhia das origens da sociedade anônima. Inclusive, WILSON DE SOUZA CAMPOS BATALHA informa que esta sociedade era do tipo fechado e opina no sentido de que ainda se conservava próxima à sociedade de pessoas (*patnership*), desta se distinguindo pela personalidade jurídica conferida pela carta real.[15]

A *East India Company*, no final do século XVIII e no início do século XIX, foi atacada pela nova burguesia industrial inglesa, de tendências liberais, que conseguiu a redução dos seus privilégios em 1813, mantendo uma pressão permanente e sistemática. Em 1833, seu monopólio acabou por ser eliminado, tendo-se encerrado sua administração em 1858.

Outras companhias nos moldes da *East India Company* surgiram na Inglaterra: a *Companhia para o Comércio com a França e os seus Domínios*, em 1611; a *Cia da África Ocidental*, em 1618; a *Cia para o Comércio do Canadá*,

---

[15] Cf. *Sociedades Anônimas e Mercado de Capitais*, 1° vol., Rio de Janeiro, Editora Forense, 1973, p. 36.

AS AÇÕES DAS SOCIEDADES E OS TÍTULOS DE CRÉDITO

fundada em 1627 e transformada na *Cia da Baía de Hudson*, em 1670; a *Cia Real Africana*, em 1662; e a *Cia dos Mares do Sul*, em 1711.

A sociedade por ações é uma forma dos tempos modernos, surgida do desenvolvimento econômico que teve lugar nas concentrações de capitais. Sem sombra de dúvida, apareceu em tempos remotos, mas apenas de maneira isolada, esporádica, na Itália, e se desenvolveu mais tarde, amplamente, a partir da *Companhia Holandesa das Índias Orientais*, formada no século XVII. Este é o ponto de vista esboçado pelo jurista alemão e professor da Universidade de Heidelberg KARL AUGUST HEINSHEIMER (Mannheim, 22.10.1869 – Heidelberg, 16.06.1929) a respeito das origens da sociedade anônima.[16]

Os Países-Baixos, constituídos por várias províncias, tais como Holanda, Zelândia, Frísia Ocidental, Utrecht, etc., estavam, no século XVI, sob o domínio espanhol, assegurado no reinado de *Carlos V*, eleito imperador, em 1519, com auxílio dos banqueiros *függer*. Durante o domínio espanhol, a economia das províncias ganhou força, impulsionando a prosperidade na região. Os cidadãos mais abastados não se limitaram mais ao comércio dos tecidos comprados dos artesãos: passaram, sim, a investir o capital acumulado na fabricação desses tecidos. O capitalismo passou de comercial a industrial. As novas indústrias produziram grandes fortunas e a frota marítima das províncias do norte se transformou na maior e mais bem equipada da Europa.

Carlos V, em 1555, legou os Países-Baixos ao ramo espanhol dos *Habsburgos*. O novo rei, *Felipe II*, suprimiu o direito do povo da região de participar do governo, fato que trouxe grande desagrado e, somado aos problemas religiosos oriundos da reforma luterana, desaguou em grandes conseqüências. Com a insatisfação, em 1566, começou a guerra de libertação, sob o comando de *Guilherme de Orange* e, após sucessivas batalhas, em 1581, as sete províncias do norte, congregadas na *União de Utrecht*, declararam a independência.[17]

Em 1584, morreu *Guilherme de Orange*, acontecimento que não desestimulou o prosseguimento da luta para preservar a independência. Em represália à luta estabelecida pela independência dos Países-Baixos, *Felipe II* fechou o porto de Lisboa aos mercadores holandeses. Em conseqüência, estes mercadores procuraram seu próprio caminho para as Índias. A partir de então, iniciou-se a organização de várias viagens, explorações e conquistas coloniais, que trouxeram aos Países-Baixos ricos domínios, tais

---

[16] Cf. *Derecho Mercantil*, trad. espanhola segundo a 3ª ed. Alemã, Barcelona, Editorial Labor, 1933, p. 124.
[17] GRANDES PERSONAGENS DA HISTÓRIA UNIVERSAL, vol. 3 ("Guilherme de Orange"), São Paulo, Abril Cultural, 1971, p. 604.

como Indonésia, Antilhas e outros.[18]

A crescente industrialização das províncias ao norte dos Países-Baixos ansiava pelo domínio de novos mercados para dar vazão à sua produção e buscar um aumento da margem de lucro sobre cada mercadoria, considerada individualmente. O economista, filósofo e jornalista alemão CONRAD SCHMIT (Königsberg, Preuben, 25.11.1863 – Berlin, 14.10.1932) foi quem, mais recentemente, melhor explicou o estágio que atravessavam, na época, as indústrias da região,[19] quando escreveu que "os objetivos da produção, aquilo que leva à produção, são finalidades que, em última análise e de uma forma ou de outra, têm origem na procura de bens de consumo, finalidades só compreensíveis quando tomadas em conexão com a procura de consumo e constantemente reportadas a elas. A procura definitiva ou de consumo é a força vivificadora que, através de toda a economia, mantém em movimento o enorme aparato de produção".

A melhor maneira de satisfazer a prosperidade industrial, dar vazão à produção crescente - que não seria possível apenas através da procura interna -, ainda, aumentar a margem de lucro, eliminar a concorrência e reforçar o erário público foi a conquista e domínio de colônias, com a imposição do regime de mercado fechado, exclusivo aos produtos da nação que detinha a administração e o poder coator. Entretanto, para a formação e a defesa do domínio de uma colônia, havia a necessidade de gigantescas somas para a realização do empreendimento.[20]

Isoladamente, não havia capital individual suficiente para tanto e o mesmo ocorria reunindo o capital privado disponível. Seria necessária a reunião de capital privado com dinheiro do erário público.

Assim, em 1602, formou-se, na Holanda, a Companhia das Índias Orientais, conforme informa KARL AUGUST HEINSHEIMER, pela fusão de companhias menores que atuavam no ramo da exploração do comércio marítimo desde 1593. Estas companhias menores citadas por KARL AUGUST HEINSHEIMER eram seis grupos de sociedades dedicadas ao condomínio naval, que vinham realizando isoladamente o comércio com o Oriente, todos com algum prejuízo, razão pela qual o "grande pensionário" *Oldenbarneveldt* empregou todos os esforços para reuni-las em uma companhia maior com apoio governamental. Sobreviveram as notícias de que, no princípio, a companhia era mais do tipo de parcerias múltiplas e estava dividida em seis câmaras provinciais eleitas pelos Estados Gerais Provinciais, que participavam funcionando

---

[18] *Id., loc. cit.*

[19] Cf. "Zur Theorie der Handelskrisen und der Uberproduktion". In: *Sozialistische Monatshefte*, vol. II, Bd. 2, n° 9, 1901, , p. 673.

[20] FUCHS, Carl Johannes. *Economia Política*, 2ª ed., tradução de Manuel Sánchez Sarto, Barcelona, Editorial Labor, 1927, p. 66-67.

AS AÇÕES DAS SOCIEDADES E OS TÍTULOS DE CRÉDITO

como unidades econômicas e administrativas no preparo das frotas mercantes e elegiam um comitê diretor de 17 (dezessete) membros para os assuntos comuns. A companhia tinha, inicialmente, caráter temporário de 10 (dez) anos.[21]

Na realidade, a partir de 1595, observou-se que as expedições navais de grande vulto, realizadas por meio da organização de viagens com numerosa frota mercante navegando sob a proteção de vários vasos de guerra, proporcionava grandes lucros, ao contrário da arriscada empreitada que constituía a viagem, sem a necessária proteção, de um único ou poucos navios mercantes, cuja propriedade era de pequenas companhias ou de um comerciante individual. A perda de um navio, para piratas ou por acidente, deixava a companhia de pequeno porte ou o comerciante beirando a falência, sem que, às vezes, fosse possível absorver os prejuízos mesmo com o passar do tempo e ajuda financeira. Por isso, os traficantes flamengos se organizaram em empresas de capital, cujo tipo de maior sucesso foi a *Companhia das Índias Orientais*, constituída pela iniciativa privada, com a participação do Estado e ainda com o apoio financeiro do *Banco de Amsterdam*.

Aos poucos, foi necessário adaptar a *Companhia das Índias Orientais* às condições reais do comércio com o Oriente, fonte de fabulosos lucros, mas, também, de consideráveis despesas e encargos constantes e permanentes. Em vista disto, no ano de 1610, verificaram-se várias mudanças em sua organização. Entre elas, a de maior significado residiu na divisão do capital. O capital passou a ser dividido em quotas iguais e transferíveis. Apesar dessas transformações, a companhia passou de temporária a permanente somente a partir de 1653.

A *Companhia das Índias Orientais* obteve o monopólio de navegação, comércio e administração das regiões do Oriente, reservadas ao Estado a sua supervisão e a nomeação do governador das terras que, porventura, viessem a conquistar e cujo domínio conseguisse manter. Foi concedido à companhia o direito de exercer, dentro de suas atividades, todos os privilégios, prerrogativas e poderes de um Estado Soberano, desde que em nome da *República das Sete Províncias* (Países-Baixos). Passando da atividade meramente comercial para a expansão e exploração colonial, a companhia expulsou os portugueses das Molucas, de Malaca e do Sudoeste da Índia e se estabeleceu em Java, construindo as bases das Índias Orientais Holandesas (atual República da Indonésia).

A *Companhia Holandesa das Índias Orientais*, conforme ressalta o saudoso professor WALDEMAR MARTINS FERREIRA, apresentava "as características de capital dividido em ações, de fixidez do capital, de

---

[21] Cf. *Das Recht dos Aktiengesells Chaften*, vol. I, Berlin, Lehamnn und Ring/Handelsgesetzbuch, 1899, p. 35.

negociabilidade das ações, de limitação da responsabilidade dos acionistas".[22]

A *Companhia Holandesa das Índias Orientais* teve êxito universal, trazendo grandes resultados para a Holanda. Com o capital disponível para o investimento e a exploração, o comércio teve vertiginoso desenvolvimento e os navegadores descobriram rotas melhores para a navegação. Este sucesso foi tal, que a *Companhia das Índias Orientais* estava, em 1619, na iminência de adquirir o monopólio mundial das especiarias tropicais, fato que coincidiu com sua instalação em Java, quando os holandeses ali estabeleceram seu domínio, após a retirada dos portugueses, que haviam fundado algumas feitorias.

Há informações de que os dividendos distribuídos pela *Companhia das Índias Orientais* variaram entre 3% (três por cento) e 75% (setenta e cinco por cento), conforme o sucesso alcançado, uma vez concluída a viagem. Porém, considerando o período que estava em atividade, a distribuição dos dividendos estabeleceu a média de 18% (dezoito por cento). A companhia foi dissolvida quase dois séculos após sua criação, exatamente em 1796, dada a maior estabilidade dos domínios holandeses no Oriente.

Impulsionados pelo sucesso da *Companhia das Índias Orientais*, em 3 de junho de 1621, organizou-se, também, na Holanda, a *Companhia das Índias Ocidentais*. As informações apresentadas pelos vários autores a respeito dos valores na constituição da companhia se aproximam, mas não formam um todo aritmeticamente exato. Mesmo assim, as notícias mais comuns são de que foi fundada com seis mil ações, num total entre 7 milhões e 7 milhões, cento e oito mil, cento e sessenta e um florins, em ações de 600 (seiscentos) florins,[23] cabendo aos Estados Gerais a parte equivalente a um milhão de florins. O decreto que instituiu a companhia assentou que o capital "seria subscrito pelas províncias, quaisquer habitantes delas e de outros países, devendo uma terça parte ser entregue à companhia dentro de 5 (cinco) meses, a contar de 1º de julho de 1621, e as outras duas nos três anos seguintes".[24]

O decreto que criou a *Companhia das Índias Orientais*, segundo TRAJANO DE MIRANDA VALVERDE, estabeleceu também que os Estados Gerais partilhariam dos lucros e dos riscos nas mesmas condições que os outros participantes, que o prazo de duração da companhia seria de 24 (vinte e quatro) anos e que, durante ele, ninguém poderia retirar o capital

---

[22] Cf. *História do Direito Brasileiro*, tomo III, São Paulo, Max Limonad Editor, 1955, p. 28 e segs.

[23] ENCICLOPÉDIA DELTA LAROUSSE, vol. II, 2ª edição, Rio de Janeiro, Editora Delta, 1967, p. 937.

[24] VALVERDE, Trajano de Miranda. *Sociedades por Ações*, vol. I, São Paulo, Editora Revista dos Tribunais, 1953, p. 12.

AS AÇÕES DAS SOCIEDADES E OS TÍTULOS DE CRÉDITO

ou dinheiro com que entrara. "Organizou-se a administração da companhia, assentando-se que os primeiros diretores deveriam servir por seis anos, dando-se a substituição deles por meio de sorteio, findo aquele prazo, de dois em dois, uma terça parte de cada vez. Dispôs-se sobre as condições para a realização das assembleias gerais, às quais se atribuiu competência para tratar e resolver todas as questões relativas à Companhia. Foram os diretores proibidos de fornecer ou vender à Companhia navios, mercadorias ou fazendas que lhes pertencessem no todo ou em parte, direta ou indiretamente. Provado que tivessem violado a proibição, perderiam as suas gratificações de um ano em benefício dos pobres e seriam demitidos dos seus cargos. Os diretores eram responsáveis pelos caixeiros e guarda-livros que nomeassem. De seis em seis anos, devia fazer-se o balanço geral dos negócios, para se apurarem os lucros ou perdas, partilhados os primeiros sempre que atingissem 10% (dez por cento). Os diretores que não procedessem ao balanço dentro do prazo teriam as suas gratificações confiscadas. Estabeleceu-se, ainda, que os Estados das Províncias Unidas ficavam autorizados a expedir regulamentos sobre o registro dos co-participantes e sobre as eleições dos diretores".[25]

A *Companhia das Índias Ocidentais*, por sua vez, obteve o monopólio, por 42 (quarenta e dois) anos, do comércio da América (ao sul do Trópico de Câncer), costa ocidental da África e oceano Pacífico a leste das Molucas.

Em sua obra "História do Direito Brasileiro", o professor WALDEMAR MARTINS FERREIRA enumera minuciosamente as características dessas *Companhias Holandesas Coloniais*. Elas eram criações de Direito Público, que recebiam do Estado a organização e os meios necessários para a sua subsistência, além do privilégio de navegação e de comércio. Eram conjugadas com outras instituições, entre elas a Bolsa e o Banco de Amsterdam, e detinham poderes suficientes para a guerra, a conquista e a colonização. Possuíam, também, personalidade jurídica própria e eram constituídas por capital dividido em partes de igual valor, como as ações atuais, partes estas representadas por títulos negociáveis e livremente transferíveis. Os participantes não se obrigavam ao pagamento dos débitos da companhia, pois a responsabilidade de cada um era limitada à importância que representavam os títulos de sua propriedade. E, por fim, eram compostas por vários órgãos, entre os quais se destacavam a diretoria, a assembleia geral e o conselho fiscal.[26]

WILSON DE SOUZA CAMPOS BATALHA ressalta que a

---

[25] Cf. *Sociedades por Ações*, vol. I, São Paulo, Editora Revista dos Tribunais, 1953, p. 12-13.

[26] Cf. *História do Direito Brasileiro*, tomo III, São Paulo, Max Limonad Editor, 1955, p. 29.

palavra "ação" era, em 1606, de uso corrente na Holanda.²⁷ Isto significa que esta palavra não foi introduzida no vernáculo societário pela linguagem comercial do nosso século. Sua aplicação aconteceu pouco depois da fundação da *Companhia das Índias Orientais*. A esse respeito, o jurista alemão e professor da Universidade de Berlim KARL LEHMANN (Tuchel, 11.10.1858 – Bonn, 05.04.1918) informa que a palavra "ação", para indicar o título representativo do capital das sociedades anônimas, foi usada, pela primeira vez, a fim de designar a ação judicial promovida para exigir o dividendo (distribuição de lucros), em 1606. ²⁸Pela popularização, esse termo, que se referia, não só ao processo judicial, mas, também, aos direitos, acabou sendo utilizado para designar o próprio título que proporcionava o direito à percepção de dividendos. De maneira que, em 1610, nas mudanças de reestruturação da *Companhia das Índias Orientais* que dividiram o capital em quotas iguais e transferíveis, usou-se, pela primeira vez, a palavra *aktien* (ação); da mesma forma, foi utilizada na divisão de capital, em 1621, na formação da *Companhia das Índias Ocidentais*.²⁹

O grande jurista brasileiro WILSON DE SOUZA CAMPOS BATALHA reiterou, também, em sua obra "Sociedades Anônimas e Mercados de Capitais", que as grandes companhias coloniais daquela época, na Holanda, eram órgãos semi-públicos, constituídos mediante concessão governamental, através da qual lhes eram outorgados privilégios, monopólios e atribuições publicistas, com poderes de natureza militar.³⁰ Por exemplo, em 1631, foi assegurado à Companhia das Índias Ocidentais o privilégio do tráfego, por 24 (vinte e quatro) anos, da África e da América.³¹ O poder público reservava para si o controle dos assuntos das companhias e uma percentagem sobre os lucros.

A bem da verdade, os flamengos, aproveitando-se da decadência marítima da Inglaterra sob o reinado de *Carlos I*, formaram as *Companhias das Índias* para concentrarem todos os seus esforços contra o comércio e a exploração colonial realizados com relativo sucesso por portugueses e

---

²⁷ Cf. *Sociedades Anônimas e Mercado de Capitais*, 1° vol., Rio de Janeiro, Editora Forense, 1973, p. 14.

²⁸ Cf. *Die geschichtliche Entwicklung des Aktien- reehts bis zum Code de Commerce*, Berlin, Verfasser/Beitragende, Jahr, 1895, p. 261.

²⁹ REQUIÃO, Rubens *Curso de Direito Comercial*, 2° vol., São Paulo, Editora Saraiva, 1984, p. 62.

³⁰ Cf. *Sociedades Anônimas e Mercado de Capitais*, 1° vol., Rio de Janeiro, Editora Forense, 1973, p. 14.

³¹ ENCICLOPÉDIA DELTA LAROUSSE, vol. II, 2ª ed., Rio de Janeiro, Editora Delta, 1967, p. 937.

AS AÇÕES DAS SOCIEDADES E OS TÍTULOS DE CRÉDITO

espanhóis.[32]

Com o passar do tempo, com tantos poderes e privilégios acumulados, as *Companhias Holandesas das Índias* transformaram-se num Estado dentro do Estado, influenciando e, porque não dizer, dirigindo praticamente toda a política dos Países-Baixos.[33]

Portugueses e espanhóis deixaram-se dominar pelo erro histórico de visarem apenas à busca da miragem do ouro. As *Companhias das Índias* exploraram riquezas várias e inundaram o comércio europeu com produtos de todo o mundo.[34] Controlaram todos os elementos da economia nacional e estabeleceram, no interior da nação pátria, o mercado livre, mas, no exterior, a economia fechada, conforme nos chama a atenção CARL JOHANNES FUCHS.[35] Com isto, os Países-Baixos tornaram-se a primeira potência marítima da Europa e a minúscula nação, em meados do século XVII, transformou-se, também, num dos mais importantes centros da civilização ocidental.[36]

O sucesso das *Companhias Coloniais Holandesas* foi sobriamente comentado pelo famoso primeiro-ministro da França, ARMAND JEAN DU PLESSIS, O CARDEAL-DUQUE DE RICHELIEU, ao referir que "para seguir o mestre do mar, falta ver como nossos vizinhos e seu governante formam as grandes companhias, estimulam os negociantes a nelas participar e lhes dão grandes privilégios, tal como eles precisam. Na falta dessas companhias, cada pequeno negociante trafica em separado seus bens; portanto, a maior parte das pequenas embarcações, bastante mal equipadas, são vítimas dos príncipes não aliados, porque parece que eles não são bastantes ricos nem têm o prestígio de uma grande companhia".[37]

Para nós, brasileiros, a *Companhia das Índias Ocidentais* trouxe uma parcela muito significativa na constituição do Brasil-Colonial, pois esta companhia, entre os anos de 1624 e 1654, assegurou o domínio dos Estados Gerais dos Países-Baixos Unidos no Brasil.

O plano de formação e funcionamento das companhias holandesas

---

[32] GRANDES PERSONAGENS DA HISTÓRIA UNIVERSAL, vol. III ("Guilherme de Orange"), São Paulo, Abril Cultural, 1971, p. 603.
[33] GRANDES PERSONAGENS DA HISTÓRIA UNIVERSAL, vol. III ("Guilherme de Orange"), São Paulo, Abril Cultural, 1971, p. 603.
[34] *Id loc. cit.*
[35] Cf. *Economia Política*, 2ª ed., tradução de Manuel Sánchez Sarto, Barcelona, Editorial Labor, 1927, p. 66-67.
[36] GRANDES PERSONAGENS DA HISTÓRIA UNIVERSAL, vol. III ("Guilherme de Orange"), São Paulo, Abril Cultural, 1971, p. 603.
[37] ROUSSEAU, Rodolphe. *Des Sociétès Commerciales françaises et étrangères*, vol. I, 3° édition, Paris, Arthur Rousseau Editeur, 1906, p. 650.

de colonização foi elaborado por *Usselinx*, pessoa bastante familiarizada com as condições precárias da colonização luso-espanhola. A partir do seu conhecimento, esquematizou-se a ocupação destas possessões, com grandes possibilidades de triunfo.[38] No caso particular do Brasil, a ocupação se fez também em virtude de outro importante acontecimento que se desenrolava na ocasião e, na maioria das vezes, é um pouco ignorado.

No início do século XVII, houve o recrudescimento no difícil relacionamento entre cristãos e portugueses de crença judaica que, evadidos da Península, se estabeleceram no nordeste do Brasil. Isto tornou-se um fator interno de inconformidade e inquietação, segundo FREI MANUEL CALADO, agravado pelo temor dos numerosos judaizantes, arraigados na Capitania de Pernambuco, pela vinda do *Santo Ofício*. Entre o *Santo Ofício* e os flamengos, evidentemente, os portugueses de crença judaica preferiam os flamengos, a fim de se verem livres das perseguições realizadas pela Igreja Católica, "como bem mostraram depois que o holandês entrou na terra".[39] É indiscutível o contato pré-invasão entre os mercadores flamengos e os portugueses de crença judaica.

Contrariando a política adotada pela *Companhia das Índias Ocidentais*, que não ambicionava apenas um império, mas, principalmente, o lucro dos grandes capitais comprometidos, o *Conde João Maurício de Nassau* (depois príncipe), nascido em Dillenburg no dia 17 de junho de 1604, enviado para dirigir o novo domínio, fez uma excelente administração, que, com aceitação popular, levou a região (Nova Holanda) a uma grande prosperidade entre os anos 1637 e 1644.

Após a Batalha dos Guararapes, em 1648, já no declínio do domínio flamengo, sob a administração de *Von Schkoppe*,[40] ocorreu a instituição da *Companhia da Junta do Comércio* ou *Companhia Geral do Comércio*, que tem grande significado histórico, por ter sido a primeira companhia de origem portuguesa, nos moldes das companhias holandesas de colonização, a exercer suas atividades no Brasil.[41]

Todos os empreendimentos efetivamente realizados pela *Companhia*

---

[38] ENCICLOPÉDIA DELTA LAROUSSE, vol. II, 2ª ed., Rio de Janeiro, Editora Delta, 1967, p. 937.

[39] *Apud* Enciclopédia Delta Larousse, vol. II, 2ª ed., Rio de Janeiro, Editora Delta, 1967, p. 940.

[40] Anos antes o *Conde João Maurício de Nassau* havia sido chamado de volta aos Países-Baixos pelo excesso de apoio à população local em detrimento dos lucros da companhia. Anos antes o *Conde João Maurício de Nassau* havia sido chamado de volta aos Países-Baixos pelo excesso de apoio à população local em detrimento dos lucros da companhia.

[41] ENCICLOPÉDIA DELTA LAROUSSE, vol. II, 2ª ed., Rio de Janeiro, Editora Delta, 1967, p. 958 e 964.

AS AÇÕES DAS SOCIEDADES E OS TÍTULOS DE CRÉDITO

das Índias Ocidentais tiveram um desfecho igual ao das invasões do Brasil em 1624 e 1630, da fundação da colônia de Nova Amsterdam, em 1623, e da conquista de Angola, em 1641: muito pouca coisa restou. Sobraram apenas Curaçao, Guiana e Cabo (1652), considerando que os holandeses foram expulsos do Brasil e de Nova Amsterdam em 1654, ocasião em que Angola foi reconquistada pelos portugueses (1648). A companhia, já completamente falida, foi definitivamente liquidada no ano de 1648.

2.4 DA COMPANHIA GERAL DO COMÉRCIO AO BANCO DO BRASIL

Seguindo o exemplo dos flamengos, ainda em 1628, Portugal fundou também a sua companhia de colonização, nascida sob a denominação de *Companhia do Comércio da Índia*. Isso, porém, não é indício de esplendor da economia portuguesa à época. Muito pelo contrário, atravessava aquele reino momentos difíceis.

O reino português conseguiu, em 1640, restaurar a sua independência perdida para os espanhóis, com a aclamação, como rei de Portugal, do *Duque de Bragança*, que, após isso, passou a se chamar *D. João IV*. Depois desse evento, Portugal concentrou seus esforços no estabelecimento de uma aliança com a Holanda. Esta ligação era fundamental para proteger a sua existência como reino europeu independente; para isso, conseguiu um armistício na América.

O império colonial português encontrava-se em ruínas. Como se costuma dizer, se Portugal e Espanha, unidos, não conseguiram expulsar os holandeses do nordeste brasileiro, era praticamente impossível a Portugal, sozinho, conseguir fazê-lo naquela ocasião, principalmente sendo obrigado a enfrentar, ainda a Espanha na Europa. Por isso, o apoio holandês era fundamental. A dificuldade era quase insuperável: ter que aliar-se aos holandeses na Europa a fim de conseguir sobreviver e, ao mesmo tempo, combatê-los no continente americano, sem auxílio de qualquer outro império europeu.

O PADRE ANTONIO VIEIRA, teólogo, escritor, grande intelectual e estrategista da época, opinava pela pura e simples entrega de Pernambuco à Holanda, como meio de salvar o que restava da Índia e, também, garantir a sobrevivência do reino independente de Portugal.[42] Entretanto, aconteceu aquilo em que todos em Portugal não conseguiam

---

[42] Este plano consta na famosa exposição conhecida por "Papel Forte".

acreditar: a população existente no Brasil, àquela altura, já havia formado um todo harmonioso, com características próprias e afinidades portuguesas e, por isso, rechaçava a submissão ao domínio holandês, lançando-se, sozinha, sem auxílio europeu, na luta contra os invasores. Portugueses da colônia, índios, caboclos e outros enfraqueceram a superioridade flamenga e passaram a causar grandes dificuldades para a defesa do domínio holandês e sua permanência em terras brasileiras. Diante desses novos acontecimentos, oito anos após a coroação de D. João IV, o padre *Antonio Vieira* apresentou ao rei de Portugal ideias para conter a prosperidade comercial e a superioridade marítima da Holanda. Aquele padre apresentou suas ideias da seguinte maneira: "o primeiro negócio que propus a *Sua Magestade*, pouco depois de sua feliz aclamação e restauração, foi que, em Portugal, à imitação da Holanda, se levantassem duas companhias mercantis, uma oriental, outra ocidental, para que (sem empenho algum da real fazenda), por meio da primeira, se conservasse o comércio da Índia e, por meio da segunda, o do Brasil".[43]

Antes desses acontecimentos, os judeus haviam sido condenados pelo *Santo Ofício* e, no decorrer da invasão holandesa, seus bens foram confiscados e deveriam ser incorporados ao *Real Fisco*. Por isso, o objetivo da criação dessas companhias mercantis não era, apenas, minar as pretensões holandesas no Brasil, mas, também, lograr os judeus condenados, de maneira que diminuísse sua insatisfação.[44]

Assim, o rei de Portugal, por meio do Alvará de 6 de fevereiro de 1649, isentou de confiscação os bens dos judeus penitenciados pelo Santo Ofício, para o fim de organizarem uma companhia de comércio que veio a receber o nome de *Companhia da Junta do Comércio* ou *Companhia Geral do Comércio*.

Na verdade, compulsoriamente, inverteram nela, os judeus, seus capitais. De qualquer forma, o estatuto da companhia reproduziu fundamentalmente as ideias de organização da *Companhia das Índias Ocidentais*. Porém, houve, certamente, um desrespeito à vontade de contratar. Paradoxalmente, consignava o Alvará de 6 de fevereiro de 1649 que os condenados, a partir daquele momento, poderiam dispor de seus bens livremente, enquanto que o capítulo XXXIV do estatuto da companhia proibia que os bens que formavam seu capital fossem dela retirados durante a sua existência.[45]

A *Companhia Geral do Comércio* era dirigida por uma junta composta

---

[43] ENCICLOPÉDIA DELTA LAROUSSE, vol. II, 2ª ed., Rio de Janeiro, Editora Delta, 1967, p. 964.

[44] SILVA, José Justino de Andrade e (org.). *Coleção Cronológica da Legislação Portuguesa: 1683-1701*. Lisboa, Imprensa Nacional, 1859, p. 245.

[45] Cf. José Justino de Andrade e Silva, *op. cit.*, p. 253-254

AS AÇÕES DAS SOCIEDADES E OS TÍTULOS DE CRÉDITO

por nove deputados.[46] Apesar dos principais objetivos da companhia, o negócio em si parecia atraente, pois lhe dava o monopólio da venda de quatro gêneros básicos na época: o bacalhau, a farinha de trigo, o azeite e o vinho. Os preços desses produtos eram previamente arbitrados. Além disso, a companhia ganhava as taxas e prêmios de seguro impostos aos navios comboiados em suas frotas, mas, sem sombra de dúvida, o lucro maior residia no monopólio.[47]

No dia 4 de novembro de 1649, o mesmo ano em que o rei expediu o Alvará de criação da Companhia, partiu do Tejo a sua primeira esquadra, sob a chefia do *Almirante Pedro Jaques de Magalhães*. Ao passar por Pernambuco, desembarcou num ponto da costa os mantimentos reclamados pela resistência pernambucana aos holandeses e aportou sem problemas maiores na Bahia.[48]

WILSON DE SOUZA CAMPOS BATALHA, citando novamente Waldemar Ferreira, observa que essa Companhia assumiu as formas de imensa sociedade anônima, chegando a exercer funções públicas e que, em vista do desinteresse em relação a ela após a liquidação da *Companhia Holandesa das Índias Ocidentais*, foi extinta pelo Alvará de 1º de fevereiro de 1720, pois a sua existência estava condicionada à proposta de antepor-se ao comércio flamengo.[49]

O capítulo XXXIV de seu estatuto chama muito a atenção em vista da divisão do capital e sistema de transferência de quotas da *Companhia Geral do Comércio*. Esse capítulo estabelecia "que todo o dinheiro que nesta Companhia se meter se não poderá tirar durante o tempo dela, mas porque as pessoas que nela entrarem com seus cabedais, todo ou parte, assim como se forem juros, pelo preço em que convier, e haverá um escrivão que tenha livro em que se lancem, e nele se mudarão de uns em outros, assim como lhe forem pertencendo, por escrituras ou documentos, que apresentarão na dita Junta, para mandar fazer uns assentos e riscar outros, de que lhe passarão suas cartas, na forma do Regimento. E os interesses que resultarem se repartirão pelos interessados, no recolhimento de cada um das

---

[46] BATALHA, Wilson de Souza Campos. *Sociedades Anônimas e Mercado de Capitais*, 1º vol., Rio de Janeiro, Editora Forense, 1973, p. 19.

[47] ALMEIDA, Cândido Mendes de. *Introdução aos Princípios do Direito Mercantil*, por José da Silva Lisboa (Visconde de Cayrú), 6ª ed., vol. I, Rio de Janeiro, Typographia Academica, 1864, nº CCCLXIV, p. 194.

[48] ENCICLOPÉDIA DELTA LAROUSSE, vol. II, 2ª ed., Rio de Janeiro, Editora Delta, 1967, p. 964.

[49] Cf. *Sociedades Anônimas e Mercado de Capitais*, 1º vol., Rio de Janeiro, Editora Forense, 1973, p. 20.

Armadas, dando-lhes o que lhes couber *pro rata*".⁵⁰

Na opinião de TRAJANO DE MIRANDA VALVERDE, aí aparecem claramente as ações, pois os cabedais constantes das "cartas" seriam os títulos de participação na companhia, podendo ser negociadas livremente com quem se dispusesse a adquiri-las.⁵¹

Entre os anos de 1720 e 1755, não houve no Brasil Colonial qualquer motivação para a criação de outras Companhias nos moldes da *Companhia Geral do Comércio*. Somente em 7 de junho de 1755, foi expedido, pelo rei de Portugal à época, Alvará de confirmação dos cinquenta e cinco "Capítulos e Condições" que constituíam a criação e o regulamento da *Companhia Geral do Grão-Pará e Maranhão*. A criação dessa Companhia marcou a volta do regime de monopólio no comércio de escravos e mercadorias.⁵²

O objetivo principal da *Companhia Geral do Grão-Pará e Maranhão* estava declarado em seu próprio regulamento, onde o rei de Portugal dizia que "sem outro de Minha Fazenda, antes com benefício dela, e do bem comum destes Reinos e das Capitanias do Grão-Pará e Maranhão, cultivar nelas o comércio, e a navegação, tomando sobre si os comboios das frotas, e a guarda das costas daquele Estado". A importância dessa Companhia para nossos estudos está no fato de que os seus estatutos não diferiam muito dos da *Companhia de Comércio do Brasil* organizada em 1649; porém aqueles que nela participaram, já naquela ocasião, ali eram chamados de "acionistas".⁵³

Como já dissemos, foi concedido à *Companhia Geral do Grão-Pará e Maranhão* o monopólio do tráfico dos escravos negros. Diziam claramente seus estatutos que o monopólio era "para que só ela possa exclusivamente introduzir os referidos escravos negros nas sobreditas duas Capitanias, e vendê-los nelas pelos preços, em que se ajustar, pagando os costumados direitos à *Real Fazenda de Vossa Majestade*".⁵⁴

---

⁵⁰ BATALHA, Wilson de Souza Campos. *Sociedades Anônimas e Mercado de Capitais*, 1º vol., Rio de Janeiro, Editora Forense, 1973, p. 18 e 19; e VALVERDE, Trajano de Miranda. *Sociedades por Ações*, vol. I, São Paulo, Editora Revista dos Tribunais, 1953, p. 14 e 15.

⁵¹ Cf. *Sociedades por Ações*, vol. I, São Paulo, Editora Revista dos Tribunais, 1953, p. 15.

⁵² VALVERDE, Trajano de Miranda. *Sociedades por Ações*, vol. I, São Paulo, Editora Revista dos Tribunais, 1953, p. 15.

⁵³ VALVERDE, Trajano de Miranda. *Sociedades por Ações*, vol. I, São Paulo, Editora Revista dos Tribunais, 1953, p. 16.

⁵⁴ ALMEIDA, Cândido Mendes de. *Introdução aos Princípios do Direito Mercantil*, por José da Silva Lisboa (Visconde de Cayrú), 6ª ed., vol. I, Rio de Janeiro, Typographia Academica, 1864, nº CCCLXIX, p. 311.

AS AÇÕES DAS SOCIEDADES E OS TÍTULOS DE CRÉDITO

A *Companhia do Grão-Pará e Maranhão* durou vinte e três anos e foi extinta, por Decreto, em 3 de agosto de 1778, conforme nos informa CÂNDIDO MENDES DE ALMEIDA. Logo no ano seguinte, em 1779, foi criada a *Companhia Geral das Capitanias de Pernambuco e Paraíba*. Esta Companhia teve curta duração, fruto da má administração do empreendimento, como tudo indica. Não só durante a sua existência houve problemas de gestão; após a sua extinção, houve, também, muitas reclamações dos acionistas quanto à moralidade na apuração e distribuição dos fundos realizados pela *Junta de liquidação* criada exclusivamente para efetivar a dissolução. Essas reclamações se intensificaram de tal modo que, trinta e três anos após a decretação de sua extinção, o príncipe regente, pelo decreto de 7 de abril de 1813, ordenou que "pela maior parte dos acionistas se nomeiam dois administradores, os quais, vencendo só a comissão mercantil, cuidarão em apurar, liquidar, cobrar e entregar os fundos da extinta Companhia, podendo requerer-me, pela Real Junta do Comércio, as providências que parecerem necessárias, a fim de arrecadarem o mais breve possível os seus cabedais, os meus fiéis vassalos interessados nessa negociação, cujo termo se tem alongado demasiadamente".[55]

Pelo Alvará de 12 de outubro de 1808, com a vinda da família real para o Brasil, *D. João VI* ordenou a criação do primeiro *Banco Público* no Rio de Janeiro e no próprio Brasil. Pelo Alvará, foram outorgados os estatutos do Banco, fixando-se-lhe o capital de 1.200.000$000, dividido em 1.200 ações de valor nominal cada uma no montante de 1.000$000. Os estatutos deram a denominação de *Banco do Brasil* à primeira instituição bancária pública brasileira e estabeleceram que a responsabilidade dos acionistas estava limitada às respectivas entradas.[56]

Os estatutos originais do Banco nos chamam a atenção para alguns aspectos: *a*) os dividendos das ações seriam pagos semestralmente (art. 18); *b*) estabelecido ficou que o número de cinco ações era o mínimo necessário para dar direito a um voto nas sessões deliberativas do Banco (art. 11); *c*) foi permitido que os acionistas poderiam ser nacionais ou estrangeiros, ficando tão-somente obrigados a responder pela sua entrada (art. 5º); *d*) a omissão sobre as transferências das ações, presumindo-se que a sua alienação livre já fosse fato indiscutível.

---

[55] ARAUJO, José Paulo de Figueiroa Nabuco de. *Legislação Brasileira, ou coleção cronológica das leis, decretos, resoluções de consulta, provisões, etc., desde o ano de 1808 até 1831*, Rio de Janeiro, Typographia Imperial e Constitucional de J. Villeneuve & Cia., 1836, p. 519.

[56] BATALHA, Wilson de Souza Campos. *Sociedades Anônimas e Mercado de Capitais*, 1º vol., Rio de Janeiro, Editora Forense, 1973, p. 20; e VALVERDE, Trajano de Miranda. *Sociedades por Ações*, vol. I, São Paulo, Editora Revista dos Tribunais, 1953, p. 17.

A criação do *Banco do Brasil* fixa um marco na evolução das sociedades anônimas no Brasil, pois já então se percebiam as principais características desta instituição como a entendemos hoje, consubstanciando uma amostra peculiar do que seria a sociedade anônima atual.

2.5 A DIFUSÃO E EVOLUÇÃO DAS SOCIEDADES ANÔNIMAS

Para WALDEMAR MARTINS FERREIRA, "no estado atual das indagações históricas, ninguém mais duvida de que a moderna sociedade anônima se filia diretamente às companhias holandesas de comércio e colonização, constituindo o natural desenvolvimento daquelas poderosas empresas".[57] O economista, político e acadêmico italiano ANTONIO SCIALOJA (San Giovanni a Teduccio, 01.08.1817 – Procida, 13.10. 1877) opina da mesma forma quando diz que "as companhias holandesas assinalam o ponto de partida do grande desenvolvimento das sociedades por ações nos séculos XVII e XVIII, de primeiro em cada país dedicadas às empresas coloniais (que foram as primeiras empresas a reclamarem grandes capitais), ao depois e pouco a pouco objetivando os mais variados escopos (seguros, manufaturas, bancos, minas etc.). Mesmo na Itália, se deparam casos de sociedades por ações no século XVII: constituiu-se, em Piemonte, em 1816, uma tal sociedade para tráfico de seda em Portugal. Caminhou-se , no entanto, gradativamente, compondo, mesmo nas particularidades, o tipo moderno de sociedade por ações: mas, como as sociedades por ações se constituíam e regulavam por via de ato soberano do Estado, delas não se ocupou a Ordenança francesa de 1673 e até ao século XIX elas não foram objeto de ordenação jurídica geral".[58]

Não há como fugir do fato de as sociedades por ações terem nascido totalmente vinculadas ao Estado, como entidades semi-públicas dotadas de vastos privilégios, para promoverem a exploração nas Colônias e desenvolverem o comércio marítimo. No período em que ocorreu o liberalismo econômico, em face do crescente aumento do capital privado, as sociedades por ações libertaram-se do Estado. Nesta fase, foram elas se privatizando, apesar de dependerem da autorização do Estado para o pleno

---

[57] Cf. *História do Direito Brasileiro*, tomo III, São Paulo, Max Limonad Editor, 1955, p. 31.
[58] Cf. *Saggi di Vario Diritto*, vol. I, Roma, Societá Editrice del Foro Italiano, 1927, p. 241.

AS AÇÕES DAS SOCIEDADES E OS TÍTULOS DE CRÉDITO

exercício de suas atividades.[59]

Vários autores demonstram que, durante a revolução industrial, a sociedade por ações foi instrumento eficaz para o desenvolvimento da economia de mercado, do aumento da escala de produção, enfim, do acúmulo de bens e capitais.

As sociedades por ações nasceram, como já foi dito, vinculadas ao Estado. A evolução da relação entre estas sociedades e o Estado cumpriram três etapas distintas: aquela em que estava submetida ao sistema da concessão, depois ao sistema da autorização e, finalmente, ao sistema dos preceitos normativos.

Durante os séculos XVII e XVIII, as concessões exerceram uma enorme influência na evolução do regime das sociedades anônimas. Por concessão se entendia o ato mediante o qual o Poder Público dava vida a um destes organismos, ato este consubstanciado em documento (*octroi*) para outorga deste fim. RODOLFO FISHER alerta que o conteúdo do *octroi* não se baseava em um fundamento jurídico único; a concessão da companhia pelo Estado responde ordinariamente a diversos pontos de vista, que, às vezes, como ocorria, por exemplo, nas concessões francesas, se enumeravam em documento em separado.[60]

O *octroi*, ou concessão da companhia, atribuída com um *constitutio personalis*, representava uma lei especial, regulamentada pelo Direito Privado, o que se vê claramente na constituição das companhias inglesas daquela época. "O princípio inglês, segundo o qual o Estado deve abster-se de toda intromissão na órbita do Direito Privado, se respeita também neste ponto, ainda que a tentação de infringi-lo fosse aqui muito fácil; a carta outorgada para a *Joint Stock Company* se limitava a *constitutio personalis* e aos privilégios de Direito Público; a regulamentação do regime interno era, em princípio, incumbência da própria Companhia".[61] A rigor, a existência jurídica da companhia estava sempre nas mãos do rei. "Assim por exemplo, Luis XVI dissolveu em 1674 a *Companhia das Índias Ocidentais*, devolveu as quantias investidas e ficou com os bens mais valiosos da sociedade. O rei comparecia nas juntas gerais da Companhia para impor os acordos que a ele interessavam, e com os quais prejudicavam a sociedade".[62]

---

[59] ENCICLOPÉDIA SARAIVA DO DIREITO, vol. 69, Coordenação do Professor R. Limongi França, São Paulo, Edição Saraiva, 1977, p. 481, verbete "Sociedade Anônima I".

[60] Cf. *Las Sociedades Anônimas: Su Regimen Jurídico y Fiscal*, Madrid, Editorial Rens, 1934, p. 31.

[61] Cf. Rodolfo Fisher, *op. cit.*, p. 33.

[62] RENAUD, Louis. *Traité de Droit Commercial*, 5ª ed., 2º tomo ("les sociétés commerciales"), Paris, Librairie Générale de Droit et de Jurisprudence – LGDJ, 1936, p. 27 e 29.

A concessão coloca-se, em seu melhor significado, como um privilégio. Naqueles tempos, apenas poucos poderiam exercer livremente a atividade industrial; era usual a necessidade do reconhecimento pelo Estado da empresa industrial. Na realidade, concedia-se o privilégio a quem exercesse uma situação monopolizante. K. PRIMKER cita, como exemplo, o privilégio exclusivo, "outorgado na França, em 1665, por um prazo de vinte anos a uma sociedade de fabricantes de cristal e, também, uma sociedade formada por cinco comerciantes, a quem se outorgou, em 1766, a concessão como *Companhia de Carvão de Lenha*, conferindo-se o monopólio para comerciar neste ramo nas cidades de Berlim e Potsdam".[63]

Considerando, porém, que a concessão possuía caráter essencialmente monopolizante, o ato pelo qual o Estado cria, com a concessão, uma companhia privilegiada, cai completamente, portanto, dentro do Direito Público. Em vista disso, o jurista comercialista argentino MARIO ALBERTO RIVAROLA (1883-1950) comenta que "existem analogias de forma entre aquelas companhias e as atuais sociedades anônimas , porém, seja por sua constituição ou por sua organização e funcionamento ou, ainda, pelas atividades que ao primeiro se propuseram desenvolver, elas são, em sua essência, diversas. Além do mais, seria muito difícil estabelecer um paralelo de similitude entre a instituição atual regulada por um direito comum a todas essas sociedades comerciais, de capital transferível, dividido em ações, com aquelas companhias que tinham seu direito especial estabelecido para cada uma e em cada caso, por edição ou resolução do soberano, ao outorgar o privilégio, algo assim como um desmembramento do direito do Estado em favor de cada companhia, acompanhada, em muitas ocasiões, até do direito de soberania.[64]

As sociedades anônimas não se converteram em uma instituição jurídica antes de vigorar o Código Francês do Comércio de 1807. A importante inovação introduzida por esse Código foi que, enquanto antes, a criação de toda companhia tinha que ser sancionada por uma lei especial, a partir de então, as sociedades anônimas estariam regulamentadas, ao menos em seus pontos principais, de maneira geral. Sobre este ponto devemos, ainda, recordar as observações feitas por ACHILLE FRÉMERY. Assegura aquele historiador germânico que "da ideia de sociedade na qual os sócios não se obrigassem pessoalmente, se não apenas até à concorrência de suas contribuições, se deveria facilmente passar à de sociedade, na qual ninguém

---

[63] Cf. "Die Aktiengesellschaft", In: *Handbuch des Handelsrechts Handels*, See und Wechselrechts, von W. Endemann, vol. I, Leipzig, 1881, p. 490, n° 6.

[64] Cf. *Sociedades Anônimas : Estudio Jurídico Economico de la Legislación Argentina y Comparada*, Tomo I, Buenos Aires, Liberia y Editorial El Ateneo, 1941, p. 101.

AS AÇÕES DAS SOCIEDADES E OS TÍTULOS DE CRÉDITO

se obrigasse a não ser por seu capital".[65] Esclarece ainda WALDEMAR MARTINS FERREIRA a esse respeito que "esta última espécie de sociedade entretanto, que, depois do Código de Comércio de França, se chamou de sociedade anônima, não foi admitida senão recentemente no Direito Comercial".[66]

O sistema da autorização representou, pois, uma transição entre as concepções extremas, a moderna e a antiga, entre o sistema da liberdade absoluta e do privilégio. RODOLFO FISHER reitera que "as normas que definem o regime da sociedade no Código do Comércio, embora somente toquem os pontos fundamentais, estabelecem, de modo inequívoco, seu caráter jurídico-privado. Por outra parte, embora a ideia dos velhos privilégios houvesse deixado de existir, apontam um critério de polícia jurídica, segundo o qual não era oportuno conceder, para a criação de sociedades anônimas, a mesma liberdade absoluta que se reconhecia para as outras sociedades de comércio. As numerosas experiências negativas que se teve com estas sociedades aconselhavam submetê-las, ao menos no momento de sua fundação, a um controle por parte das autoridades do Estado. E assim se convencionou que, para a constituição de uma sociedade anônima, seria necessário contar com a autorização do governo. No exercício de suas atribuições de autorização, as autoridades foram concretando certas regras referentes aos estatutos que acabaram por se consubstanciar em forma de instruções, influenciando de um modo decisivo a orientação do regime estatutário".[67]

Em meados do século XIX, ainda na fase do liberalismo econômico, movimentou-se no sentido de eliminar os requisitos que distanciavam as sociedades anônimas das comanditárias por ações. Até que, na França, com a Lei de 21 de julho de 1867, que regulamentava por igual o regime das sociedades anônimas e as comanditárias por ações, as sociedades anônimas ficaram livres do requisito da autorização estatal a que estavam sujeitas. Com isto, a forma de sua constituição mudou substancialmente a partir de então. Para tanto, bastava, antes da realização da assembleia de constituição da sociedade, ser subscrito o capital, integralmente ou em sua maior parte. Os benefícios de fundador e as contribuições em espécie haveriam de ser autorizados por uma junta geral a ser convocada para o evento. A prova de terem sido atendidos os requisitos seria levada à autoridade competente (*Tribunal de Registros*) por meio de documento

---

[65] Cf. Études de droit commercial ou droit fondé par la coutume universelle des commerçants, Paris, Alex-Gobelet, 1833, p.19.

[66] Cf. *História do Direito Brasileiro*, tomo III, São Paulo, Max Limonad Editor, 1955, p. 11.

[67] Cf. *Las Sociedades Anónimas: Su Regimen Jurídico y Fiscal*, Madrid, Editorial Rens, 1934, p. 34 e 35.

público, que ficaria arquivado. Este documento era tornado público através da publicação de um extrato nos periódicos oficiais.[68]

RODOLFO FISHER nos informa, ainda, que os princípios normativos e de publicidade, ligados necessariamente uns aos outros, foram sancionados na França, antes mesmo que em qualquer outro país, e de lá se estenderam logo para todo o continente europeu.[69]

Apesar dos tropeços, é indiscutível o êxito da sociedade anônima, mesmo durante a sua evolução. A evolução que houve na forma anônima da sociedade industrial ou comercial levou à separação e coordenação dos três principais elementos da empresa: o capital, a direção e o trabalho. MARIO ALBERTO RIVAROLA, discorrendo sobre esta matéria, salienta que "nela o capitalista não é o diretor obrigatoriamente nem a direção deve ser função privada do capital. Nas outras formas de sociedade, se apresentam unidos, necessariamente, o capital e a direção, quando, no caso, o elemento econômico para a melhor realização da empresa é a direção mais apta ou mais idônea, que não se reconhece por causa da riqueza, senão da capacidade. A sociedade anônima permite o acesso da idoneidade na direção da empresa. Permite, também, o acesso da capacidade, que nem sempre é encontrada dentro da companhia. O terceiro elemento, o trabalho, se desenvolve, também, na sociedade anônima em forma mais eficiente e harmônica como elemento econômico, sob uma melhor direção.[70]

É oportuno lembrar, no momento, os fatores econômicos que, após o declínio de sua utilização como meio de associação para captar grandes capitais na mercancia e exploração de riqueza em Colônias, permitiram o desenvolvimento das sociedades por ações, transformando-se no melhor meio de associação para captar grandes capitais necessários à industrialização de uma nação.

O aumento da escala de produção pode ser conseguido através da acumulação de capital de um produtor individualmente considerado. O filósofo, economista, sociólogo, jornalista e revolucionário socialista KARL HEINRICH MARX (Tréveris, 05.05.1818 - Londres, 14.03.1883) chamou este processo de "concentração do capital". Por outro lado, o aumento de escala de produção pode, também, ser conseguido através da reunião de capitais já existentes. KARL HEINRICH MARX denominou esse processo de "centralização do capital". A respeito da reunião de capitais diz ele que "esse processo difere do primeiro pelo fato de pressupor apenas uma modificação na distribuição do capital já existente e em atividade; seu

---

[68] FISHER, Rodolfo. *Las Sociedades Anônimas: Su Regimen Jurídico y Fiscal*, Madrid, Editorial Rens, 1934, p. 36 e 37.

[69] *Ibid.*, p. 37.

[70] Cf. *Sociedades Anônimas : Estudio Jurídico Economico de la Legislación Argentina y Comparada*, Tomo I, Buenos Aires, Liberia y Editorial El Ateneo, 1941, p. 105.

AS AÇÕES DAS SOCIEDADES E OS TÍTULOS DE CRÉDITO

campo de ação não se limita, portanto, pelo crescimento absoluto da riqueza social, pelos limites absolutos da acumulação. O capital cresce, num determinado lugar, até atingir uma massa imensa, sob um controle único, porque, em outro lugar, foi perdido por muitos investidores. Isso é a centralização, em contraposição à acumulação e à concentração".[71]

Segundo KARL HEINRICH MARX, caminha-se para o crescimento industrial pela busca da produção em grande escala, pela luta da concorrência e pelo sistema de crédito (crédito em sentido amplo), que inclui não só os bancos, mas as casas de investimentos, mercados de títulos etc. KARL HEINRICH MARX assinala, também, que "a batalha da concorrência é travada no barateamento das mercadorias. Esse barateamente depende, *ceteris paribus*, da produtividade do trabalho e esta, novamente, da escala de produção. Portanto, os capitalistas maiores derrotam os menores".[72] Continua ele esclarecendo que "no princípio, o sistema de crédito surgiu como um auxiliar modesto da acumulação, conduzindo, por fios invisíveis, as fontes de recursos espalhadas por toda a sociedade para as mãos de capitalistas individuais em grupos. Mas torna-se logo uma nova e formidável arma na luta da concorrência e finalmente se transforma num mecanismo social imenso para a centralização dos capitais".[73]

Citando, também, *Karl Marx*, o economista marxista norte-americano PAUL MARLOR SWEEZY (Nova York, 10.04.1910 - Larchmont, Condado de Westchester, 27.02.2004) explica que "a centralização por intermédio do sistema de crédito, em sua forma desenvolvida, não significa a expropriação dos capitais menores pelos maiores, mas a fusão de um certo número de capitais já existentes ou em processo de formação ... pela estrada mais suave da formação de sociedades por ações".[74]

Assim, a sociedade por ações tronou-se o meio mais rápido de ampliar a escala de produção. Sobre o benefício trazido por essas sociedades para o aumento de produção, KARL HEINRICH MARX lembra que "o mundo ainda estaria sem estradas de ferro se tivesse sido obrigado a esperar até que a acumulação permitisse a alguns capitalistas individuais empreenderem a construção de uma ferrovia. A centralização, por outro lado, realizou isso rapidamente através das sociedades por

---

[71] Cf. *O Capital*, vol. I, Chicago, Charles Kerr & Co., 1933, p. 686.
[72] Cf. *O Capital*, vol. I, Chicago, Charles Kerr & Co., 1933, p. 686.
[73] *Ibid.*, p. 687.
[74] Cf. *Teoria do Desenvolvimento Capitalista*, São Paulo, Editora Abril Cultural, 1983, p. 198.

ações".⁷⁵

O jurista francês, notabilizado como civilista e comercialista, GEORGES RIPERT (La Ciotat, 1880 – Paris, 1958) revelou a mesma observação feita por *Karl Marx*, quando afirmou que "a sociedade anônima foi o instrumento indispensável à acumulação de capitais para os grandes empreendimentos exigidos pela revolução industrial. Não é por acaso, salienta GEORGES RIPERT, que esse instrumento jurídico foi empregado desde o nascimento da grande indústria; é necessária, para certas explorações, uma tal acumulação de capitais, que seria indispensável criar a forma jurídica conducente à possibilidade de sua reunião. Se se quisesse passar sem a sociedade anônima, seria preciso dispensar também o alto forno, a máquina a vapor, a força hidroelétrica. O jurista é um servidor da economia. Pediram-lhe o meio de juntar capitais necessários à criação e à vida das grandes empresas. Ofereceu a sociedade por ações", conclui GEORGES RIPERT.[76]

Os principais efeitos do processo de centralização, segundo PAUL MARLOR SWEEZY, são três, a saber: socialização e racionalização do processo de trabalho dentro dos limites do capitalismo;[77] acelerando e intensificando os efeitos da acumulação, amplia, ao mesmo tempo, as revoluções na composição técnica do capital, que aumentam sua parte constante às expensas da variável e, portanto, reduz a procura relativa do trabalho; e a substituição progressiva da concorrência entre um grande número de produtores pelo controle monopolista ou semimonopolista dos mercados, por um pequeno número.[78]

KARL HEINRICH MARX, demonstrando que estava muito além da capacidade de compreensão do seu tempo, fez três observações, assinaladas por Engels, em relação às sociedades por ações: 1ª) uma enorme expansão da escala de produção e das empresas, que eram impossíveis para os capitais individualmente; 2ª) o capital está aqui dotado da forma de capital social em contraposição ao capital privado e suas empresas assumem a forma de empresas sociais em contraposição às empresas individuais: é a abolição do capital como propriedade privada dentro dos limites da própria produção capitalista; 3ª) A transformação do capitalista atual num simples gerente, administrador do capital de outras pessoas, e dos proprietários do

---

[75] Cf. *O Capital*, vol. I, Chicago, Charles Kerr & Co., 1933, p. 688.

[76] Cf. *Aspects Juridiques du Capitalisme Moderne*, Paris, Librairie Générale de Droit et de Jurisprudence – LGDJ, 1951, n° 20.

[77] *Karl Marx* fala em transformação progressiva dos processos de produção socialmente combinados e cientificamente administrados.

[78] Cf. *Teoria do Desenvolvimento Capitalista*, São Paulo, Editora Abril Cultural, 1983, p. 199.

AS AÇÕES DAS SOCIEDADES E OS TÍTULOS DE CRÉDITO

capital em meros donos, meros capitalistas do dinheiro.[79]
A sociedade por ações não trouxe, realmente, o controle social da produção. Nisso assiste razão a *Karl Marx*. Na atualidade, procura-se o controle social da produção através do sistema da repartição do poder acionário entre os próprios empregados da sociedade anônima. A conseqüência maior, provocada pela difusão das sociedades anônimas, após o período colonial, foi a "libertação do capitalista industrial da função de empresário industrial", como expressou o economista austríaco marxista, importante teórico revisionista e destacado líder da social-democracia alemã durante a República de Weimar, e médico RUDOLF HILFERDING (Viena, 10.08.1877 – 11.02.1941), em sua obra "O Capital Financeiro", publicado em 1910.[80]

O sistema fabril eliminou, aos poucos, a produção particular. Nas sociedades anônimas, a produção particular desapareceu completamente e o proprietário do capital aplicado se afastou quase que totalmente das atividades de produção. KARL HEINRICH MARX chama a atenção para este afastamento dos donos do capital da produção em si, quando fala em "uma nova aristocracia das finanças, uma nova sorte de parasitas na forma de organizadores de companhias, especuladores e diretores meramente nominais, de todo um sistema de fraudes e tapeações por meio de toda sorte de malabarismos, burlas e especulações com ações. É a produção privada sem o controle da propriedade privada".[81]

WILSON DE SOUZA CAMPOS BATALHA também neste aspecto, acompanha as observações de *Karl Marx*. Lembra ele que 'instrumento de tamanho poderio para a reunião de capitais e para a concentração de economias populares não poderia deixar de constituir campo aberto a uma série de fraudes e especulações. A história está repleta de exemplos, apontando a freqüente necessidade de intervenção dos legisladores para coactar os abusos a que as sociedades anônimas deram causa contra os pequenos acionistas, que na sua solidão, se revelaram incapazes de se precaver contra a malícia e a má-fé de grupos inescrupulosos, que manejaram a seu alvedrio enormes massas de capital. As modalidades de 'aguagem' de capital, os abusos na fixação de remuneração a administradores, a emissão irregular de ações, a distribuição de dividendos fictícios e outros aspectos exigiram a pronta intervenção do

---

[79] Cf. *O Capital*, vol. III, cap. XXVII ("Papel do Crédito na Produção Capitalista"), Chicago, Charles Kerr & Co., 1933, p. 516.

[80] Cf. *Das Finanzkapital*, Vienna, Wiener Volksbuchhandlung, 1910, p. 112

[81] Cf. *O Capital*, vol. III, cap. XXVII ("Papel do Crédito na Produção Capitalista"), Chicago, Charles Kerr & Co., 1933, p. 521.

legislador, aliás, nem sempre bem sucedida".[82]

As especulações e os abusos não se restringiram ao período do liberalismo econômico. A especulação tornou-se peculiar na circulação das ações desde o seu nascimento e permanece até os dias atuais, conforme reclama WILSON DE SOUZA CAMPOS BATALHA. "Nos fins do século passado, no período que, no Brasil, se denominou 'encilhamento', proliferaram sociedades anônimas que vendiam seus títulos ao grande público, sem quaisquer garantias mínimas de segurança, causando enormes prejuízos".[83] *Encilhamento*, período de 1889 a 1891, não diz respeito apenas à especulação brutal na *Bolsa de Valores* provocada com o fim de se obter grandes lucros despropositados, quer pela alta, quer pela baixa das ações, mas, também, diz respeito à crise inflacionária provocada pela reforma financeira promovida em 1890 pelo então *Ministro da Fazenda, Rui Barbosa*. Inclusive, são muitos os autores que apontam *Rui Barbosa* como principal causador da anarquia financeira da época. De qualquer forma, o período de encilhamento caracterizou-se mais pela fundação de empresas fictícias ou sem nenhuma sustentação econômico-financeira para sobreviverem segundo as leis de mercado, o que motivou um bom número de falências e, como já dissemos, especulação desenfreada na *Bolsa de Valores*.

Outra anomalia que causou e causa grandes prejuízos a investidores é a "aguagem" de capital. Entende-se por "aguagem" de capital, a emissão de títulos pela sociedade para reforçar a empresa enfraquecida, ou por maus negócios ou pela péssima administração. Pois bem! Em época mais recente, escândalos ocorridos na formação das sociedades anônima, nas várias modalidades de "aguagem" de capital e desvio das entradas dos subscritores, impuseram as normas do Decreto-Lei nº 5.956, de 1º de novembro de 1943. Mas a prática revelou-se mais hábil que o legislador e as normas tornaram-se impotentes para conter os abusos. Toda uma legislação se elaborou com o intuito de proteger as poupanças populares investidas em grandes empreendimentos. Pretende-se criar um autêntico mercado de capitais de risco, à semelhança do que existe alhures. Estabelecem-se favores fiscais para as sociedades anônimas de capital aberto. Estimulam-se os investimentos da poupança popular. Subordinam-se as sociedades ao controle do *Banco Central do Brasil – BACEN*. Mas todas as precauções dos legisladores não foram suficientes para pôr termo a especulações e abusos, que são ainda de nossos dias.[84]

---

[82] Cf. *Sociedades Anônimas e Mercado de Capitais*, 1º vol., Rio de Janeiro, Editora Forense, 1973, p. 29.

[83] Cf. *Sociedades Anônimas e Mercado de Capitais*, 1º vol., Rio de Janeiro, Editora Forense, 1973, p. 200.

[84] BATALHA, Wilson de Souza Campos. *Sociedades Anônimas e Mercado de Capitais*, 1º vol., Rio de Janeiro, Editora Forense, 1973, p. 30.

AS AÇÕES DAS SOCIEDADES E OS TÍTULOS DE CRÉDITO

Como podemos perceber, os problemas existentes nas sociedades anônimas não estão limitados territorialmente: eles existem a nível universal, maiores em algumas nações do que em outras, evidentemente variando conforme o rigor da legislação que os regulamenta. Porém, se o rigor normativo oferece maior proteção ao investidor de boa-fé, ao mesmo tempo, ele, em bom número de vezes, serve ao desestímulo no desenvolvimento da sociedade anônima. Sem dúvida alguma, fica-se diante de um sério impasse. Por isso, WILSON DE SOUZA CAMPOS BATALHA alerta que ao mesmo tempo "a intervenção do legislador, nessa matéria, não pode ser levada ao extremo de criar entraves e embaraços à indústria e ao comércio", e que as concentrações de capitais se revelam indispensáveis à realização dos grandes empreendimentos da mesma forma que essa mesma intervenção e o controle do poder público se tornam indispensáveis para a segurança dos investimentos, para a proteção das minorias ou dos acionistas dispersos e despreocupados, para evitar os abusos de indivíduos inescrupulosos ou de pequenos grupos que dominam grandes somas de capitais.[85]

Apesar de todos os riscos a que porventura tenha se submetido um investidor, apesar de toda a desproteção a que estejam sujeitos os acionistas minoritários, apesar de todas as espécies de fraudes e especulações verificadas, a sociedade anônima ainda é a artéria principal do capitalismo moderno, é uma entidade de indiscutível interesse coletivo e nacional, é o fator-mestre do desenvolvimento de uma nação. Há , sem dúvida, que conciliar a proteção de ambos, investidor e sociedade, porque qualquer desestímulo à sua sobrevivência, ao seu crescimento e à sua atuação é por demais danoso. Aqui mesmo, no Brasil, restou o amargo exemplo deixado por aqueles que relegaram a segundo plano, em momentos cruciais da história, a proteção à existência de sociedades anônimas de grande importância para o desenvolvimento da indústria e do comércio, principalmente àquelas de notório interesse público. Obviamente referimo-nos a *Mauá & Cia.*

Sobre a evolução das sociedades anônimas no Brasil do século passado, TRAJANO DE MIRANDA VALVERDE dizia que, entregue aos homens de negócios, essa máquina possante de coletar as economias dispersas começou a desenvolver-se no Brasil. País, entretanto, pobre, essencialmente agrícola e ainda utilizando o braço escravo como instrumento da produção, não caíam, evidentemente, em campo fértil os frutos das conquistas industriais, que revolucionavam os processos do trabalho e da produção nas nações de apurada cultura. Tínhamos, também, um comércio atrasado, quase todo nas mãos de estrangeiros, na sua maioria portugueses. Havia, porém, além do comércio bancário, serviços públicos a

---

[85] *Ibid.*, p. 30.

explorar - estradas de ferro, navegação marítima e fluvial, fornecimentos de gás para iluminação, transportes urbanos etc. As primeiras companhias se organizaram para esses empreendimentos, em quase todos eles figurando *Irineu Evangelista de Souza, o Barão e Visconde de Mauá*.[86]

O "grande e abnegado patriota" [87] Irineu Evangelista de Souza, nascido em 28.12.1813, no Rio Grande do Sul, de empregado de armazém que engraxava as botas de seus colegas, tornou-se, em 10.01.1836, aos 23 anos, sócio-gerente da firma *Carruthers & Cia*, através da qual penetrou no mundo das finanças. Este comerciante, já próspero e rico, insatisfeito, lançou-se com esforço incansável em sua revolução particular para despertar o antiquado Brasil imperial. Liquidando, em 1846, a casa Carruthers, adquiriu o que mais tarde chamou de *Estabelecimento de Fundição e Companhia Estaleiro da Ponta da Areia*. Este estaleiro, em onze anos, entregou 72 (setenta e dois) navios, entre os quais alguns ao serviço da guerra, para o transporte de tropas durante as campanhas contra Rosas e Oribe e na Guerra do Paraguai, que, segundo Mauá, o Brasil deveria evitar. Criou, em 1852, a *Companhia de Navegação a Vapor do Rio Amazonas*, que estendeu rotas de quase 4.000 Km sobre suas águas e mais de 1.300 Km sobre o Tocantins e outros rios da região. A Amazônia teve, pela primeira vez, transporte regular entre seus pontos longínquos. Em 1851, fundou a *Companhia de Iluminação a Gás do Rio de Janeiro*. Construiu, em 1854, a primeira estrada de ferro do Brasil e terceira da América Latina,[88] no trecho inicial que ligaria o Porto Mauá, na Baía de Guanabara, à encosta da serra Estrela. Participou da *Cia. de Carris de Ferro do Jardim Botânico*, da *Cia. Estrada de Ferro Tijuca*, da *Estrada de Ferro do Recife a São Francisco*, da *Cia. Fluminense de Transportes*, da *Estrada de Ferro Santos a Jundiaí*, entre outros empreendimentos. Quase todas as companhias que fundou ou de que participou foram transferidas para companhias estrangeiras ou simplesmente liquidadas, por falta de apoio do Governo imperial. Construiu, ainda, o Telégrafo Submarino para ligar o Brasil à Europa e fundou o *Banco Mauá & Cia*, sua base financeira para todos os outros empreendimentos, sem exceção, de interesse público. As empresas de Mauá eram semi-públicas. O *Banco Mauá & Cia* chegou a ter dezenove sucursais no Brasil e também no exterior, principalmente na Inglaterra, Argentina e Uruguai. Porém, já em 1878, era precária a situação do Banco e de outros empreendimentos tocados pelo então Visconde de

---

[86] Cf. *Sociedades por Ações*, vol. I, São Paulo, Editora Revista dos Tribunais, 1953, p. 24.

[87] Assim o Barão e Visconde de Mauá foi intitulado por Alberto de Faria.

[88] Peru e Chile já possuiam sua estrada de ferro.

AS AÇÕES DAS SOCIEDADES E OS TÍTULOS DE CRÉDITO

Mauá e, em 1883, estava completamente falido.[89]

Após a falência, tornou-se obsessão do *Visconde de Mauá* deixar sua reputação imaculada. Assim, vendeu todos os seus bens para pagar as dívidas da *Mauá & Cia*. Morreu, em 21.10.1889, aos 76 (setenta e seis) anos de idade, esquecido e desacreditado, ainda trabalhando como corretor de negócios de café.[90]

Comentando a respeito dos negócios realizados pelo *Visconde de Mauá*, através de seu banco, TRAJANO DE MIRANDA VALVERDE esclarece que "a especulação sobre o dinheiro é mais acessível, oferece lucros mais fáceis. Mas o crédito é instituição perigosa". Segundo ele, o crédito faliu o próprio Mauá, além de outras instituições bancárias da época, tais como os bancos de *Antonio José Alves Souto & Cia* e *Bahia & Irmãos*. Os motivos que levaram Mauá à insolvência foram diferentes dos demais bancos.[91] O banco de *Antônio José Alves Souto & Cia*, para engenheiro, geólogo e político brasileiro JOÃO PANDIÁ CALÓGERAS (Rio de Janeiro, 19.06.1870 - Petrópolis, 21.04.1934), sucumbiu na crise de 1864, "resultado da má gerência de seus capitais, pelo malbaratamento do crédito aberto a devedores impontuais, deles muitos sendo companhias de mera especulação".[92] Quanto aos motivos da sucumbência do *Banco Mauá & Cia*, *Licínio Cardoso* aceita a explicação da crise de 1864 dada pelo próprio Mauá, na exposição por este feita aos seus credores em 1878: "Aos decretos governativos seguiu-se, em curto prazo, a calamidade de algumas más colheitas sucessivas, o que acarretou o desequilíbrio, sendo a produção o verdadeiro regulador das finanças do Brasil, e a crise da lavoura, impropriamente chamada crise bancária, estalou em 1° de setembro de 1864".[93]

RUBENS REQUIÃO, citando um pouco da história deste homem ousado que ensinou a receita para criar indústrias em benefício da nação, concluiu ponderando que "quando lemos a história do Império e analisamos a gigantesca empresa que o *Visconde de Mauá* conseguiu edificar em um país de economia agrária como o nosso, na década de 1860, quando meditamos sobre a sua falência e ruína, temos que convir que o Brasil

---

[89] GRANDES PERSONAGENS DA HISTÓRIA UNIVERSAL, vol. I, São Paulo, Abril Cultural, 1971, p. 461 a 476.

[90] *Ibid.*, p. 476.

[91] Cf. *Sociedades por Ações*, vol. I, São Paulo, Editora Revista dos Tribunais, 1953, p. 25.

[92] Cf. *Formação Histórica do Brasil*, São Paulo: Companhia Editora Nacional, 1938, p. 283.

[93] CARDOSO, Vicente Licinio. *À Margem da História do Brasil*, São Paulo: Companhia Editora Nacional, 1933, p. 133.

moderno teria sido outro se o Governo imperial tivesse percebido que a *Casa Mauá* constituía uma empresa quase-pública, a qual, portanto, jamais poderia ser liquidada pela falência, tendo em vista os transcendentais interesses do País".[94]

Em meio à inevitável falência, desiludido e amargurado, o *Visconde de Mauá* diz na sua "Exposição aos Credores e ao Público": [95]"e oxalá que nas reformas que se apregoam como necessárias ao bem-estar social de nossa pátria, não esqueçam os que se acharem à frente da governação do Estado, que o trabalho e o interesse do país são, mais que muitos, dignos de proteção e amparo a que têm direito".[96]

2.6 A EVOLUÇÃO DO TÍTULO DE REPRESENTAÇÃO DO CAPITAL SOCIAL

Na atualidade, é pacífico o entendimento entre os autores a respeito das causas que levaram a se criar as ações. Na verdade, foram duas as principais causas. A primeira refere-se à existência da sociedade após o falecimento de algum participante e a segunda refere-se ao afastamento da sociedade quando o participante necessitasse do dinheiro investido ou não desejasse mais participar do empreendimento.

Um dos maiores problemas na associação mercantil de então era o falecimento de um sócio, pois, não raras vezes, isso significava a liquidação da sociedade. Tendo a sociedade anônima o espetacular caráter de afastar o capital da direção e a possibilidade de livre transferência do capital, as ações asseguram a existência mais duradoura da companhia, mesmo ocorrendo a mutação dos sócios.

A transmissibilidade dos direitos em uma sociedade também constituía transtornos que foram eliminados com o surgimento das ações, pois são livremente cedíveis, sem muitos empecilhos. WALDEMAR MARTINS FERREIRA esclarece a respeito que "tendo, para consecução de seu objetivo, de recorrer à economia privada, bem perceberam seus construtores que seria isso incompatível com o regime societário,

---

[94] Cf. *Curso de Direito Comercial*, 2º vol., 13ª ed., São Paulo, Editora Saraiva, 1984, p. 8.

[95] Documento através do qual descreve todos os seus empreendimentos e transforma o relato em sua autobiografia.

[96] REQUIÃO, Rubens. *Curso de Direito Comercial*, 2º vol., 13ª ed., São Paulo, Editora Saraiva, 1984, p. 8.

AS AÇÕES DAS SOCIEDADES E OS TÍTULOS DE CRÉDITO

subordinado a regras rígidas no tocante ao seu capital. Poucos para este concorreriam com as sobras de suas economias se as tivessem de consolidar nele, sem a expectativa de se reembolsarem de seu dinheiro quando dele viessem a necessitar, quiçá precipitando a liquidação, que poderia ser ruinosa. Observa-se isso nas sociedades de pessoas. Os sócios mal sucedidos ou insatisfeitos com o empreendimento, em caso de desacordo com os demais quanto a sua retirada, não se podem delas afastar, senão por via judicial".[97]

Na criação das companhias holandesas estas dificuldades foram superadas com a adoção de quatro princípios de monta, relacionados por WALDEMAR MARTINS FERREIRA. "O primeiro foi a fixação do capital social em cifras exatas. Consistiu o segundo em dividi-lo em partes alíquotas do mesmo valor nominal. Residiu o terceiro na limitação da responsabilidade de cada sócio ao montante de cada ação que subscrevesse pelas obrigações sociais. Caracterizou-se o quarto pela representação daquelas partes alíquotas por certificados transmissíveis livremente por via de simples registro em livros especiais da companhia".[98]

Em consequência, WALDEMAR MARTINS FERREIRA concluiu que a ação tornou-se "a arma poderosa que permitiu a abertura da época mercantilista da economia moderna".[99]

Ao longo da história das sociedades por ações, vemos que um dos fenômenos que primeiro nos chamam a atenção é a fácil negociabilidade das ações. Esta facilidade de transferência, sem dúvida, é um dos principais responsáveis pelo bom resultado deste tipo de sociedade.

O economista alemão RICHARD EHRENBERG (05.02.1857 – 17.12.1921)[100] e o historiador holandês HERMAN THEODOOR COLENBRANDER (Drachten, 13.12.1871 – Leiden, 08.10.1945),[101] concluíram que "só assim se concebe que, já em 1609, quer dizer sete anos depois de haver-se fundado a primeira companhia, se pudessem formular fortes queixas acerca dos abusos produzidos na Bolsa de Amsterdam pelo tráfico de ações e que, em 1610, se procedesse contra estes abusos por meio

---

[97] Cf. *História do Direito Brasileiro*, tomo IV ("O Estatuto da Sociedade por Ações"), São Paulo, Max Limonad Editor, 1955, p. 219.

[98] *Ibid.*, p. 220.

[99] *Ibid.*, p. 221.

[100] Cf. "Die Amsterdamer Aktienspekülation im 17, Jahrhundert" [La especulación en acciones de Amsterdam en el siglo XVII]. In: *Jahrbuch für Nationalöken und Stalistik*, 3ª série, tomo III, p. 809 e segs.

[101] Cf. "Über das erste Auftreten des Wortes "Aktie" in den Niederlanden". In: *Zeitschrift für das Gesamte Handelsrecht (ZGH)*, tomo 50 (NF 35), 1901, p. 383 e seguintes.

de decretos da autoridade, seguidos por outros semelhantes em 1623 e 1624".

Desde a sua criação, a ação foi o meio que levou a sociedade anônima ao desempenho que lhe permitiu a posição de destaque que alcançou; ao mesmo tempo, por várias vezes, foi, também, o caminho mais curto para grandes lucros ou a ruína total de muitos investidores, muito mais pelas especulações nas negociações de mercado do que pelo resultado do empreendimento realizado pela companhia.

As ações, durante muito tempo, foram emitidas e circularam exclusivamente à ordem ou nominais. Como já mencionamos em outra oportunidade, no início, o endosso ou transferência consistia no trabalho de transcrever a ação no livro de ações, substituindo o nome do proprietário atual pelo nome do adquirente, praxe esta confirmada tanto por *Karl Lehmann* como por *K. Primker*.[102]

KARL LEHMANN avisa que as ações ao portador apareceram na França e não nos Países-Baixos como se supunha. De lá, generalizaram-se no continente europeu.[103] RODOLFO FISHER nos proporciona informações no sentido de que *John Law*, no começo do século XVIII, empregou, pela primeira vez, as ações ao portador para manobras fraudulentas.[104] A propósito, observam K. PRIMKER [105] e LOUIS RENAUD [106] que, na França, a vinculação dos interesses do Estado com os das Companhias, foi por várias vezes fatal para estas, sobretudo no caso da Companhia do Ocidente, vulgarmente conhecida pelo nome de Sociedade do Mississipi, fundada em 1717 pelo escocês *John Law. Luis XV*, confiando em restaurar por aquele procedimento a alquebrada Fazenda Pública da França, autorizou a Law a emitir um número de ações necessário para redimir toda a dívida pública, que ascendia à cifra de 1.200 milhões de libras, comprometendo-se o Estado a afiançar um interesse de 3 (três) por 100 (cem) pelos títulos subscritos e entregando à Companhia de *John Law* o monopólio de cédulas e moedas, além de outros monopólios comerciais e o arrendamento geral de todas as rendas. Na emissão de ações desta empresa gigantesca se cometeu uma vil fraude e a quebra da Companhia, sobrevinda

---

[102] FISHER, Rodolfo. *Las Sociedades Anónimas: Su Regimen Jurídico y Fiscal*, Madrid, Editorial Rens, 1934, p. 26.

[103] Cf. *Die geschichtliche Entwicklung des Aktien- reehts bis zum Code de Commerce*, Berlin, Verfasser/Beitragende, Jahr, 1895, p. 262.

[104] Cf. *Las Sociedades Anónimas: Su Regimen Jurídico y Fiscal*, Madrid, Editorial Rens, 1934, p. 26.

[105] "Die Aktiengesellschaft", In: *Handbuch des Handelsrechts Handels*, See und Wechselrechts, von W. Endemann, vol. I, Leipzig: 1881, p. 492.

[106] *Traité de Droit Commercial*, 5ª ed., 2º tomo ("les sociétés commerciales"), Paris, Librairie Générale de Droit et de Jurisprudence – LGDJ, 1936, p. 28.

AS AÇÕES DAS SOCIEDADES E OS TÍTULOS DE CRÉDITO

em 1719, levou à ruína a uma massa de gente; foi tal o desastre, que durante muito tempo, na França, ficaram desacreditados até os termos "ação" e "acionista".[107]

De qualquer forma, resta a certeza de que as ações foram, lentamente, evoluindo até apresentarem variações, podendo ser um documento à ordem ou um documento ao portador; todavia, na segunda metade do século XVIII, prevaleceu a primeira forma. Segundo KARL LEHMANN, o trânsito das ações de sua forma exclusivamente à ordem para a variação também ao portador foi o que abriu caminho para que viesse a predominar o que atualmente se considera uma das principais características da sociedade anônima, ou seja, a responsabilidade limitada, apesar de que, das concessões holandesas não se pode tirar nenhuma conclusão direta acerca deste assunto.[108]

Karl Lehmann amparou sua argumentação no fato de que as concessões francesas outorgadas durante o século XVII ofereceram uma flutuação entre a tendência a autorizar e a tendência a proibir a obrigação de o acionista desembolsar além do valor subscrito. Tentando justificar as ponderações de *Karl Lehmann*, RODOLFO FISHER esclarece que, por uma parte, a origem gradual da ação ao portador e, por outra, o princípio da responsabilidade limitada coincidem, na França, com o século XVIII; isso o autoriza a presumir que entre ambos os fenômenos há uma estreita conexão.[109]

O chamado fundo-capital, nas origens das sociedades por ações, era temporário. O fundo perpétuo é, segundo KARL LEHMANN, uma criação das concessões francesas. Esses fundos começaram a se manifestar de maneira perpétua em casos isolados.[110] A primeira concessão holandesa foi formada com capital temporário, pois se verifica que, na ocasião, o acionista ficava obrigado a deixar sua contribuição no fundo social por um prazo equivalente a dezesseis anos. Posteriormente, as empresas, derivadas do sistema implantado pela primeira concessão holandesa, assumem o caráter de empresa permanente. A perpetuidade da companhia fez com que o fundo reunido pelos capitais dos acionistas - a quem, a partir de então, a concessão negava o direito de retirar o valor investido - adquirissem também caráter permanente. Assim, reuniram-se as duas acepções do fundo

---

[107] FISHER, Rodolfo. *Las Sociedades Anônimas: Su Regimen Jurídico y Fiscal*, Madrid, Editorial Rens, 1934, p. 33.

[108] Cf. *Die geschichtliche Entwicklung des Aktien- reehts bis zum Code de Commerce*, Berlin, Verfasser/Beitragende, Jahr, 1895, p. 263.

[109] Cf. *Las Sociedades Anônimas: Su Regimen Jurídico y Fiscal*, Madrid, Editorial Rens, 1934, p. 26.

[110] Cf. *Die geschichtliche Entwicklung des Aktien- reehts bis zum Code de Commerce*, Berlin, Verfasser/Beitragende, Jahr, 1895, p. 263.

perpétuo daquela época: a) o valor assinalado na concessão deveria ser reunido para empreender com risco a empresa proposta; e b) a soma das contribuições não seria reembolsada enquanto persistisse a companhia. KARL LEHMANN, em vista desses aspectos do fundo perpétuo, opina no sentido de que o caráter negocial das ações representou, de certo modo, uma compensação pela não reembolsabilidade das contribuições. Dá-se ao acionista a possibilidade de vender a ação, realizando assim seu valor em dinheiro.[111] Acrescentamos a essa observação que o caráter negocial das ações é uma atribuição para compensar a não reembolsabilidade imediata do capital investido, pois o caráter negocial das ações existia mesmo nas companhias de capital temporário, inclusive nas sociedades inglesas do tipo *Joint Stock Company*. Nessas companhias, apesar de o capital investido ser reembolsado ao final de cada empreendimento, que, geralmente, consistia em viagens marítimas às Colônias, acontecia a longa duração do tentame, até mesmo durante muitos anos, fato que, sem o caráter negocial das ações, seria muito pouco atraente aos olhos dos investidores.

Com a estabilização das primeiras companhias permanentes, prevaleceu, também, o caráter da repartição dos ganhos. A repartição dos ganhos, também chamada retorno, primitivamente dependia da quantidade de recursos disponíveis em um determinado momento e representava uma mistura confusa de pagamentos do que fora investido e da distribuição dos lucros. Tornando-se permanente o capital investido, a repartição restringiu-se à distribuição de lucros. O caráter da repartição apenas dos lucros contribuiu efetivamente para que os prazos de pagamento dos ganhos, que, primitivamente, eram de dez e de seis anos, se reduzissem a dois anos, estabelecendo-se normas para garantir uma boa contabilidade e inventariação, conforme ressalta KARL LEHMANN.[112] Isto, certamente, representou um grande passo em direção ao regime de lucros líquidos, aplicado pelas sociedades anônimas contemporâneas. Entretanto, como alerta RODOLFO FISHER, seria exagero acreditar que, depois de acolher em sua concessão estas normas as companhias tenham tomado por base, para a repartição dos ganhos, o conceito atual de lucro líquido.[113]

Havia, no princípio, o temor de que, na sociedade por ações, ocorresse a repartição parcial dos ganhos, transformando-se ela em uma sociedade leonina. Essa denominação refere-se ao apólogo de Escopo, a propósito da fábula "o leão, o burro e a raposa". Tendo ido à caça todos

---

[111] *Ibid.*, p. 264.

[112] Cf. *Die geschichtliche Entwicklung des Aktien- reehts bis zum Code de Commerce*, Berlin, Verfasser/Beitragende, Jahr, 1895, p. 264.

[113] Cf. *Las Sociedades Anônimas: Su Regimen Jurídico y Fiscal*, Madrid, Editorial Rens, 1934, p. 28.

AS AÇÕES DAS SOCIEDADES E OS TÍTULOS DE CRÉDITO

três, o leão encarregou o burro de fazer a partilha da presa, o qual a realizou honestamente, dividindo-se em três partes. O leão considerando-a ofensiva à sua força e majestade, matou-o, transferindo o encargo à raposa, que, mais avisada, entregou quase tudo ao poderoso, merecendo deste grandes elogios pela habilidade em reconhecer os direitos de cada um.[114] Pode parecer um exagero, até mesmo um absurdo; no entanto, de certa forma, foi o que esteve perto de acontecer, no início das concessões holandesas, com a repartição dos ganhos. Os participantes diretamente envolvidos na administração do empreendimento garantiram boa parte dos resultados para si e deixaram de fazer a repartição entre os demais. Tanto foi, que os investidores menores, afastados da administração da companhia, tiveram que recorrer insistentemente aos préstimos do poder judiciário a fim de receberem o que lhes cabia nos lucros alcançados nas viagens às Colônias. O costume de se obter os ganhos somente através de ação judicial levou os investidores a denominarem "ação" o próprio título representativo do capital.[115]

No entanto, todos esses percalços, que, algumas vezes, lançaram muita desconfiança sobre as ações foram, aos poucos, e conforme as circunstâncias, sendo superados pelas legislações posteriores, até que se reconheceu a importância das ações no desempenho econômico de um país sob o regime capitalista, apesar dos riscos que cercam o instituto. Sobre isto, ARMAND SIVILLE escreve que a rapidez da circulação das ações "é um atrativo poderoso para a economia individual, que aí encontra colocação de capitais sempre realizável à vontade dos possuidores; sem a ação, a associação de capitais não teria jamais tomado o impulso que permitiu o maravilhoso crescimento da riqueza geral e do bem-estar do qual nós somos testemunhas".[116]

A ação representa a democratização na participação societária e o seu sucesso ou "a razão de estarem tão em moda as sociedades por ações, é porque permite a todo mundo dela participar. A parte no ativo social para cada um é tão pequena, que através dela pode se operar a drenagem dos pequenos capitais, o que, do ponto de vista econômico, proporciona

---

[114] TROPLONG, Raymond-Théodore. *Du Contrat de Sociétè en Matiere Civile et Commerciale: Contrat de Mariage*, vol. 2, Paris: Hingray, 1843, p. 314 (ISBN: 978-116797739-8).

[115] FARIA, Antônio Bento de. *Direito Comercial*, vol. II ("Das Sociedades Comerciais"), parte primeira, Rio de Janeiro: A. Coelho Branco Filho Editor, 1948, p. 8.

[116] Cf. *Traité des Sociétés Anonymes Belges, Régies par le Code de Commerce*, 1º vol., Bruxelles, Bruylant-Christophe, 1898, nº 421, p. 156.

resultados muito elevados".[117]

Sobre a importância das ações no desenvolvimento econômico de uma nação, pouco merece ser acrescentado, dada a clareza de sua evidência. Porém merece importância o folheto de esclarecimento "Ações, o Patrimônio Produtivo", divulgado recentemente pelo *Comitê de Divulgação do Mercado de Capitais*-CODIMEC. Ressalta o folheto, no seu item 3 da introdução, que "qualquer empresa precisa de recursos para, realizando investimentos, manter o seu desenvolvimento. Aqueles produzidos por ela, isto é, os lucros não-distribuídos aos sócios, têm-se mostrado insuficientes para assegurar a expansão da empresa. Daí, a necessidade de obtenção de recursos complementares através de dois procedimentos: *a*) levantamento de empréstimos ou créditos junto a fornecedores e instituições financeiras ou ao público em geral - são os *recursos exigíveis*, uma vez que a empresa terá de devolvê-los a quem emprestou e *b*) aumento do capital social por subscrição de quotas ou de ações já emitidas pela empresa, ampliando, assim, o seu volume de recursos próprios - são os *recursos não-exigíveis*, uma vez que a empresa não é obrigada a recomprar ações ou quotas de capital anteriormente emitidas e vendidas. Os sócios entram com dinheiro novo ou admitem-se mais parceiros nas sociedade".

Sendo a ação uma captação de dinheiro de que se não exige a devolução torna-se o meio mais eficaz de levar o desenvolvimento à empresa, mantendo-a distante de endividamentos que ameaçam a sua existência. Por isso, a ação, utilizando as mesmas palavras do referido folheto, é o instrumento "mais produtivo e eficiente na geração de riquezas, empregos e prosperidade". Por outro lado, medidas devem sempre ser consideradas para a proteção do mercado de ações, a fim de que não se submeta a crises de credibilidade e não deixe de proporcionar a motivação necessária para a participação das empresas de administração idônea e dos bons investidores.

---

[117] COUTY, *La Nature Juridique des Actions*, **thèse**, Université Paris, *apud* Theóphilo de Azeredo Santos, "Natureza Jurídica das Ações". In: *Revista Forense*, vol. 169, Rio de Janeiro, Editora Forense, p. 485.

CAPÍTULO 3 – TEORIA GERAL DOS TÍTULOS DE CRÉDITO

3.1 CRÉDITO: O SUBSTITUTO TEMPORÁRIO DO DINHEIRO

O filósofo e economista britânico JOHN STUART MILL (Londres, 20.05.1806 - Avinhão, 08.05.1873), já em sua época, chamava a atenção para o fato de que "as funções do crédito têm sido objeto de tantos equívocos e tanta confusão de ideias quanto qualquer item da Economia Política. Isso não se deve a alguma dificuldade especial da teoria que regula a matéria, mas a natureza complexa de alguns dos fenômenos comerciais decorrentes das modalidades de que o crédito se reveste, o que faz com que a atenção seja desviada das propriedades do crédito em geral para as peculiaridades de suas formas específicas".[118]

Entretanto, não apenas na Economia Política, o *crédito* tem sido matéria para equívocos e confusões. No próprio Direito se tem, muitas vezes, elaborado enganosa noções sobre esse instituto. Chega-se ao exagero de ampliar seu sentido até confundi-lo com outros institutos, também objeto da abstração jurídico, cuja a natureza é bem distinta. No próprio Direito, como na Economia Política, houve deturpação das propriedades do crédito em geral ao se tentar estender seu sentido às diversas operações que guardam algumas semelhanças com o crédito quanto à forma.

O jurista italiano CESARE VIVANTE (Veneza, 06.01.1855 – Siena, 05.05.1944) especificou a *operação de crédito* como toda aquela pela qual se fornece um a prestação, na esperança de uma contraprestação futura. Um intervalo de tempo entre as duas prestações é essencial a toda operação de crédito.[119]

É certo que o *crédito* representa, também, um ato de confiança entre duas ou mais pessoas. Isso explica a origem da palavra, que vem do termo latino *creditum*, que, por sua vez, deriva do termo também latino *credere*, de acepção moral e religiosa, significando crença ou confiança.[120] Todavia , o crédito não representa apenas um ato de fé do credor para com o devedor: ele representa, principalmente, a obrigação de devolver a quantia entregue sob confiança, após ultrapassado o intervalo de tempo previamente determinado.

O *crédito*, por sinal, não é uma criação recente; é, ao contrário, uma operação bastante antiga. No próprio *Código de Hamurabi*, verifica-se a presença desse instituto, quando, em tempos remotos, se regulamentou o arrendamento do campo para cultivo, cujo pagamento era realizado através da colheita, com nítido intervalo de tempo entre prestações, evidenciando já a confiança entre duas ou mais pessoas na transação. O ordenamento babilônico também consagrou operações de crédito, marcando da mesma forma a presença dos elementos confiança e intervalo de tempo, quando prescreveu que "se um *awilum* tomou emprestado prata a um mercador e deu como garantia ao mercador um campo preparado para o grão ou sésamo e disse-lhe: - cultiva o campo; grão e sésamo, que for produzido, recolhe e leva contigo; se um agricultor produziu no campo grão ou

---

[118] Cf. *Princípios de Economia Política*, vol. II, São Paulo, Editora Abril Cultural, 1983, p. 69.

[119] Cf. *Trattato di Diritto Commerciale*, volume III ("Le Cose"), 4ª ed., Milão, Casa Editrice Dottor Francesco Vallardi, 1914, p. 163.

[120] WALD, Arnoldo. "Crédito". In: *Enciclopédia Saraiva do Direito*, vol. 21, São Paulo, Editora Saraiva, 1977, p. 130.

AS AÇÕES DAS SOCIEDADES E OS TÍTULOS DE CRÉDITO

sésamo, no tempo da colheita, o proprietário do campo tomará o grão ou o sésamo que foi produzido no campo e dará ao mercador grão correspondente à quantidade de prata que ele tomou emprestada, com seus juros, e além disso dará ao mercador os gastos do cultivo".[121]

O professor emérito da Faculdade de Direito da. Universidade Federal do Ceará FRAN MARTINS (1913-1996) demonstrou ser um dos juristas que também colocam o *crédito* como a confiança que uma pessoa inspira a outra de cumprir, no futuro, obrigação atualmente assumida, vindo, desta forma, a facilitar, de maneira significativa, as operações comerciais, marcando um passo avantajado para o desenvolvimento destas.[122] O crédito assumiu tal importância na sociedade contemporânea, que se dividiu a história econômica da humanidade em três idades: a era da troca, a era da moeda e a era do crédito.

O *crédito*, realmente, tem o poder de facilitar as trocas, de facilitar a circulação dos bens, de tornar menos ociosa a produção, enfim, de antecipar o desenvolvimento econômico de uma sociedade.

Para JOHN STUART MILL, o *crédito*, geralmente, é uma transferência natural de capital na produção, de maneira eficiente. "Se não houvesse coisas como o crédito ou se, devido à insegurança geral e à falta de confiança, a prática do crédito fosse rara, muitas pessoas que possuem capital, em quantidade maior ou menor, e que, devido às suas ocupações ou por falta de perícia e de conhecimento necessários, não podem supervisionar pessoalmente o emprego desse capital, dele não aufeririam benefício algum: seus fundos ou permaneceriam ociosos ou, então, talvez fossem desperdiçados e aniquilados em tentativas inábeis para fazê-los render lucro. Atualmente, todo esse capital é emprestado a juros e colocado à disposição para a produção. O capital assim emprestado constitui grande parte dos recursos produtivos de qualquer país comercial, sendo naturalmente atraído para aqueles produtores ou comerciantes que movimentam maiores negócios e têm os meios para empregá-lo da maneira mais rentável, pois essas são as pessoas que mais desejam esse capital e, ao mesmo tempo, têm condições de oferecer as melhores garantias. Portanto, ainda que o crédito não aumente os fundos produtivos do país, faz com que esses recursos se tornem mais produtivos. À medida que se amplia a confiança na qual se baseia o crédito, criam-se meios pelos quais mesmo as porções mínimas de capital, as somas que cada um guarda consigo para atender a contingências, são colocadas à disposição para usos produtivos. Os instrumentos principais para essa finalidade são os bancos de depósito. No caso de eles não existirem, uma pessoa prudente fica obrigada a guardar

---

[121] BRANCO, Elcir Castelo. "Crédito". In: *Enciclopédia Saraiva do Direito*, vol. 21, São Paulo, Edição Saraiva, 1977, p. 139.

[122] Cf. *Títulos de Crédito*, vol. I, 2ª ed., Rio de Janeiro, Editora Forense, 1977, p. 13.

essas somas pela necessidade que ela pense precisar atender, mesmo que seja por uma razão insignificante. Quando, porém, se desenvolveu a prática de guardar essa reserva, não em sua própria custódia, mas com um banqueiro, pelo fato de este juntar em seus cofres muitas pequenas somas, que anteriormente permaneciam ociosas, e pelo fato de o banqueiro, ensinado pela experiência, saber que percentagem dessa soma provavelmente será necessária em determinado momento e saber que, se um depositante vier eventualmente a necessitar de mais do que a média, outro precisará de menos, tem ele condições de emprestar o restante, isto é, a parte que é, de longe, a maior, a produtores e comerciantes. Com isto, aumenta, não, certamente, o capital existente, mas o montante de capital aplicado, gerando-se, com isso, aumento correspondente da produção conjunta da comunidade".[123]

Outro destaque que merece transcrição, encontramos num artigo da autoria de ARNOLDO WALD, que situa o *crédito*, no plano econômico, como "a possibilidade do beneficiário usar e gozar uma riqueza". Diz ele ainda que o crédito implica, de acordo com fórmula que se tornou famosa, uma troca de bens atuais por bens futuros, ensejando uma circulação de mercadorias ou valores. Na realidade, a doutrina distinguiu perfeitamente a permuta, ou troca, do crédito, pois, nesta última hipótese, as coisas trocadas são de gênero diferente; as operações de crédito constituiriam a permuta da mesma coisa em momentos diferentes, tratando-se de "uma troca diferida no tempo" ou de "uma inserção do tempo na troca".[124] O advogado, escritor e jurista brasileiro FÁBIO KONDER COMPARATO (Santos, 08.10.1936 -), por sua vez, salienta que a teoria da troca representa um progresso na explicação da operação de crédito, pois ressalta o seu caráter bilateral, mas afirma que nem sempre há diferença entre os bens trocados, que, ao contrário, geralmente são idênticos no caso do crédito. Haveria, assim, uma identidade de natureza dos bens trocados, acentuando-se que a diferença entre as prestações corespectivas não seria de ordem qualitativa, mas cronológica. Acresce que, normalmente, inexiste a própria identidade entre o valor das prestações, pois o débito se apresenta como superior ao valor da quantia recebida, em virtude da inclusão, no montante, de juros, ágio ou comissões. Os economistas reconhecem que o creditante, ao realizar a operação de crédito, priva-se, por algum tempo, do uso da riqueza transferida, sacrificando, pois, a liquidez do seu patrimônio, o que legitima, de sua parte, a exigência de uma prestação suplementar à restituição da

---

[123] Cf. *Princípios de Economia Política*, vol. II, São Paulo, Editora Abril Cultural, 1983, p. 70.
[124] Cf. "Crédito". In: *Enciclopédia Saraiva do Direito*, vol. 21, São Paulo, Editora Saraiva, 1977, p. 130 e 131.

AS AÇÕES DAS SOCIEDADES E OS TÍTULOS DE CRÉDITO

riqueza transferida.[125]

Para JOÃO EUNÁPIO BORGES, na noção de *crédito* estão implícitos os seguintes elementos: *a)* a confiança: quem aceita, em troca de sua mercadoria ou de seu dinheiro, a promessa de pagamento futuro, confia no devedor; essa confiança pode não repousar exclusivamente no devedor, mas em garantias pessoais (aval, fiança, etc.) ou reais (penhor, hipoteca, etc.) que ele ofereça em segurança da oportuna realização da prestação futura a que se obrigou; mas, de qualquer forma, é sempre a confiança elemento essencial do crédito; e *b)* o tempo, constituindo o prazo, o intervalo, o período que medeia entre a prestação presente e atual e a prestação futura. Afirma este jurista, catedrático de Direito Comercial dos cursos de bacharelado e de doutorado da Faculdade de Direito da Universidade Federal de Minas Gerais, citando o economista e historiador do pensamento econômico *Charles Gide (*Uzès, 29.06.1847 – Paris, 02.1932), que "o crédito faz entrar o futuro na esfera dos contratos, constituindo mera ampliação da troca, uma troca no tempo e não no espaço" e, citando o economista alemão *Karl Gustav Adolf Knies* (Marburgo, 29.03.1821 - Heidelberg, 03.08.1898), afirma ainda que o crédito é "uma troca dividida pelo tempo, sendo a não contemporaneidade das duas prestações a característica de toda operação de crédito".[126]

Apesar de *John Stuart Mill* assinalar que o *crédito* não passa de uma transferência de capital, ainda assim o instituto importa sempre três propriedades básicas, sem as quais não se pode caracterizá-lo: o ato de confiança, a devolução obrigatória do valor transferido (seja por compensação ou por pagamento em espécie) e o uso do capital por um lapso de tempo determinado. O capital, cuja devolução não seja obrigatória ou que tenha sido transferido em caráter perpétuo, não pode ser objeto de crédito. A confiança está diretamente ligada à expectativa de devolução da quantia no prazo avençado, após o que aquele que transferiu o capital tem direito de exigi-lo de quem o está utilizando, acrescentando ainda as compensações financeiras pela privação que teve no período transcorrido entre uma prestação e outra.

3.2 A CIRCULAÇÃO DO CRÉDITO

---

[125] Cf. *Direito empresarial: estudos e pareceres*. São Paulo: Saraiva, 1995, p. 3-37 (ISBN: 8502006940).
[126] Cf. *Títulos de Crédito*, 2ª ed./9ª tiragem, Rio de Janeiro, Editora Forense, 1983, p. 8 e 9.

No decorrer da história houve a necessidade de dar forma material ao crédito, a fim de que sua comprovação pudesse, com menor dificuldade, não apenas perpetuar através do tempo, mas também dar maior certeza e segurança às relações jurídicas. Então, o crédito ou o direito de crédito assumiu a forma material quando o corporificaram em um documento que lhe certificasse a existência, ao mesmo tempo em que as fases de sua operação foram sendo totalmente consubstanciadas em dispositivos normativos.

O aparecimento do crédito foi acompanhado, desde o início, por problemas relativos à circulação dos direitos creditícios. Estes problemas só foram efetivamente solucionados com a criação dos títulos de crédito, pois, em tempos passados, a obrigação oriunda do crédito somente poderia ser cumprida pela própria pessoa. Assim, como explica FRAN MARTINS, se alguém contraía uma dívida, o seu patrimônio não respondia pela mesma, já que patrimônio e pessoa eram inseparáveis, sendo os bens tidos como um acessório da pessoa. Foi, inquestionavelmente, o aparecimento da lei *Paetelia Papiria*, em 429, que fez a distinção entre patrimônio e pessoa, podendo, a partir daí, o credor acionar os bens do devedor para que esses, e não a própria pessoa do devedor, solvessem a dívida. Trouxe, desse modo, a lei *Paetelia Papiria*, inegável progresso na garantia do crédito, mas, ainda assim, os direitos de crédito que alguém tinha contra outrem não eram facilmente transmitidos pelo credor a terceiros, permanecendo o princípio do crédito individual. Só depois do aparecimento dos títulos de crédito, isto é, de papéis em que estavam incorporados os direitos do credor contra o devedor, foi que o problema da circulação dos direitos creditórios começou a marchar para uma solução.[127]

Por outro lado, os aspectos da formação do título de crédito demonstram a forte influência do direito comercial na instituição da economia moderna. O economista, jurista italiano e professor da Universidade de Bolonha e da Faculdade de Direito de São Paulo, TULLIO ASCARELLI (Roma, 1903 - Roma 1959), concluiu a respeito que "a vida econômica moderna seria incompreensível sem a densa rede de títulos de crédito; às invenções técnicas teriam faltado meios jurídicos para a sua adequada realização social; as relações comerciais tomariam necessariamente outro aspecto. Graças aos títulos de crédito, pôde o mundo moderno mobilizar as próprias riquezas; graças a eles o direito consegue vencer tempo e espaço, transportando, com a maior facilidade, representados nestes títulos, bem distantes e materializando, no presente, as possíveis riquezas futuras".[128]

---

[127] Cf. *Títulos de Crédito*, vol. I, 2ª ed., Rio de Janeiro, Editora Forense, 1977, p. 14.

[128] Cf. *Teoria Geral dos Títulos de Crédito*, São Paulo, Livraria Acadêmica Saraiva & Cia. - Editores, 1943, p. 3.

AS AÇÕES DAS SOCIEDADES E OS TÍTULOS DE CRÉDITO

A formação dos títulos de crédito obedeceu a uma originalidade de princípios talvez dificilmente encontrada em outros institutos. Trata-se, como ressalta TULLIO ASCARELLI, "de um instituto jurídico cujo aparecimento foi relativamente tardio, inconcebível fora de uma sociedade de economia complexa e desenvolvida; instituto, em seu conjunto substancialmente desconhecido pelo direito romano, fundamento da nossa cultura jurídica; instituto alheio, por isso, aos princípios jurídicos mais familiares".[129]

A formação dos títulos de crédito teve início em vista do surto alcançado pelo tráfico mercantil no período medieval, ocasião em que houve a necessidade de simplificar a circulação de dinheiro. Já eram utilizadas, na época, algumas modalidades de crédito, entre elas a mais comum, aquela cujo crédito gera o poder de compra sem a necessidade de entregar dinheiro no momento - o pagamento era adiado para o futuro - e outra cujo crédito gera poder de compra sem a entrega de dinheiro de forma alguma, pois, nesses casos, as transações eram incluídas, juntamente com várias outras transações, em uma espécie de conta, onde nada se pagava a não ser um saldo residual, após as respectivas compensações. Entretanto, as modalidades de crédito já existentes eram insuficientes para as necessidades que surgiam do desenvolvimento mercantil. Naquela ocasião, não bastavam os meios para cumprir apenas a função de antecipar a efetivação de transações: havia necessidade de instrumentos para diminuir os riscos na intensa circulação de capitais. Surgiu, assim, outra nova modalidade em que o crédito consistia no pagamento de débitos, sem intervenção de dinheiro, transferindo recebimento de soma que uma terceira pessoa da relação comercial devia. Isto era feito mediante um instrumento escrito, denominado letra de câmbio. Há muito tempo, é aceito, por unanimidade, que as letras de câmbio começaram a ser utilizadas para economizar despesas e riscos no transporte de metais preciosos de um lugar a outro.[130]

O economista banqueiro e filantropo Inglês, que fez contribuições significativas para a teoria monetária, HENRY THORNTON, (London, 10.03.1760 - London, 16.01.1815), no início do século XIX, proporcionou uma exposição clara sobre as maneiras de conceder e receber crédito em uma comunidade mercantil. Suponhamos, diz HENRY THORNTON, que haja em Londres dez manufatores que vendam o seu artigo no varejo a dez lojistas de York, os quais vendem o artigo, também no varejo, e que, em York, haja dez manufatores de outra mercadoria, que a vendam a dez lojistas de Londres. Não haveria necessidade de os dez lojistas de Londres

---

[129] Ibid., p. 4.

[130] MILL, John Stuart. *Princípios de Economia Política*, vol. II, São Paulo: Editora Abril Cultural, 1983, p. 71 e 72.

enviarem anualmente guinéus a York para o pagamento dos manufatores de lá e de os dez lojistas de York mandarem anualmente o mesmo número de guinéus a Londres. Bastaria, apenas, os manufatores de York receberem de cada um dos lojistas, em sua própria porta, o dinheiro em questão, dando em troca, letras que validassem o recebimento do dinheiro, e fizessem com que o dinheiro, que está nas mãos de seus devedores em Londres fosse recebido da mesma forma que em York. Poupar-se-iam com isto o gasto e o risco de todas as transferências de dinheiro. As letras que ordenam a transferência da dívida são denominadas, na linguagem atual, letras de câmbio. São títulos com os quais a dívida de uma pessoa é trocada pela dívida de outra e, possivelmente, a dívida que é devida em um lugar é trocada pela dívida devida em outro lugar.[131]

Há notícias de que, na China, mil anos antes de Cristo, era utilizado um título de crédito chamado *Fei K'iuan*, que, conforme ressalta Escarra, deve provavelmente ser o mais distante ancestral da recente letra de câmbio.[132] Porém, foi a instituição cambial da idade média, sem dúvida, que deu origem ao título de crédito nos padrões atuais. A partir do surgimento da letra de câmbio, no período medieval, difundiu-se a utilização em massa dos títulos de crédito, derivando dela vários outros tipos e espécies. Daí, no meio jurídico mais antigo, a utilização da frase espontânea: "a cambial é a moeda do comerciante, enquanto que a sociedade anônima significa sociedade de capital"; frase que, por sinal, foi muito atacada por CESARE VIVANTE, quando criticou outros juristas que a acolhiam sem restrições, alegando, para tanto, a não observância de sua esterilidade dogmática.[133]

As letras de câmbio demonstraram ser extremamente convenientes como meio de pagar débitos em lugares distantes, sem maiores despesas com transporte e riscos com a circulação de metais preciosos. JOHN STUART MILL, porém, esclarece que a utilização da letra de câmbio foi posteriormente muito ampliada, por outra razão. Acrescenta ele que é costume, em cada tipo de comércio, conceder crédito por certo período de tempo, para mercadorias compradas: três meses, seis meses, um ano e, até, dois anos, conforme a conveniência ou o costume vigente no respectivo ramo de comércio. Um distribuidor que vendeu mercadorias que lhe devem ser pagas dentro de seis meses, mas cujo pagamento deseja receber antes, emite um título contra seu devedor, pagável dentro de seis meses, e esse título é descontado por um banco ou por alguma outra pessoa que

---

[131] Cf. *Enquiry into the Nature and Effects of the Paper Credit of Great Britain*, 1° vol., London, J. Hatchard, 1802, p. 24.

[132] REQUIÃO, Rubens *Curso de Direito Comercial*, 2° vol., 13ª ed., São Paulo, Editora Saraiva, 1983, p. 314.

[133] Cf. *Trattato di Diritto Commerciale*, volume III ("Le Cose"), 4ª ed., Milão, Casa Editrice Dottor Francesco Vallardi, 1914, p. 164.

empresta dinheiro, isto é, transfere o título a esse banco recebendo a soma, deduzidos desta os juros pelo período que ainda tem que decorrer. As letras de câmbio passaram a ter como uma de suas funções principais servir como instrumento por meio do qual se pode dispor de uma soma devida por uma pessoa para conseguir crédito de outra. A conveniência desse expediente levou à criação frequente de letras de câmbio não fundadas em nenhuma soma anteriormente devida ao emissor do título pela pessoa contra quem a letra é emitida. Estas são chamadas letras de favor ("papagaios") e, às vezes, com um toque de desaprovação de JOHN STUART MILL, letras fictícias.[134]

O crédito concedido pelo comerciante por certo período de tempo deixou de ser feito através de letras de câmbio para ser, atualmente, corporificado em títulos que são fiéis duplicata da fatura de venda. Títulos estes criados pelo direito brasileiro e amplamente utilizados em nossas transações industriais e comerciais.

Colocando à parte a praticidade trazida pelos títulos de crédito, os fatores que lhes deram singular eficácia foram a certeza e a segurança jurídica, que são essenciais e características no direito. O título de crédito satisfaz pela certeza na existência do direito e pela segurança na sua realização. É justamente por isso que os direitos declarados nos títulos podem, com frequência, considerar-se equivalentes aos bens e às riquezas a que se referem, o que permite realizar pela circulação de tais títulos a mobilização de riqueza.[135]

3.3 CONCEITO DE TÍTULO DE CRÉDITO

Desde o aparecimento da *letra de câmbio*, a doutrina e a jurisprudência sempre apresentaram inúmeras definições para os títulos de crédito. Entretanto, a maior contribuição dada para se estabelecer a mais completa definição desse instituto foi, sem dúvida, a obra científica de CESARE VIVANTE sobre a teoria unitária dos *títulos de crédito*.[136] Até então, predominava a colocação feita pela doutrina alemã, onde, acompanhando a diretriz do historiador austríaco e professor da professor

---

[134] Cf. *Princípios de Economia Política*, vol. II, São Paulo, Editora Abril Cultural, 1983, p. 72 e 73.

[135] VALERI, Giuseppe. *Diritto Cambiario*, vol. I, Milão, Casa Editrice Dottor Francesco Vallardi, 1936, p. 126.

[136] Cf. *Trattato di Diritto Commerciale*, volume III ("Le Cose"), 4ª ed., Milão, Casa Editrice Dottor Francesco Vallardi, 1914, p. 164.

na Universidade de Lemberg, na Universidade de Estrasburgo e na Universidade de Berlin HEINRICH BRUNNER (Wels, Austria, 21.06.1840 – Bad Kissigen, Alemanha, 11.08.1915), se incluíam, com frequência, na categoria dos *títulos de crédito*,[137] como bem relata TULLIO ASCARELLI, todos os documentos cuja apresentação é necessária para o exercício do direito a que se referem, reunindo, assim, em uma única categoria, hipóteses heterogêneas e que mal se prestam a ser regulamentadas pelas regras gerais.[138]

Na definição de HEINRICH BRUNNER, este instituto é encarado como "o documento de um direito privado, que não se pode exercer caso não se tenha o título à própria disposição".[139] CESARE VIVANTE não acolheu completamente a definição de *Heinrich Brunner*, explicando que "essa definição deixa de lado o verdadeiro elemento gerador de toda a disciplina jurídica do título de crédito, ou seja, a natureza literal e autônoma do direito que nele é mencionado".[140]

Assim, modificando a definição estabelecida por *Heinrich Brunner* e com o intuito de abranger todos os *títulos de crédito*, CESARE VIVANTE construiu sua própria definição, que passou a ser aceita e seguida pela doutrina e jurisprudência italiana. Define ele o *título de crédito* como "um documento necessário para o exercício do direito literal e autônomo que nele é mencionado". Esclarece ele, ainda, que se diz que o direito mencionado no título é literal, porque esse existe segundo o teor do documento; se diz que o direito é autônomo, porque a posse de boa-fé exercita um direito próprio, que não pode ser restrito ou destruído pelas relações entre o antecedente possuidor e o devedor; se diz que o título é o documento necessário para exercer o direito até quando o título existir, isto é, o credor deve exibi-lo para exercer todo o direito, seja principal seja acessório, que ele porta consigo mesmo. Este é o conceito jurídico, preciso e limitado, que se deve substituir à frase vulgar ("a cambial é a moeda do comerciante"), pelo qual se ensina que o direito é incorporado no título. Ressalta CESARE VIVANTE que, quando o título for destruído ou anulado, cessa a necessária vinculação entre o documento e o direito; cessa, desta maneira, aquela incorporação.[141]

Da mesma forma como demonstrado por *Cesare Vivante*, TULLIO

---

[137] Cf. *Endermanns Handbuch des Handelsrechts*, vol. II, Leipzip, 1882, p. 147.

[138] Cf. *Teoria Geral dos Títulos de Crédito*, São Paulo, Livraria Acadêmica Saraiva & Cia. - Editores, 1943, p. 6.

[139] Cf. *Endermanns Handbuch des Handelsrechts*, vol. II, Leipzip, 1882, p. 147.

[140] Cf. *Trattato di Diritto Commerciale*, volume III ("Le Cose"), 4ª ed., Milão, Casa Editrice Dottor Francesco Vallardi, 1914, p. 164.

[141] *Ibid.*, p. 163 e 164.

AS AÇÕES DAS SOCIEDADES E OS TÍTULOS DE CRÉDITO

ASCARELLI observa que pela orientação alemã prescinde-se, portanto, quer da literalidade (peculiar somente aos *Skripturrechtliche Wertpapiere* na terminologia alemã), quer da autonomia do direito do portador do título relativamente ao direito do seu antecessor. Na doutrina italiana, no entanto, o título de crédito é definido pelo duplo caráter da literalidade e da autonomia do direito do portador do título e, portanto, opõem-se os títulos de crédito aos títulos impróprios ou pseudotítulos de crédito, muitos dos quais, ao contrário, são considerados pela doutrina germânica como títulos de crédito desprovidos, porém, das características acima referidas. Prossegue TULLIO ASCARELLI, afirmando que a questão é, no fundo, de classificação, pois, praticamente os resultados não mudam, distinguindo-se, dentro de uma vasta categoria, os títulos literais e os não literais ou reservando-se somente para os primeiros a denominação de títulos de crédito em oposição aos segundos, denominados títulos impróprios.[142]

Na doutrina italiana, encontramos, ainda, a explicação, que merece registro, do ex-catedrático da Universidade de Roma, UMBERTO NAVARRINI, sobre o título de crédito. Diz ele que o *título de crédito* é, em geral, um documento que certifica uma operação de crédito, cuja posse é indispensável para exercer o direito que dele deriva e para ceder a posse para outra pessoa. E por operação de crédito, sustenta ele, entende-se uma operação gerada de uma prestação presente em troca de uma contraprestação futura. Quem emite um título de crédito não faz mais que obrigar-se, em favor do possuidor (legítimo) do título, a proporcionar, no vencimento, uma determinada contraprestação - cujo objeto, como se diz, pode ser diverso - em troca de uma prestação presentemente aceita. O título de crédito é o documento que certifica tal obrigação e que, pela relação, confere ao possuidor o direito correspondente e entra, enquanto justamente confere ao possuidor um direito de caráter patrimonial, no conceito amplo de riqueza e pode, por isto, ser objeto de comércio.[143]

Apesar das diferenças entre o *sistema alemão* e o *sistema italiano*, bem como as tendências nas diversas definições apresentadas por vários juristas de vários países, o sistema italiano é, no entanto, preferível, pois, como sustenta LUDWIG RAISER, conclui pela constituição de categorias jurídicas que reúnem casos homogêneos que desempenham uma mesma função econômica fundamental, enquanto o alemão acaba por reunir numa única categoria casos heterogêneos.[144] Neste ponto, assiste razão a

---

[142] Cf. *Teoria Geral dos Títulos de Crédito*, São Paulo, Livraria Acadêmica Saraiva & Cia. - Editores, 1943, p. 27.

[143] Cf. *Trattato Elementare di Diritto Commerciale*, volume primo, quinta edizione, Torino, Unione Tipografico - Editrice Torinese, 1937, p. 81 e 82.

[144] Cf. "Der Gleichheitsgrundsatz im Privatrecht" In: *Zeitschrift Für das gesammte Handelsrechet* und Wirtschaftsrecht (ZHR), vol. 111, Berlin, 1975, p. 19.

TULLIO ASCARELLI, pois o *sistema italiano* corresponde, sob esse aspecto, ao mais difundido internacionalmente. Lembra ainda este jurista italiano, com passagem registrada também por nosso país, citando o jurista norte-americano *John Warwick Daniel* (1842 – 1910), que, com efeito, também no sistema anglo-americano parece insistir no requisito da autonomia, como fundamento da categoria jurídica dos títulos de crédito.[145]

Alguns juristas preferem o conceito de JOSÉ MARIA WHITAKER que coloca o *título de crédito* como sendo "um título capaz de realizar imediatamente o valor que representa".[146] Na opinião de JOÃO EUNÁPIO BORGES, a conceituação de *José Maria Whitaker* é bem mais abrangente do que a de *Cesare Vivante*,[147] e, inclusive, recebe a acolhida de LUIZ EMYGDIO FRANCO DA ROSA JUNIOR. quando este considera apenas a função econômica dos títulos de crédito, ou seja, a circulação da riqueza.[148]

O conceito de *José Maria Whitaker* é, às vezes, adotado por alguns autores na tentativa de buscar definições que justifiquem a inclusão de outros títulos na categoria dos títulos de crédito, principalmente as ações das sociedades anônimas, pois, conforme ressalta LUIZ EMYGDIO FRANCO DA ROSA JUNIOR, à luz do conceito de *Cesare Vivante*, "a ação nominativa da sociedade anônima não pode ser considerada título de crédito porque não constitui documento necessário ao exercício dos direitos dela decorrentes, tendo em vista que a ação pode ser negociada sem que o seu titular possua o documento que a represente".[149]

A nosso ver, a definição de *José Maria Whitaker*, da mesma forma que a definição de *Heinrich Brunner*, deixa de lado a natureza literal e autônoma do direito mencionado no título de crédito. Muito mais, deixa de lado, também, o requisito da *cartularidade*, ou seja, a necessidade da existência do documento para o exercício do direito nele contido. Da mesma forma que *Heinrich Brunner*, a definição de *José Maria Whitaker* deixa espaço para que se reúnam numa mesma categoria hipóteses heterogêneas e que mal se prestam a ser reguladas pelas regras gerais, mundialmente aceitas

---

[145] Cf. *The elements of the law of negotiable instruments*, vol. I, 7ª ed., New York, Charles A. Douglass, 1933, p. 3, *apud* Tullio Ascarelli, *Teoria Geral dos Títulos de Crédito*, São Paulo, Livraria Acadêmica Saraiva & Cia. - Editores, 1943, p. 27.

[146] Cf. *Letra de Câmbio*, 2ª ed., São Paulo, Livraria Acadêmica - Saraiva & Comp., 1932, p. 14.

[147] Cf. *Títulos de Crédito*, 2ª ed./9ª tiragem, Rio de Janeiro, Editora Forense, 1983, p. 11.

[148] Cf. *Direito Cambiário*, vol. I ("letra de câmbio e nota promissória"), Rio de Janeiro, Livraria e Editora Freitas Bastos, 1984, p. 26.

[149] Cf. *op. cit.*, p. 27.

para os títulos de crédito. Assim, não podemos aceitar a definição de *José Maria Whitaker* como expressão da essência dos títulos de crédito, em virtude de nela não vislumbrarmos os seus princípios e de ser um acentuado contraste com a perfeição técnica da definição de *Cesare Vivante*.

Diante das suas indiscutíveis qualidades, acolhemos, evidentemente, a definição elaborada por *Cesare Vivante*, pois diz respeito exclusivamente aos *títulos cambiais*, e aos demais títulos com forma de *cambial* (ou *cambiariformes* na terminologia jurídica de *Pontes de Miranda*) destinados a circulação do crédito, entre os quais não podemos incluir as ações que representam o capital da sociedade anônima. Acreditamos ser em vão o esforço para, através de malabarismos, se reduzir as diferenças entre a cambial e as ações pela ampliação da definição de título de crédito, a fim de ser possível relacionar estas últimas na categoria daqueles títulos, principalmente em razão da distinção entre elas estar justamente na natureza não-creditícia do título de participação no capital da companhia.

3.4 AS CARACTERÍSTICAS DO TÍTULO DE CRÉDITO

O *título de crédito* é um documento, porém, um documento diferente dos demais. Como ressalta TULLIO ASCARELLI, ele é um documento tipicamente destinado à *circulação do crédito*.[150] O fenômeno dos *títulos de crédito* está ligado às exigências da circulação da riqueza; repousa, antes de mais nada, na autonomia da declaração incorporada no título e daí, a possibilidade e a particular disciplina da circulação deste, em contraste com as diferentes normas da circulação no direito comum. Guardam, pois, os *títulos de crédito*, certos princípios exclusivos, indispensáveis para que cumpram a precípua função de promover a circulação dos direitos de crédito, proporcionando, ao mesmo tempo, a segurança necessária àqueles que ingressam de boa-fé na relação cambiária.

Os princípios indispensáveis aos *títulos de crédito* integram a sua própria natureza e os caracterizam em distinção aos demais documentos e papéis de valores. São eles: a *cartularidade*, a *literalidade* e a *autonomia*, extraídos da própria definição de *Cesare Vivante*, características estas que incorporam todas as espécies de *títulos de crédito, cambiais* e *cambiariformes* pela classificação do jurista, filósofo, matemático, advogado, sociólogo, professor universitário, magistrado e diplomata brasileiro FRANCISCO

---

[150] Cf. *Teoria Geral dos Títulos de Crédito*, São Paulo, Livraria Acadêmica Saraiva & Cia. - Editores, 1943, p. 39 e 40.

CAVALCANTI PONTES DE MIRANDA FERREIRA (Maceió, 23.04.1892 - Rio de Janeiro, 22.12.1979),[151] bem como a *abstração* e a *independência*, que constituem características incorporadas apenas aos *títulos cambiais*.

3.5 O PRINCÍPIO DA CARTULARIDADE

O *princípio da cartularidade* consiste no fato de que o *título de crédito* é, em primeiro lugar, um documento necessário. Um documento necessário para o exercício do direito literal e autônomo que no título se contém, ou seja, os títulos de crédito, conforme nos demonstra WALDEMAR MARTINS FERREIRA, têm existência documental, ou melhor, existência material. "Constam de papéis escritos em que se consigna o direito, para cujo exercício são substanciais".[152]

Daí, dizer-se que o direito mencionado no *título de crédito* é um *direito cartular*. "Cartular"[153] é um neologismo empregado para traduzir o adjetivo "cartolare", palavra que foi introduzida pelo jurista italiano GUSTAVO BONELLI na literatura jurídica italiana para qualificar o direito, que deriva do *título de crédito* (direito *cartular*); ou negócio jurídico, que preside à constituição do título de crédito (*negócio cartular*); ou o titular do direito, decorrente do título de crédito (*titular do direito cartular*); ou a obrigação, que emana do título de crédito (*obrigação cartular* em contraposição à *obrigação extracartular*) e assim por diante.[154]

Como se vê, o *título de crédito* existe obrigatoriamente apenas na forma materializada em papel escrito, ou seja, numa *cártula*, não se admitindo qualquer outra hipótese heterogênea. Não havendo a cártula na qual está incorporado o direito, não há que se falar absolutamente em título de crédito. Por exemplo, é impossível a existência da relação cambiária por contrato verbal, fora do rigor cambiário.

O *princípio da cartularidade* torna o documento necessário para o exercício do direito, limitando, desta forma, a existência do direito enquanto existir o próprio título. Por este princípio, deve o credor exibi-lo para exercer o direito; deve exibi-lo ao obrigado, a fim de que possa reivindicar a

---

[151] Cf. *Tratado de Direito Cambial*, vol. III ("Duplicata Mercantil"), 2ª ed., São Paulo, Max Limonad, Editor de Livros de Direito, 1954, p. 41

[152] Cf. *Tratado de Direito Comercial*, 8° vol., São Paulo, Edição Saraiva, 1962, p. 89.

[153] De "chartula", do baixo latim.

[154] Cf. *Dei Titoli di Credito: Contributo ad una Teoria Scientifica*. Torino, Utet Giuridica, 1897, p. 41.

prestação devida. Ressalta RUBENS REQUIÃO que, sem a sua exibição material, não pode o credor exigir ou exercitar qualquer direito fundado no título de crédito.[155]

O próprio Código Civil italiano segue a doutrina esboçada por *Cesare Vivante* ao preceituar que o possuidor do título de crédito tem direito à prestação nele indicada, contra a apresentação do título, desde que legitimado na forma da lei, ou seja, os *requisitos do título de crédito* devem coexisitir no momento da sua apresentação, ou melhor, no momento em que se invoca, com base no próprio título, o *direito cartular*.[156] Sobre isto, exemplifica WALDEMAR MARTINS FERREIRA que, quando o título se destrói ou é anulado, o exercício do direito fica suspenso, até que o documento se subrogue noutro equivalente.[157]

O jurista italiano ERCOLE VIDARI (Pavia, 1836 – Sanremo, 1916) alerta que o crédito declarado num documento comum de dívida pode ser exigido, modificado ou transferido, independentemente do respectivo título, que é prova mas não condição de sua existência; nos títulos de crédito, porém, o título é a prova indispensável do crédito – "é, por assim dizer, o próprio crédito reduzido a uma forma sensível" – e exerce sobre este uma tal influência que, sem ele ou fora dele, o crédito não se pode nem exigir nem modificar ou transferir.[158]

3.6 O PRINCÍPIO DA LITERALIDADE

Como já foi dito, um dos *principais requisitos básicos do título de crédito*, segundo a definição de *Cesare Vivante*, é a *literalidade*, através do qual o título existe apenas segundo o teor do documento. Este princípio foi elevado pela doutrina à característica comum de todos os títulos de crédito; uma vez desrespeitado, não se poderá considerar o documento como título de crédito.

A *literalidade* é definida pelo jurista italiano FRANCESCO MESSINEO (02.06.1886 – 01.03.1974) nos seguintes termos: "o direito

---

[155] Cf. *Curso de Direito Comercial*, 2º vol., São Paulo: Editora Saraiva, 1984, p. 299 e 300.

[156] VALERI, Giuseppe. *Diritto Cambiario*, vol. I, Milão: Casa Editrice Dottor Francesco Vallardi, 1936, vol. I, p. 126 e vol. II, p. 136 e segs.

[157] Cf. *Tratado de Direito Cambial*, vol. III ("Duplicata Mercantil"), 2ª ed., São Paulo, Max Limonad, Editor de Livros de Direito, 1954, p. 89.

[158] Cf. *Corso di Diritto Commerciale.*, vol. III, São Milano: Ulrico Hoepli, 1896, p. 123.

decorrente do título é literal no sentido de que, quanto ao conteúdo, à extensão e às modalidades desse direito, é decisivo exclusivamente o teor do título".[159]

TULLIO ASCARELLI nos chama a atenção para o fato de que, no direito brasileiro, o conceito de literalidade não foi, talvez, aprofundado na doutrina, pois, com freqüência, o termo foi usado em sentido diferente daquele adotado pela doutrina predominante.[160] Por exemplo, a posição adotada pelo professor ilustre de direito comercial da Faculdade de São Paulo OCTÁVIO MENDES é no sentido de que a *literalidade* se refere à necessidade de apresentação do documento para o exercício do direito, acrescentando que o *título de crédito* é sempre *literal*, "o que quer dizer: não há título de crédito sem documento assinado pelo devedor".[161] Mais recentemente, em 1960, RUY CARNEIRO GUIMARÃES, afirmou que "a *literalidade* do *título de crédito* não quer dizer que o direito esteja incorporado ao título, quer apenas dizer que o direito de crédito não pode ser exercido sem a exibição do título". Prossegue ele sustentando que "os títulos de crédito pertencem àquela classe de documentos que *Heinrich Brunner* chama dispositivos, isto é, que constituem e dão fundamento ao direito invocado". Justificando sua posição, afirma, ainda, citando *Octávio Mendes*, "que o direito não está incorporado no título de crédito, se verifica da própria lei, que prevê o caso do possuidor do título o perder e providencia para a tutela do direito do possuidor, nessa hipótese".[162]

Como se vê, *Ruy Carneiro Guimarães*, da mesma forma que *Octávio Mendes*, confunde o *princípio da cartularidade* com o *princípio da literalidade*. A posição adotada por ambos destoa completamente da doutrina predominante e não apresenta qualquer fundamento inatacável para que prevaleça. O fato de, em caso de perda ou extravio, o possuidor poder substituir, judicialmente, o título original por outra via, em nada altera a base do *princípio da cartularidade*. Enquanto o possuidor não estiver com o título na mão - original ou segunda via - de qualquer maneira o título de crédito existirá somente na forma materializada em papel escrito; o direito existirá, ainda assim, sempre incorporado em uma cártula e o possuidor só poderá exigir o cumprimento da obrigação quando em poder do título - original ou segunda via. Da mesma maneira, tal hipótese em nada altera a

---

[159] Cf. *Titoli di Credito*, vol. I, Pádua: Casa Editrice Dott. Antonio Milani – CEDAM, 1928, p. 8.

[160] Cf. *Teoria Geral dos Títulos de Crédito*, São Paulo, Livraria Acadêmica Saraiva & Cia. - Editores, 1943, p. 2.

[161] Cf. *Dos Títulos de Crédito*, São Paulo: Livraria Acadêmica Saraiva & Cia. - Editores, 1931, p. 29.

[162] Cf. *Sociedades por Ações*, vol. I, Rio de Janeiro, Editora Forense, 1960, p. 114.

AS AÇÕES DAS SOCIEDADES E OS TÍTULOS DE CRÉDITO

base do *princípio da literalidade*: o título sempre existirá segundo o seu conteúdo, nos limites de seu conteúdo, e o direito será tal como está designado em seu teor. No caso de perda ou extravio, a substituição do título sempre será conforme e nos limites do conteúdo apresentado pelo título primeiro ou original, em respeito justamente à *literalidade*. O *princípio da cartularidade* e o *princípio da literalidade* transportam-se para o título substituto e, inclusive, garantem a equivalência de efeitos e direitos entre um e outro.

Fora essas raras opiniões contrárias, parece não haver, atualmente, mais divergência de entendimentos entre os doutrinadores brasileiros ao definirem a literalidade.

O próprio OCTÁVIO MENDES, contradizendo-se, ajuíza com rigor que o requisito da literalidade foi criado como meio essencial de garantir a facilidade e segurança da circulação, e tem como conseqüência que o devedor não é obrigado a mais nem o credor pode ter outros direitos senão aqueles declarados no título.[163] É esta justamente a significação da literalidade de que parte a doutrina comum. Da mesma forma, para RUBENS REQUIÃO, "o título de crédito é literal porque sua existência se regula pelo teor de seu conteúdo. O título de crédito se enuncia em um escrito e somente o que está nele inserido se leva em consideração; uma obrigação que dela não conste, embora sendo expressa em documento separado, nele não se integra".[164]

Assim, a doutrina brasileira, depois de refletir a respeito das peculiaridades da literalidade, acabou por estabelecer os mesmos moldes já preconizados pelo jurista italiano e professor de direito comercial da Universidade de Roma, UMBERTO NAVARRINI (Sarzana, 03.09.1870 – Roma, 04.08.1947) que reafirma, de maneira categórica, o entendimento predominante lançado inicialmente por *Cesare Vivante*. Segundo ele, o título de um crédito é um título literal, isto é, o emitente está obrigado pelo que foi escrito ou pelo que ele aparenta e é reclamado e no limite, ao menos, daquilo que está escrito. Quer dizer, o possuidor é identificado pelo próprio teor literal da escrita, que é o limite preciso de seu direito, devendo fazer valer o crédito assim como é expresso no título, sem que possa tentar validamente opor nenhuma exceção extraída de qualquer outra declaração que, direta ou indiretamente, não apareça nele escrita. Esclarece, ainda, o insigne professor UMBERTO NAVARRINI que "a sua condição é por conseguinte facilmente deduzida e apreciada do simples exame do título".[165]

---

[163] Cf. *Dos Títulos de Crédito*, São Paulo, Livraria Acadêmica Saraiva & Cia. - Editores, 1931, p. 29.

[164] Cf. *Curso de Direito Comercial*, 2º vol., São Paulo: Editora Saraiva, 1984, p. 299.

[165] Cf. *Trattato Elementare di Diritto Commerciale*, volume primo, quinta edizione, Torino, Unione Tipografico-Editrice, Torinese, 1937, p. 84.

A *literalidade* limita, pois, o direito de crédito ao que está escrito no título. Vale apenas o que consta na cártula. Por isso, é fundamental que todos os direitos estejam expressos no título, pois o que nele não foi escrito não pode ser reivindicado.

Por outro ângulo, salienta WALDEMAR MARTINS FERREIRA que "o direito mencionado no título de crédito se tem como literal, mercê de sua compreensão segundo o exato teor de seu contexto. Tem a literalidade por função emprestar-lhe *liquidez*, *certeza* e *segurança*. Ademais, *segurança*. *Liquidez*, de seu montante. *Certeza*, do direito nele expresso. E segurança, de sua efetividade".[166]

A *função da literalidade* de emprestar liquidez, certeza e segurança aos títulos de crédito está ligada diretamente a um objetivo maior que é a proteção da circulação dos direitos neles contidos. Desta forma, para que a circulação dos direitos seja possível dentro daqueles padrões aceitáveis, há necessidade de que seu objeto esteja exatamente definido. Como sustenta FRANCESCO MESSINEO, a *literalidade* está diretamente relacionada justamente com o direito mencionado no título e os seus limites, limites estes que permitem a circulação segura dos direitos, protegendo o portador, que não titular do título, contra as convenções extracartulares. A literalidade não apenas protege o portador de convenções extracartulares que, porventura, lhe tragam prejuízos; sustenta, ainda, FRANCESCO MESSINEO, "nunca ter havido qualquer portador de título de crédito que, valendo-se de eventual participação em convenções extracartulares, tenha gozado de direitos maiores que os resultantes do título".[167]

A *liquidez*, a *certeza* e a *segurança*, como vimos, são as funções e o tríplice aspecto da literalidade. TULLIO ASCARELLI, por sinal, afirmou que é opinião unânime, na doutrina e na jurisprudência, que o direito decorrente dos títulos é literal, no sentido de que, quanto ao seu conteúdo, extensão e modalidades, é decisivo, exclusivamente, o teor deles. Ilustrando os limites do título de crédito, vale mencionar, ainda, que, conforme acentuou WALDEMAR MARTINS FERREIRA, se o ouro vale o que o ouro pesa, valem os títulos de crédito o que neles se exara. Por esse motivo, eles são formais, ou melhor, literais.[168]

Recomenda-se ressaltar que, pela *literalidade*, o *título de crédito* goza, obrigatoriamente, de certeza do direito nele expresso, ou seja, na melhor colocação de WALDEMAR MARTINS FERREIRA, "o direito está

---

[166] Cf. *Tratado de Direito Comercial*, 8° vol., São Paulo, Edição Saraiva, 1962, p. 90.
[167] Cf. *Titoli di Credito*, vol. I, Pádua: Casa Editrice Dott. Antonio Milani – CEDAM, 1928, p. 41.
[168] Cf. *Tratado de Direito Comercial*, 8° vol., São Paulo, Edição Saraiva, 1962, p. 90.

adstrito aos termos expressos em que tenha sido redigido";[169] goza, ainda, de liquidez de seu montante, ou seja, a possibilidade de ser transformado em dinheiro e a necessidade de, através do título, ser detectável o seu equivalente valor monetário, pois o princípio da literalidade não comporta a incógnita na cártula, bem como não admite obrigações condicionadas a fatos futuros.

Evidentemente, a *liquidez* não tem qualquer relação com o problema dos *títulos de crédito assinados em branco* e seu valor preenchido, posteriormente, de maneira abusiva. Neste caso, valerá, de qualquer forma, para os demais integrantes da relação cambiária, o que nele estiver contido, mesmo que não haja proporcionalidade entre a prestação do credor e a contraprestação do devedor. Restará, pois, a anulação do título com a sua substituição por outro.

Pelo *princípio da literalidade*, a nosso ver, *são inadmissíveis títulos de crédito sem valor expresso na cártula*, para pagamento conforme a disponibilidade patrimonial do devedor, pois o valor do resgate deve, obrigatoriamente, estar nela contido. Obviamente, estamos fazendo alusão à ação sem valor nominal das sociedades anônimas, que não trazem em seu contexto qualquer referência ao seu valor. Mesmo no caso daquelas que têm valor nominal, ainda assim passar-se-ia ao largo do *princípio da literalidade*, pois, em razão deste princípio não seria possível ao acionista exigir nada além do que foi transcrito na cártula, mesmo que a sociedade, pela aplicação da vantagem entregue pelo acionista, tenha alcançado lucros vultuosos. Da mesma forma, pelo *princípio da literalidade*, não seria possível o acionista receber menos que aquilo que foi transcrito na cártula, quando a sociedade anônima apresentar grandes prejuízos em seu balanço.

3.7 O PRINCÍPIO DA AUTONOMIA

Retira-se, da definição de *Cesare Vivante*, além dos *princípios da cartularidade e da literalidade*, um terceiro e último princípio básico e fundamental para todos os *títulos de crédito*, que é o *princípio da autonomia*. Da mesma forma que os *princípios da cartularidade e da literalidade*, uma vez desrespeitado não se poderá considerar o documento como *título de crédito*.

O *princípio da autonomia* diz respeito ao fato de que o direito mencionado no título é *autônomo*, ou seja, segundo CESARE VIVANTE, a posse de boa-fé exercita um direito próprio, que não pode ser restrito ou

---

[169] Cf. op. cit., p. 91.

destruído pelas relações entre o antecedente possuidor e o devedor.[170]

Não se deve confundir a *autonomia dos direitos* e das *obrigações sucessivas*, verificadas após a emissão do título, com a *autonomia do título* em relação à causa que lhe deu origem (o negócio fundamental) e com a *autonomia do título* em relação a outros documentos e dados exteriores. O *princípio da autonomia*, que agora é objeto de meditação, refere-se, exclusivamente, a autonomia das relações que sobrevieram à primeira (relação fundamental); de forma que a satisfação das obrigações arcadas por alguém na circulação do título não está sujeita a qualquer outra obrigação, inclusive àquelas peculiares ao negócio que deu causa a emissão do título de crédito. Quando falamos que o título não se vincula à causa que lhe deu origem, referimo-nos ao *princípio da abstração*, somente aplicável às cambiais. E quando falamos que o título é completo em si ou que não precisa de dados exteriores para valer, ou, ainda, autonomia em relação a outros documentos e informações exteriores, referimo-nos ao *princípio da independência*, também só aplicável às cambiais.

O *título de crédito* confere a cada possuidor legítimo um *direito próprio e autônomo*, isto é, um direito invulnerável à exceção que acaso possa ser oposta ao possuidor precedente. UMBERTO NAVARRINI lembra que, na cessão ou transferência de um crédito ordinário, o cessionário deve submeter-se à oposição do devedor, caso o crédito tenha sido cedido com exceção, através da qual, objetivamente, pode-se atacar o negócio fundamental. Entretanto, esta faculdade confere pouca segurança à transferência do crédito, uma vez que o cessionário pode ver reduzido ou destruído o crédito que adquiriu com exceções, tais como falsidade da própria firma, defeito de capacidade ou de representação, que ele não havia suspeitado.[171]

Isto não se verifica no título de crédito. Neste caso, o emitente renuncia, desde o momento da emissão do título, à oposição, ao legítimo possuidor do título, de exceções que poderia opor ao possuidor antecedente ou originário. Como ressalta WALDEMAR MARTINS FERREIRA, isto significa dizer que o possuidor de boa-fé pode sempre exigir a prestação de quantos, validamente, hajam nos títulos intervindo. Isto é, esse direito é cabalmente exercitável e inatingível pelas exceções que o devedor poderia opor, pessoalmente, contra os possuidores.[172]

Deve-se entender, conforme nos chama a atenção o professor UMBERTO NAVARRINI, que o direito de crédito se personifica no título

---

[170] Cf. *Trattato di Diritto Commerciale*, volume III ("Le Cose"), 4ª ed., Milão: Casa Editrice Dottor Francesco Vallardi, 1914, p. 164.

[171] Cf. *Trattato Elementare di Diritto Commerciale*, volume primo, quinta edizione, Torino, Unione Tipografico-Editrice, Torinese, 1937, p. 84.

[172] Cf. *Tratado de Direito Comercial*, 8° vol., São Paulo, Edição Saraiva, 1962, p. 93.

AS AÇÕES DAS SOCIEDADES E OS TÍTULOS DE CRÉDITO

e que a circulação deste título generaliza a formação do direito de sucessão, ou seja, destina-se à alteração no patrimônio de cada possuidor. Dessa forma, ao final, considera-se verdadeiro e próprio credor somente o último possuidor, sendo indiferente, para ele, que o título tenha passado por muitas mãos. A relação que existe entre o emitente e o possuidor antecedente não exerce nenhuma influência modificativa sobre a personalidade do direito do sucessor.[173]

O possuidor do título, portanto, tem um direito próprio e autônomo. Nesse sentido, TULLIO ASCARELLI acrescenta que são justamente características essenciais dos títulos de crédito a autonomia do direito *cartolare*, ou *titulário*, em verdade direito literal, em virtude de sua relação fundamental, de um lado e, de outro, a autonomia das posições dos sucessivos titulares do direito.[174]

As exceções são defesas pelas quais uma parte alega circunstâncias que, favorecendo seus interesses, podem ser arguídas contra a pretensão da outra parte. A exceção formal (adjetiva ou processual) é, pois, uma defesa indireta, pela qual a parte, sem atacar frontalmente o direito e os fatos alegados pela outra parte, invoca circunstâncias visando ao afastamento do juiz. Por outro lado, a exceção material (substantiva) é a defesa que ataca frontalmente o próprio direito invocado pelo antagonista. Por exemplo, nos contratos bilaterais, não pode uma das partes exigir a prestação de outra sem oferecer ou já ter efetivado a própria (arts. 476 e 477 do Código Civil de 2002).[175] Considerando isto, uma das partes, injustamente cobrada, defende-se alegando a exceção material de inadimplemento, objetivando livrar-se da pretensão da outra parte que, por sua vez, não cumpriu a obrigação que lhe cabia. Esta defesa é a exceção de contrato não cumprido, ou *exceptio non adimpleti contractus*.

As exceções materiais podem ser reais ou pessoais. As exceções reais (objetivas ou absolutas) estão ligadas a coisa em si ou à causa, enquanto que as exceções pessoais (subjetivas ou relativas) são inerentes à pessoa, são de direito pessoal, ou seja, ligadas ao direito que deriva de obrigação assumida pessoal e diretamente pelo obrigado. Entre as exceções

---

[173] Cf. *op. cit.*, p. 84.

[174] Cf. "Concetto e categoria dei titoli di credito". In: *Revista del Diritto Commerciale*, Milão, Casa Editrice Dott, Francesco Vallardi, vol. 30, 1ª parte, p. 641.

[175] "Art. 476. Nos contratos bilaterais, nenhum dos contratantes, antes de cumprida a sua obrigação, pode exigir o implemento da do outro.

Art. 477. Se, depois de concluído o contrato, sobrevier a uma das partes contratantes diminuição em seu patrimônio capaz de comprometer ou tornar duvidosa a prestação pela qual se obrigou, pode a outra recusar-se à prestação que lhe incumbe, até que aquela satisfaça a que lhe compete ou dê garantia bastante de satisfazê-la".

decorrentes de relações diretas e pessoais podemos citar as derivadas de má-fé, erro, simulação, dolo, fraude e violência, causa ilícita, condição ou contrato não cumprido, pagamento, novação, compensação, confusão, remissão, dilação e concordatas. No direito cambiário as exceções só podem ser pessoais.

Pois bem, da *inoponibilidade das exceções*, subjetivas ou relativas, que poderiam ser cabíveis contra o possuidor de boa-fé, surgiram várias teorias para dar fundamentação aos *títulos de crédito*. Algumas foram construídas considerando a unilateralidade da obrigação e outras, antagônicas a estas, emergiram baseando-se na relação contratual entre o devedor e o possuidor originário. *Cesare Vivante*, ao procurar a *natureza das relações* que norteiam os *títulos de crédito*, aproveitou ambas as correntes doutrinárias, defendendo uma postura intermediária, ou mista, que, com o passar do tempo, tem encontrado alguma aceitação.[176]

São, assegura CESARE VIVANTE, de dupla natureza as relações entre o devedor e os vários possuidores do título de crédito. Existe, entre o devedor e o possuidor originário, uma relação contratual, uma vez que se admite a oposição de exceções cabíveis contra o possuidor originário ou antecedente. Por outro lado, existe entre o devedor e os terceiros possuidores ou sucessores uma relação de natureza unilateral, em virtude da *inoponibilidade*, por parte do devedor, *de exceções* que poderiam ser cabíveis contra o possuidor originário, contra o atual e último possuidor, por força da autonomia das obrigações oriundas dos títulos de crédito.[177]

Da mesma forma que em outras legislações estrangeiras, o art. 43 do Decreto n° 2.044, de 31.12.1908 (define a letra de câmbio e a nota promissória e regula as *Operações Cambiais*), estabelece que "as obrigações cambiais são autônomas e independentes umas das outras. O signatário da declaração cambial fica, por ela, vinculado e solidariamente responsável pelo aceite e pelo pagamento da letra, sem embargo da falsidade, da falsificação ou da nulidade de qualquer outra assinatura". Hodiernamente, o artigo 17 do Capítulo II ("Do Endosso") da *Lei Uniforme sobre Letras de Câmbio e Notas Promissórias*, promulgada pelo Decreto n° 57.663, de 24.01.1966, também estabelece que "as pessoas acionadas em virtude de uma letra não podem opor ao portador as exceções fundadas sobre as relações pessoais delas com o sacador ou com os portadores anteriores, a menos que o portador ao adquirir a letra tenha procedido conscientemente em detrimento ao devedor".

São as necessidades da *circulação* que tornam o *título de crédito* um

---

[176] MACEDO, Gastão Azevedo. *Curso de Direito Comercial*, 6ª ed., Rio de Janeiro, Biblioteca Universitária Freitas Bastos, 1979, p. 72.

[177] Cf. *Trattato di Diritto Commerciale*, volume III ("Le Cose"), 4ª ed., Milão: Casa Editrice Dottor Francesco Vallardi, 1914, p. 165.

título inteiramente diferente dos outros títulos de dívida. JOSÉ MARIA WHITAKER, sobre essas necessidades decorrentes da circulação, esclarece que um termo breve nos livros do devedor, a firma do proprietário aparente ou mesmo a simples entrega do título, bastam, segundo cada caso, para transferir a propriedade do título de crédito, e que esta propriedade, uma vez adquirida de boa fé, não está sujeita a surpresas e corresponderá forçosamente à expectativa do adquirente, porque, em relação aos títulos de crédito, a aparência, em regra, equivale à realidade.[178]

A obediência a esta regra é fundamental para que um documento em circulação seja considerado título de crédito. Não há como denominar título de crédito aqueles títulos que, por lei, impõem a responsabilidade solidária ao possuidor de boa-fé, com obrigações além da própria cártula. Não podem ser considerados títulos de crédito aqueles que permitem que o devedor oponha exceções também contra o sucessor de boa-fé. Citamos como exemplo as ações não integralizadas. O art. 108 da Lei 6.404, de 15.12.1976 (dispõe sobre as *Sociedades por Ações*), prescreve que "ainda quando negociadas as ações, os alienantes continuarão responsáveis, solidariamente com os adquirentes, pelo pagamento das prestações que faltarem para integralizar as ações transferidas".[179] No caso, a satisfação das obrigações arcadas está vinculada a outra obrigação peculiar ao negócio que deu causa à emissão do título. Nessa circunstância, fica o possuidor de boa-fé sujeito à exceção originária, ao tempo em que se verificar a influência modificativa, decorrente das relações entre o emitente e o possuidor antecedente, sobre o direito do sucessor ou último possuidor. Por esta razão, além de outras, não podem as ações não integralizadas ser classificadas no rol dos títulos de crédito.

3.8 OS PRINCÍPIOS DA ABSTRAÇÃO E DA INDEPENDÊNCIA

Como foi antes demonstrado, a definição de *Cesare Vivante* impõe 3 (três) *requisitos básicos para o título de crédito*: *a*) a *cartularidade*; *b*) a *literalidade*; e *c*)

---

[178] Cf. *Letra de Câmbio*, 2ª ed., São Paulo: Livraria Acadêmica - Saraiva & Comp., 1932, p. 15.
[179] "Art. 108. Ainda quando negociadas as ações, os alienantes continuarão responsáveis, solidariamente com os adquirentes, pelo pagamento das prestações que faltarem para integralizar as ações transferidas.
Parágrafo único. Tal responsabilidade cessará, em relação a cada alienante, no fim de 2 (dois) anos a contar da data da transferência das ações".

a *autonomia*. Estes 3 (três) requisitos estão obrigatoriamente presentes em todos os *títulos de crédito* e, caso um documento não tenha em si qualquer um dos três requisitos básicos, não pode ser considerado um *título de crédito*. FRANCISCO CAVALCANTI PONTES DE MIRANDA FERREIRA classificou os *títulos de crédito* em *títulos cambiais* e *títulos cambiariformes*, sendo que, nesta última categoria, se incluem aqueles títulos que tenham apenas a forma das cambiais.[180] Para o mestre, são títulos cambiais aqueles que satisfazem, além dos *requisitos da cartularidade*, da *literalidade* e da *autonomia*, os *requisitos da independência e da abstração*. São *títulos cambiais* a *letra de câmbio*, a *nota promissória* e o *cheque*. Os títulos que não respeitam os *requisitos da abstração e da independência* são, para FRANCISCO CAVALCANTI PONTES DE MIRANDA FERREIRA, apenas *títulos cambiariformes*, ou seja, apresentam apenas a forma de cambial. São *títulos cambiariformes*, segundo sua classificação, entre outros, os *títulos da dívida pública*, os *warrants*, as *debêntures*, os *conhecimentos de depósito*, os *conhecimentos de carga*, a nossa *duplicata*, etc.

Sobre o *princípio da independência*, asseverou CESARE VIVANTE que "alguns títulos de crédito intensificam os valores de sua característica mediante uma outra qualidade, aquela da independência ou *compiutezza*" (completo, pleno). "Tais são os títulos regulados pela lei de modo a bastarem por si mesmos; os títulos que não a possuem e não a respeitam estão integrados a algum outro documento não cambial. Essa é a cambial, título destinado a circular por si só, pois, de outra maneira, perderia a natureza cambial". "Esta plenitude do título serve indubitavelmente à sua pronta e segura circulação, mas essa não constitui uma qualidade geral e comum a todos os títulos de crédito".[181]

Alguns autores entendem que o *princípio da independência* resulta, apenas, do fato de que tais títulos de crédito não se ligam ao ato originário de onde provieram. Isto, porém, é uma interpretação parcial da colocação de *Cesare Vivante* e confusão do *princípio da independência* com o *princípio da abstração*. Há que se esclarecer que, sobre o *princípio da independência*, *Cesare Vivante* quis dizer que tais títulos de crédito são completos: o todo necessário para sua existência, validade e circulação está em si mesmo, não havendo necessidade de recorrer a dados, outros documentos e razões além da própria cártula.[182]

A esse respeito, o professor JOÃO EUNÁPIO BORGES, da

---

[180] Cf. *Tratado de Direito Cambial*, vol. III ("Duplicata Mercantil"), 2ª ed., São Paulo, Max Limonad, Editor de Livros de Direito, 1954, p. 41.

[181] Cf. *Trattato di Diritto Commerciale*, volume III ("Le Cose"), 4ª ed., Milão: Casa Editrice Dottor Francesco Vallardi, 1914, p. 164.

[182] RUSSEL, Alfredo. *Curso de Direito Comercial Brasileiro*, tomo segundo, 2ª ed., Rio de Janeiro, Editor Jacintho Ribeiro dos Santos, 1929, p. 62.

AS AÇÕES DAS SOCIEDADES E OS TÍTULOS DE CRÉDITO

Faculdade de Direito da Universidade Federal de Minas Gerais, explica que a *letra de câmbio* e a *nota promissória* são modelos de títulos completos, bastantes, plenos e independentes, porque não necessitam de qualquer apelo ou remissão a elementos estranhos a eles.[183]

Sobre ser a *nota promissória* uma *cambial* e, por isso mesmo, um título completo, bastante, pleno e independente, consideramos a sua emissão em *Unidade Fiscal de Referência – UFIR*,[184] com índice de reajustamento automático, tolerada e admitida por nossos Tribunais, um desrespeito ao requisito da *independência* e uma descaracterização do título como cambial. A esse respeito vale lembrar as palavras de ALFREDO RUSSEL: "Esses Títulos, de que é exemplo a letra de câmbio, não podem ser integrados por nenhum outro, destinados como são a circular por si mesmos, e perderiam a sua natureza se se referissem a outros documentos que lhes determinassem a soma ou a data de vencimento".[185] As cambiais devem ser líquidas e seu valor expresso em moeda corrente. A busca de informações extracartulares para se determinar o seu exato valor em dinheiro (UFIR/Nacional, UFIR-RJ,[186] etc. não são moeda corrente) é contrária, a

---

[183] Cf. *Títulos de Crédito*, 2ª ed./9ª tiragem, Rio de Janeiro: Editora Forense, 1983, p. 16.

[184] *Unidade Fiscal de Referência – UFIR* é um indexador usado como parâmetro de atualização do saldo devedor dos tributos e de valores relativos a multas e penalidades de qualquer natureza. A *Unidade Fiscal de Referência – UFIR*, criada em 1991, passou a vigorar em janeiro de 1992, época em que a inflação era muito elevada e o indexador corrigiria as parcelas a serem pagas. Até 1994 a atualização da *Unidade Fiscal de Referência – UFIR* era diária, para acompanhar a inflação. A partir de setembro de 1994 a atualização passou a ser mensal, em 1995 passou a ser trimestral, em 1996 a correção passou a semestral e a partir de 1997 passou a ser anual. Embora as leis que disciplinavam a *Unidade Fiscal de Referência – UFIR Unidade Fiscal de Referência – UFIR* restringissem o seu uso, o fato é que ela servia como unidade de conta para corrigir diversos outras obrigações, inclusive para correção das dívidas judiciais. A *Unidade Fiscal de Referência – UFIR* foi usada como medida de valor até o ano 2000, quando foi extinta através da Medida Provisória nº 1.973-67 de 26.10.2000.

[185] Cf. op. cit., p. 62.

[186] *Unidade Fiscal de Referência do Estado do Rio de Janeiro – UFIR-RJ*: o Rio de Janeiro é um dos poucos estados da federação que continua a fazer uso da *Unidade Fiscal de Referência – UFIR*. Outro exemplo é o estado da Paraíba, mais concretamente o município de João Pessoa. O Decreto nº 27.518 de 28.11.2000 instituiu a *Unidade Fiscal de Referência do Estado do Rio de Janeiro - UFIR-RJ* como medida de valor e parâmetro de atualização de tributos e de valores expostos em *Unidade Fiscal de Referência – UFIR*, na legislação estadual, assim como relativos a multas e penalidades de qualquer natureza. O valor na *Unidade Fiscal de Referência do Estado do*

nosso ver, ao princípio da independência e a descaracteriza como título cambial.

Outra qualidade presente apenas nas cambiais é a *abstração*. Lembra CESARE VIVANTE que "o título de crédito pode circular como documento de direito abstrato, isto é, isolado da causa de onde provém sua origem, pela própria vontade daquele que ali a emitiu. Também em tais casos a emissão ocorreu em conseqüência de uma causa concreta, por exemplo, uma remessa de mercadoria ou dinheiro, visto que ninguém vai obrigar-se sem razão; mas esta causa fica fora da obrigação, não circula com ela, 'dorme' durante a circulação, por render, assim, mais segurança e aceitação, como acontece na cambial ou nos bilhetes de Banco para livre circulação. Esta voluptuosa separação do título de crédito da causa que o trouxe à luz protege o credor contra a exceção, com freqüência confusa e desconhecida, que permite estendê-lo e, por conseqüência, dele fazer um instrumento mais seguro de crédito, quase um sucedâneo do dinheiro".[187]

De regra, acrescenta CESARE VIVANTE, os *títulos de crédito* e a obrigação que deles deriva estão unidos materialmente a uma causa determinada para a emissão. Assim, a obrigação pode surgir correspondendo a um empréstimo, a um conhecimento de carga ou a uma apólice de seguro, que são títulos expostos, respectivamente, à exceção derivada do contrato de empréstimo, de transporte ou de seguro, onde tiveram origem, a esta exceção pode reduzir ou anular, também, todos os valores do título. Dessa forma, a pessoa que emitiu a obrigação poderá exercer contra qualquer portador o direito de regresso, que é inerente a qualquer contrato de mútuo, face ao interesse maior da disposição legal. À primeira vista, pode parecer que a causa da emissão prejudicaria a confiável circulação do título de crédito. Mas isto não ocorre, porque a causa não pode vulnerar o conteúdo da obrigação além do limite tolerável do teor do título, razão da sua índole literal. Por esta razão, se a obrigação foi emitida correspondendo a um empréstimo, o devedor não pode opor ao portador de boa fé a *exceptio nom numeratae pecuniae* (exceção de dinheiro não contado - falta de pagamento); se o conhecimento de transporte contém a quitação da mercadoria, não pode opor a falta de carga. A índole abstrata do crédito não é exceção ao título de crédito nem dele natural; quem assim pensa confunde a índole literal, que não lhe falta nunca, com a índole abstrata, que só é exigida por diposição expressa da lei.[188]

Rio de Janeiro - UFIR-RJ foi fixado em 2,7119 para 2015. Este índice tem sido reajustado anualmente pela Secretaria do *Estado de Fazenda do Rio de Janeiro*.

[187] Cf. *Trattato di Diritto Commerciale*, volume III ("Le Cose"), 4ª ed., Milão: Casa Editrice Dottor Francesco Vallardi, 1914, p. 166.

[188] Cf. *Trattato di Diritto Commerciale*, volume III ("Le Cose"), 4ª ed., Milão: Casa Editrice Dottor Francesco Vallardi, 1914, p. 166 e 167.

AS AÇÕES DAS SOCIEDADES E OS TÍTULOS DE CRÉDITO

É muito importante, no momento, registrar que RUBENS REQUIÃO, analisando a teoria de *Cesare Vivante* acentua, ainda, que a obrigação abstrata ocorre apenas quando o título está em circulação, isto é, "quando põe em relação duas pessoas que não contrataram entre si, encontrando-se uma frente a outra, em virtude, apenas, do título".[189]

Na sua abordagem sobre as cambiais, WALDEMAR MARTINS FERREIRA, da mesma forma que *Cesare Vivante*, concorda que os títulos de crédito de natureza cambial circulam como documentos abstratos, "desprendidos e inteiramente isolados de suas causas originárias ou porque tenham sido ou venham a ser negociados, pela vontade de quem os emitiu". Ressalta, também, que certamente, têm eles causa. "Necessidade de dinheiro futuro por dinheiro presente pode tê-los criado ou levado a negociarem-se; mas isso, como é óbvio, fora dos títulos. Eles se libertam de suas causas a fim de poderem ingressar, por si sós, no mundo econômico. Ninguém os adquiriria se tivesse de indagar de sua procedência. Há abstrair dela para esse efeito. Nesse sentido, reputam-se *abstratos*, a despeito de sua existência real, documental, literal, formal. *Abstratos* são os direitos neles consignados, por valerem tão-somente por força de sua literalidade, de prestância muitíssimo maior nos títulos ao portador".[190]

Em obra mais recente, FRAN MARTINS, emérito professor da universidade Federal do Ceará, não pode deixar de observar que a abstração, as vezes, tem sido confundida com a autonomia, apesar de serem coisas diferentes. "Abstratos são os direitos do título porque independem do negócio que lhe deu origem. Uma vez o título emitido, liberta-se de sua causa, e, assim, a mesma (que tem sido chamada de relação fundamental ou negócio fundamental) não poderá ser alegada futuramente para invalidar as obrigações decorrentes do título, pois esse, uma vez emitido, passa a conter direitos abstratos, não cabendo, de tal modo, a exigência de contraprestação para poder ser satisfeita a obrigação". Difere, portanto, da autonomia, "que é princípio que faz com que as obrigações assumidas sejam independentes uma das outras, e da literalidade, que significa que o título vale apenas o que nele está escrito".[191]

Após estes esclarecimentos, podemos concluir que aqueles títulos que não obedeçam aos princípios da independência e da abstração não podem ser considerados cambiais e sim, na classificação de Pontes de Miranda, *cambiariformes* ou, como preferem outros autores, *títulos causais* ou, ainda, *impróprios*. É dessa natureza a duplicata de fatura.

---

[189] Cf. *Curso de Direito Comercial*, 2° vol., São Paulo: Editora Saraiva, 1984, p. 300.
[190] Cf. *Tratado de Direito Comercial*, 8° vol., São Paulo, Edição Saraiva, 1962, p. 93 e 94.
[191] Cf. *Títulos de Crédito*, vol. I, 2ª ed., Rio de Janeiro: Editora Forense, 1977, p. 23.

FRANCESCO MESSINEO observou que os *títulos de conteúdo causal* não realizam o tipo perfeito de *título de crédito*, que é, em vez, constituído do título de conteúdo abstrato, no qual o favor da circulação e a tutela do possuidor encontram sua expressão plena. "A *incorporação do direito causal* num título, que tem por efeito tornar literal o direito, basta para explicar porque, se, de uma parte, não se consegue *abstratividade* (como no caso dos títulos de conteúdo abstrato), de outro se consegue mais enérgica eficácia na exigência do direito e no recebimento da prestação". Na sua opinião, o título de conteúdo causal opera, portanto, um temperamento das opostas exigências do subscritor (devedor) e do possuidor. "Esse equilíbrio realiza-se naqueles casos nos quais a relação originária, transfundida no título, deve manter sua eficácia, mesmo em confronto com qualquer sujeito ativo que, por efeito da circulação do título, possa investir-se no direito nele incorporado".[192]

---

[192] Cf. *Titoli di Credito*, vol. I, Pádua: Casa Editrice Dott. Antonio Milani – CEDAM, 1928, p. 145, n° 69.

CAPÍTULO 4 – O VALOR, AS ESPÉCIES E FORMAS DAS AÇÕES DAS SOCIEDADES

Neste capítulo, concentraremos nossa atenção sobre os diversos tipos de ações. Faremos uma pequena análise das ações quanto ao seu valor nominal, quanto à forma pela qual se opera sua transferência e quanto aos direitos que cada uma de suas espécies assegura aos acionistas. Este estudo é de suma importância, porque cada tipo de ação guarda em si diferentes qualidades, que ora se aproxima das qualidades dos títulos de crédito, ora delas se afastam, de forma a não deixar qualquer indício que justifique confusão entre ambas.

Caso respeitássemos a ordem costumeira, teríamos que analisar a natureza jurídica da ação antes de cuidar dos diversos tipos de ações que existem no mercado mobiliário. Entretanto, como o principal tema do presente trabalho reside, justamente, na natureza jurídica das ações, acreditamos ser necessário um capítulo inteiro para que nos possamos aprofundar de maneira decisiva no exame desse assunto. Para comentarmos cada posição adotada pelos diversos autores sobre essa natureza jurídica, urge uma enumeração preliminar de suas diferentes apresentações. Assim, subvertendo conscientemente a ordem, deixaremos para o próximo capítulo o tema "a natureza jurídica das ações". No momento, limitar-nos-emos a estudar cada tipo de ação que é normalmente emitida pelas sociedades.

Vale, inicialmente, ressaltar que, por ocasião do princípio da vigência da Lei nº 6.404, de 15.12.1976 (dispõe sobre as *Sociedades por Ações*), a entidade de auditores independentes PRICE WATERHOUSE [193] apresentou interessante classificação para as ações. Quanto ao seu valor, podem se apresentar como de valor nominal ou sem valor nominal. Quanto aos direitos e vantagens que conferem aos acionistas, podem ser ordinárias, preferenciais e de fruição. Quanto à sua forma, podem ser nominativas, endossáveis e ao portador. E, finalmente, quanto à representação física, podem ser documentais ou escriturais.

Destacamos, também, a proposta de RUBENS REQUIÃO em relação à classificação das ações conforme a natureza dos direitos que elas conferem. Diz ele que elas podem ser, neste caso, de três espécies, a saber: ações comuns ou ordinárias, ações preferenciais e ações de fruição. Podem, também, se apresentar de quatro formas diferentes: nominativas, endossáveis, ao portador e escriturais.[194]

4.1 AÇÕES COM VALOR NOMINAL E AÇÕES SEM VALOR NOMINAL

O estatuto da sociedade anônima, por ocasião de sua constituição, deve fixar o número das ações em que o capital social se divide. Assim

---

[193] Cf. edição particular nº 44 de "Resumo das Principais Normas da Nova Lei das Sociedades por Ações", p. 28, *apud* Rubens Requião, *Curso de Direito Comercial*, 2º vol., 13ª ed., São Paulo, Editora Saraiva, 1984, p. 74.

[194] Cf. op. cit., p. 74.

AS AÇÕES DAS SOCIEDADES E OS TÍTULOS DE CRÉDITO

estabeleceu o art. 11 da Lei n° 6.404, de 15.12.1976.[195] Portanto, uma vez determinado o capital necessário para o início do empreendimento a ser desenvolvido pela sociedade anônima, o ato de constituição deve declarar, através do estatuto, o número de ações que fracionam este capital.

Na constituição da sociedade, deve, também, o estatuto estabelecer se as ações terão, ou não, valor nominal, por força do mencionado art. 11 da Lei n° 6.404, de 15.12.1976. Assim, como medida inovadora, nossa atual legislação sobre as sociedades anônimas autoriza a emissão de ações sem valor nominal.

É oportuno esclarecer que a ação tem valor nominal quando há emissão de certificados, constando, expressamente em seu teor, o valor da ação ou o seu preço de emissão. Por outro lado, chama-se ação sem valor nominal aquela em cujo texto não consta seu valor ou em que não foi grafado o preço de emissão.

Apesar de não constar no texto o valor das ações sem valor nominal, ela, efetivamente, corresponde a uma fração do capital social e possui um preço de emissão, que não é declarado nominalmente, porém, é fixado, na constituição da companhia, pelos fundadores e, no aumento de capital, pela assembleia geral ou pelo conselho de administração (art. 14 da Lei n° 6.404, de 15.12.1976).[196]

Tecendo comentários a respeito das ações sem valor nominal, alguns autores citam a *Exposição de Motivos* do projeto da atual *Lei das Sociedades Anônimas* ao justificarem a sua adoção. Nela são apresentadas algumas de suas vantagens, entre elas a de "oferecerem maior flexibilidade nos aumentos do capital social, e cuja existência contribuirá para diminuir a importância injustificada atribuída ao valor nominal das ações pelos participantes do nosso mercado de capitais, em prejuízo do seu

---

[195] "Art. 11. O estatuto fixará o número das ações em que se divide o capital social e estabelecerá se as ações terão, ou não, valor nominal.
§1°. Na companhia com ações sem valor nominal, o estatuto poderá criar uma ou mais classes de ações preferenciais com valor nominal.
§2°. O valor nominal será o mesmo para todas as ações da companhia.
§3°. O valor nominal das ações de companhia aberta não poderá ser inferior ao mínimo fixado pela Comissão de Valores Mobiliários".

[196] "Art. 14. O preço de emissão das ações sem valor nominal será fixado, na constituição da companhia, pelos fundadores, e no aumento de capital, pela assembléia-geral ou pelo conselho de administração (artigos 166 e 170, § 2°).
Parágrafo único. O preço de emissão pode ser fixado com parte destinada à formação de reserva de capital; na emissão de ações preferenciais com prioridade no reembolso do capital, somente a parcela que ultrapassar o valor de reembolso poderá ter essa destinação".

funcionamento normal".[197] Com isso, concordamos sem restrições. Não há dúvida de que as primeiras sociedades anônimas a utilizarem o sistema fracionar seu capital em ações sem valor nominal foram aquelas sediadas nos Estados Unidos da América, em razão de o preço de emissão dificilmente corresponder ao seu preço de mercado, ou seja, o seu valor nominal só tem razão de ser no ato da constituição da sociedade; após isso, tal valor acompanhará o prestígio das ações nas negociações do mercado mobiliário.

Entendemos oportuno transcrever alguns trechos da conferência proferida pelo advogado brasileiro e professor da Pontifícia Universidade Católica do Rio de Janeiro ALFREDO LAMY FILHO (1918 -), em 1971, no *Instituto de Planejamento Econômico e Social*, defendendo a introdução das ações sem valor nominal no projeto da *Lei das Sociedades por Ações* que atualmente encontra-se em vigor. Dada a importância de tais observações, faremos aqui essa transcrição. Diz ALFREDO LAMY FILHO que as ações sem valor nominal "nasceram nos Estados Unidos, muito em função do abandono da noção do capital social, aguado com a superavaliação de bens incorporados ao capital. Na conferência que fizemos, no *Instituto dos Advogados*, procuramos sintetizar o assunto em palavras que nos parece útil repetir: a introdução das ações sem valor nominal no direito americano se deveu ao que o legislador considerou o período de superavaliação de bens incorporados ao capital social, fazendo com que o valor real da ação se afastasse, já no nascedouro, do valor nominal, com prejuízo para o subscritor ou investidor de boa-fé. Por outro lado, a solução servia, com particular adequação, para superar a dificuldade de colocar ações de empresas que tinham sofrido perda de capital, isto é, quando o valor real da ação se tornava inferior ao nominal. As ações sem valor nominal têm sido adotadas por número crescente de empresas, sobretudo grandes empresas". Prossegue ALFREDO LAMY FILHO dizendo que, "inexistindo valor nominal, desaparece a enganadora praxe de bonificações como produto da correção monetária. É também verdade que o valor nominal da ação só tem sentido no instante da constituição da sociedade anônima, pois, a partir daí, o valor real flutua".[198]

No mesmo sentido, explica o advogado brasileiro ROBERTO BARCELOS DE MAGALHÃES (1924-) que as ações de uma empresa de capital aberto "têm, ao lado do seu valor nominal, valor real ou de bolsa. O

---

[197] BATALHA, Wilson de Souza Campos. *Comentários à Lei das Sociedades Anônimas*, vol. I, Rio de Janeiro, Editora Forense, 1977, p. 150; e REQUIÃO, Rubens. *Curso de Direito Comercial*, 2° vol., 13ª ed., São Paulo, Editora Saraiva, 1984, p. 65.

[198] Cf. "A Reforma da Lei das Sociedades Anônimas". In: *Revista de Direito Mercantil, Industrial, Econômico e Financeiro – RDM*; Nova Série; fascículo n° 7, São Paulo, Editora Revista dos Tribunais, 1972, p. 124.

AS AÇÕES DAS SOCIEDADES E OS TÍTULOS DE CRÉDITO

primeiro é o que consta obrigatoriamente dos estatutos, correspondendo as subscrições; o último é o que resulta das operações de compra e venda efetuadas em bolsa, obedecendo aos impulsos da oferta ou da procura". Diz, ainda, que, "de uma maneira geral, as ações das companhias, sejam estas de capital aberto ou de capital fechado, têm um valor real, ao lado do nominal, que corresponde à sua valorização ou desvalorização proporcional ao valor do patrimônio líquido da sociedade, resultante da diferença entre o seu ativo e o seu passivo".[199] Como observa WILSON DE SOUZA CAMPOS BATALHA, "o valor da Bolsa acha-se, em regra, ligado ao valor real, oscilando de acordo com este, ao passo que o valor nominal, se inicialmente se acha em relação ao valor efetivo, porque corresponde às entradas em realização das somas subscritas, com o decurso do tempo vai se distanciando, posto que as somas invertidas e aplicadas vão proporcionando lucros e reinvestimentos ou prejuízos".[200]

Sobre este assunto, advogado pernambucano e ilustre comercialista JOSÉ XAVIER CARVALHO DE MENDONÇA (Recife, 1861- Santos, 1930) vai um pouco além, ao defender a existência de três valores diferentes nos títulos mobiliários. Diz ele que as ações têm um valor nominal, um valor real e um valor corrente. O primeiro acha-se designado no título; o segundo é representado pelo valor efetivo e realmente existente no patrimônio da sociedade - e, portanto, só verificável exatamente na partilha, com sua liquidação; o terceiro é o da Bolsa, onde aquele título é cotado e negociado.[201] Esta por sinal , entendemos ser a melhor posição a respeito do valor das ações.

O banqueiro e economista francês GASTON DÉFOSSÉ (Gouzeaucourt, Nord, 19.01.908 - Paris, 03.02.2001), menciona que, "encarando as operações de aumento de capital em sua incidência sobre a cotação das ações da Bolsa, examina as seguintes hipóteses: *a)* aumento de capital em numerário; *b)* aumento de capital por incorporação de reservas; *c)* aumento de capital por incorporação de reservas acompanhada de emissão em numerário. Devemos acrescentar a hipótese de aumento de capital mediante correção monetária".[202]

O art. 13 da Lei nº 6.404, de 15.12.1976 (dispõe sobre as *Sociedades*

---

[199] Cf. *A Nova Lei das Sociedades por Ações Comentada*, vol. I, Rio de Janeiro, Livraria e Editora Freitas Bastos, 1977, p. 154.

[200] Cf. *Sociedades Anônimas e Mercado de Capitais*, 1º vol., Rio de Janeiro: Editora Forense, 1973, p. 211.

[201] Cf. *Tratado do Direito Comercial Brasileiro*, vol. III, livro II ("Dos comerciantes e seus auxiliares"), parte III, 3ª ed., Rio de Janeiro, Livraria Editora Freitas Bastos, 1938, p. 408.

[202] Cf. *La Bourse des Valeurs et les Opérations de Bourse*, 6ᵉ édition mise à jour, Paris, Presses Universitaires de France – PUF, 1968, p. 82 e segs.

por Ações),²⁰³ veda expressamente a emissão de ações por preço inferior ao seu valor nominal (deságio), mas é possível a emissão de ações com preço superior ao seu valor nominal, caso em que a diferença de preço constituirá reserva de capital (§ 2° do art. 13). Do empreendimento rendoso e da boa administração da sociedade anônima resulta, conseqüentemente, maior prestígio das ações no mercado mobiliário, fato que permite maior aceitação dos títulos ou maiores facilidades na sua negociação. Esta maior aceitação, obedecendo à lei da oferta e da procura, faz com que surja o *ágio* ou, nas palavras de RUBENS REQUIÃO, a *mais-valia*, que a ação nominal obtém na sua negociação no mercado de ações.²⁰⁴

Como o valor nominal só é real na constituição da sociedade anônima, concordamos que existe uma maior tendência a se emitirem grandes volumes desse tipo de ação durante períodos de grande desmoralização da moeda, a exemplo do que ocorreu na Bélgica, após a guerra de 1914/1918. Acreditamos, porém, que o aumento da sua utilização está diretamente ligado à sua aceitação no mercado de ações.

Analisando outro aspecto do valor da ação, temos que tanto as ações com valor nominal como as ações sem valor nominal constituem, na realidade, títulos ilíquidos, pois sua avaliação está sujeita às flutuações de mercado, isto é, seu valor, após a emissão, nunca será aquele da cártula; muito menos o será na liquidação da sociedade. Nesta parte do estudo, é importante que se faça um exame comparativo entre esta qualidade das ações e os requisitos básicos dos títulos de crédito.

Como vimos no capítulo anterior, é decisivo, pelo princípio da literalidade, o teor do título quanto ao conteúdo, à extensão e às modalidades do direito. Conforme salienta WALDEMAR MARTINS FERREIRA, tem a literalidade por função emprestar ao título liquidez, certeza e segurança. Liquidez, de seu montante; certeza, do direito nele expresso e segurança de sua efetividade.²⁰⁵

O *valor das ações* é *ilíquido*: pode ser superior ou inferior ao seu preço de emissão, fato que será determinado pelas negociações do mercado mobiliário. Por isso, em relação ao seu valor, as ações não respeitam o princípio da literalidade obrigatório a todos os títulos de crédito.

A *iliquidez das ações das sociedades anônimas* é reconhecida, até mesmo,

---

²⁰³ Art. 13. É vedada a emissão de ações por preço inferior ao seu valor nominal.
§1°. A infração do disposto neste artigo importará nulidade do ato ou operação e responsabilidade dos infratores, sem prejuízo da ação penal que no caso couber.
§2°. A contribuição do subscritor que ultrapassar o valor nominal constituirá reserva de capital (artigo 182, § 1°).
²⁰⁴ Cf. *Curso de Direito Comercial*, 2° vol., 13ª ed., São Paulo, Editora Saraiva, 1984, p. 66.
²⁰⁵ Cf. *Tratado de Direito Comercial*, 8° vol., São Paulo, Edição Saraiva, 196, p. 90.

AS AÇÕES DAS SOCIEDADES E OS TÍTULOS DE CRÉDITO

pelos nossos Tribunais Superiores.

"DESAPROPRIAÇÃO DE AÇÕES DE SOCIEDADE ANÔNIMA. CONSTITUCIONALIDADE DO ATO EXPROPRIATÓRIO RECONHECIDA EM PRECEDENTES DO SUPREMO TRIBUNAL FEDERAL. NÃO SE TRATANDO DE LIQUIDAÇÃO, MAS DE PROCEDIMENTO EM QUE SE HÁ DE *FIXAR O JUSTO VALOR DAS AÇÕES*, CABÍVEL É A *AVALIAÇÃO DO ATIVO MOBILIZADO*, DE MODO A ESPELHAR A REAL SITUAÇÃO DO ATIVO LÍQUIDO, ATUALIZADA NA DATA DA SENTENÇA. RECURSO NÃO CONHECIDO".[206]

"SOCIEDADE POR COTAS DE RESPONSABILIDADE LIMITADA. DISSOLUÇÃO PARCIAL DA SOCIEDADE. RETIRADA DE SÓCIO. APURAÇÃO DE HAVERES DE SÓCIO DISSIDENTE. FIXAÇÃO DA VERBA HONORÁRIA. DIREITO COMERCIAL. DISSOLUÇÃO PARCIAL DE SOCIEDADE. CRITÉRIO PARA APURAÇÃO DE HAVERES. DETENÇÃO DE AÇÕES EM OUTRA EMPRESA CONTROLADA. BASE DA VERBA HONORÁRIA ADVOCATÍCIA. É assegurado ao sócio retirante a maior amplitude na apuração de seus haveres, que devem ser calculados com base em valores reais de mercado, atualizados até a data do efetivo pagamento, incindindo sobre todos os bens que compõem o ativo social da empresa, ai compreendidos os corpóreos (móveis, imóveis, equipamentos, veículos, etc.) e incorpóreos (fundo de comércio, ponto, marca, patente, etc.), mesmo sobre as ações que a sociedade detenha em outra empresa controlada, que também deverão ser *avaliadas pelo valor real, considerados igualmente o seu ativo*, e não pelo valor contábil. Nas ações constitutivas, o valor da condenação, para fins da fixação da verba honorária advocatícia, constitui-se do proveito que da demanda resulta".[207]

---

[206] Ac. unân. da Segunda Turma do STF, no RE n° 114314/SP, rel. min. Carlos Madeira, julg. em 05.04.1988, publ. no *DJ* de 20.04.1988, p. 09850; e no *Ementário*, vol. 01499-03, p. 00579.

[207] Ac. unân. da Sexta Câmara Cível do TJRJ; na AC n° 4295/1997 (Rio de Janeiro), rel. des. José Affonso Rondeau, julg. em 25.11.1997.

Como se pode observar, a *iliquidez das ações das sociedades anônimas* é indiscutível e, para serem convertidas e *valor líquido* ou *valor real* é necessário se proceder à *avaliação do ativo mobilizado*.

Isto não ocorre com os *títulos de crédito* para a avaliação do seu montante real até o vencimento, pois este montante, em respeito ao *princípio da literalidade*, encontra-se expresso no próprio título. Assim, mesmo deixando de lado, por um instante, outras razões que afastam as *ações* do rol dos *títulos de crédito*, apenas em relação ao seu valor já teríamos motivos suficientes para não considerá-las um documento cambial ou sequer cambiariforme. Ainda poderíamos considerar líquidas as ações com valor nominal, mas apenas no momento de sua emissão, pois, nesse reduzido intervalo de tempo, em relação ao seu valor, atenderia ao princípio da literalidade; porém as ações sem valor nominal nem mesmo na emissão são líquidas ou possuem aquela índole literal dos títulos de crédito.

4.2 AÇÕES ORDINÁRIAS, AÇÕES PREFERENCIAIS, AÇÕES DE FRUIÇÃO E AÇÕES DE CLASSE ESPECIAL

Considerando os direitos que os acionistas podem gozar em virtude das *ações* que possuem, classificamos esses títulos em 4 (quatro) espécies diferentes:1) *ações ordinárias*; 2) *ações preferenciais*; 3) *ações de fruição*; e 4) *ações de classe especial*.

As *ações ordinárias* são aquelas comuns, despojadas de qualquer privilégio ou preferência em relação as outras espécies de ações. Para ROBERTO BARCELLOS DE MAGALHÃES, as *ações ordinárias* "são aquelas a que a lei atribui todos os direitos inerentes à participação acionária numa empresa".[208] Os direitos essenciais dos titulares das ações ordinárias estão enumerados em nossa legislação, a saber: participar dos lucros sociais; fiscalizar, na forma prevista em lei, a gestão dos negócios sociais; preferência para subscrição de ações, partes beneficiárias convercíveis em ações, debêntures convercíveis em ações e bônus de subscrição; retirar-se da sociedade nos casos previstos em lei; e direito a voto.

No mesmo sentido, WILSON DE SOUZA CAMPOS BATALHA afirma que as *ações ordinárias* (*ordinary share*, *equity shares* ou *equities*) "são aquelas a que se atribuem todos os direitos inerentes à participação no

---

[208] Cf. *A Nova Lei das Sociedades por Ações Comentada*, vol. I, Rio de Janeiro, Livraria e Editora Freitas Bastos, 1977, p. 161.

AS AÇÕES DAS SOCIEDADES E OS TÍTULOS DE CRÉDITO

capital social, sem nenhuma vantagem específica quanto à percepção dos lucros, dividendos ou prioridade para reembolso do capital na hipótese de liquidação da sociedade. Além disso, participam sem restrição de qualquer tipo de capitalização com distribuição de ações gratuitas correspondentes". Completa, ainda, WILSON DE SOUZA CAMPOS BATALHA, esclarecendo que, salvo expressa determinação legal em sentido contrário, as ações ordinárias têm direito de voto. Assim, pois, a cada ação ordinária que não assuma a forma ao portador corresponde um voto nas assembleias de acionistas, sendo permitido que o estatuto estabeleça limitação ao número de votos de cada acionista; o voto plural, porém, não é permitido.[209]

O momento exige alguns comentários a respeito do voto. É elementar que este seja uma forma de manifestação da vontade individual, a fim de produzir uma vontade coletiva. As decisões, pois, das assembleias, nas sociedades por ações, são tomadas após a apuração de votos dos participantes, para se descobrir a vontade dominante. Natural seria que cada acionista pudesse representar um voto no escrutínio, porém, a regra - a cada ação um voto - não é aplicada integralmente, uma vez que ações preferenciais podem ser destituídas de voto. Essa regra só é aplicável inteiramente em relação as *ações ordinárias* com titularidade identificada. Finalmente, nossa *Lei das Sociedades por Ações* (Lei n° 6.404, de 15.12.1976) proíbe que se confira à ação o voto plural (art. 110, § 2°);[210] nenhuma ação pode dispor de mais de um voto, ou seja, uma única ação pode dar direito ao seu titular a apenas um único voto.

Como lembra RUBENS REQUIÃO, nas *sociedades fechadas* as ações ordinárias podem ser de classes diferentes. Estas classes podem ser criadas em função da forma ou conversibilidade de uma forma em outra; conversibilidade em ações preferenciais; exigência de nacionalidade brasileira do acionista; direito de voto em separado para o preenchimento de determinados cargos de órgãos administrativos. Nas companhias abertas, as ações ordinárias são todas iguais, pois não se admite diversificação de classes.[211]

Costuma-se dizer que as *ações ordinárias* contém o equilíbrio de direitos, pois não possuem preferências ou condições. O mesmo não se

---

[209] Cf. *Sociedades Anônimas e Mercado de Capitais*, 1° vol., Rio de Janeiro: Editora Forense, 1973, p. 190.

[210] Art. 110. A cada ação ordinária corresponde 1 (um) voto nas deliberações da assembleia-geral.
§1°. O estatuto pode estabelecer limitação ao número de votos de cada acionista.
§2°. É vedado atribuir voto plural a qualquer classe de ações.

[211] Cf. *Curso de Direito Comercial*, 2° vol., 13ª ed., São Paulo, Editora Saraiva, 1984, p. 74.

pode dizer a respeito das *ações preferenciais*, uma vez que, nesse caso, são retirados do titular importantes direitos, que são compensados por preferências, para não torná-las desinteressantes ao investidor; ou seja, como melhor coloca ROBERTO BARCELLOS DE MAGALHÃES, "a diferença fundamental entre as *ações ordinárias* e as *preferenciais* reside precisamente na outorga de direito aos respectivos titulares, já que as últimas podem ser privadas de algum ou alguns dos direitos reconhecidos às primeiras, inclusive o de voto".[212]

As *ações preferenciais* (*ações de prioridade* no direito italiano), como foi dito, conferem particulares vantagens - ou sobre os lucros ou sobre o capital - e asseguram ao acionista uma posição privilegiada. UMBERTO NAVARRINI e GABRIELE FAGGELA observam que, concretamente, essas ações tendem a conferir uma preferência sobre a ordem para a distribuição dos lucros, ou sobre a repartição do patrimônio, ou aumentando a segurança dos seus possuidores. Inclusive, em sua abordagem sobre essa espécie de ação, UMBERTO NAVARRINI e GABRIELE FAGGELA chegam a enumerar as utilidades de sua emissão. Dizem eles que "a criação de ações de prioridade pode ser necessária para atrair os capitalistas e empregar o seu dinheiro numa empresa, cuja utilidade dependa, por exemplo, do maior ou menor sucesso de um invento particular de um sócio, ou, em geral, a fim de o atrair para uma empresa que queira colocar cautelosamente os próprios capitais: as ações de prioridade com dividendo fixo ou com privilégio sobre o reembolso do capital obtêm tal escopo. As ações de prioridade podem ser vantajosas quando, na liquidação de uma sociedade, o ativo que apresenta seja momentaneamente depreciado ou não realizável, ou não se queira realizar a preço vil; podem-se dar aos credores ações de prioridade numa nova sociedade criada para retomar os negócios da antiga. Assim, quando uma sociedade queira aumentar o seu capital para reparar as perdas, é justo que as novas ações sejam de prioridade, em face das velhas, rebaixadas de valor; quando uma sociedade próspera se funde com outra que não o seja, é igualmente justo que os sócios da primeira tenham prioridade sobre o dividendo; quando uma sociedade desorganizada não tenha fé na emissão das obrigações; mas pode acontecer que a obrigação do pagamento dos juros, subsistente para todos os casos, o torne prejudicial e embaraçoso; é, portanto, mais útil que recorra à emissão de ações de prioridade, porque aos acionistas privilegiados não são distribuídos dividendos, se não os há".[213]

No mesmo sentido, o Literato, jurista e advogado brasileiro

---

[212] Cf. *A Nova Lei das Sociedades por Ações Comentada*, vol. I, Rio de Janeiro, Livraria e Editora Freitas Bastos, 1977, p. 162.

[213] Cf. *Das Sociedades e das Associações Comerciais*, vol. II, Rio de Janeiro, José Konfino Editor, 1950, p. 410.

AS AÇÕES DAS SOCIEDADES E OS TÍTULOS DE CRÉDITO

ERNESTO LEME (1896-1986) sugere que é de toda a conveniência a adoção de ações preferenciais quando uma sociedade atravessa momento difícil e não pode, como seria razoável, pela sua própria situação, recorrer a um empréstimo para salvar-se. A emissão dessas ações pode valer-lhe na abertura e propiciar-lhe meios de aguardar, com serenidade, a volta de melhores dias. Essa conveniência também existe quando uma companhia que não mais suporta o peso das obrigações que a sufocam substitui esses títulos, com vantagem para os próprios credores, por ações de prioridade ou preferenciais.[214]

Nosso direito é claro: a companhia somente pode pagar dividendos à conta de lucro líquido do exercício, de lucros acumulados e de reserva de lucros; no caso das ações preferenciais, à conta de reserva de capital. Por isso, já houve quem dissesse que elas ocupam um lugar intermediário entre as ações comuns e as debêntures: têm dividendo fixo preferencial, mas este só é distribuído se houver lucros.

É oportuno trazer à lembrança o fato de que as ações preferenciais são as que conferem preferências previamente declaradas nos estatutos e que as vantagens outorgadas aos seus titulares, em nosso direito, são sempre de natureza pecuniária. Essas vantagens pecuniárias atribuídas pela nossa atual *Lei das Sociedades por Ações* (Lei n° 6.404, de 15.12.1976) podem consistir em prioridade na distribuição de dividendos, mesmo fixos e cumulativos; em prioridade no reembolso do capital, com prêmio ou sem ele (no momento da liquidação, pagos os credores, do restante serão pagos, primeiro, os acionistas portadores de ações preferenciais e, depois, os das comuns); e acumulação de ambas as vantagens.[215]

Devemos também fazer alguns esclarecimentos a respeito dos dividendos fixos, mínimos e cumulativos ou não, distribuídos com prioridade aos *acionistas preferenciais*. Do §1° do art. 202 da Lei n° 6.404, de 15.12.1976,[216] pode-se extrair a definição de dividendo fixo, que, na melhor

---

[214] Cf. *Das Acções Preferenciaes nas Sociedades Anonymas*, São Paulo, Livraria Acadêmica Saraiva, 1933, n° 27.

[215] NAVARRINI, Umberto & FAGGELA, Gabriele. *Das Sociedades e das Associações Comerciais*, vol. II, Rio de Janeiro, José Konfino Editor, 1950, p. 412.

[216] "Art. 202. Os acionistas têm direito de receber como dividendo obrigatório, em cada exercício, a parcela dos lucros estabelecida no estatuto ou, se este for omisso, a importância determinada de acordo com as seguintes normas (redação dada pela Lei n° 10.303, de 31.10.2001): I- metade do lucro líquido do exercício diminuído ou acrescido dos seguintes valores (redação dada pela Lei n° 10.303, de 31.10.2001): a) importância destinada à constituição da reserva legal (art. 193) (incluída pela Lei n° 10.303, de 31.10.2001); e b) importância destinada à formação da reserva para contingências (art. 195) e reversão da mesma reserva formada em exercícios anteriores (incluída pela Lei n° 10.303, de 31.10.2001); II- o pagamento

colocação de WILSON DE SOUZA CAMPOS BATALHA, é aquele "estabelecido em determinado percentual, ou ainda sob qualquer outro critério, excluindo-se o respectivo titular do direito a qualquer outra participação a título de dividendo", enquanto que dividendo mínimo, como o próprio nome já diz, é aquele "fixado como limite inferior assegurado, ou privilegiado, participando, porém, o titular da ação, complementarmente, pelo mesmo percentual atribuído às ações ordinárias". "Entretanto, se o estatuto for omisso, a ação com dividendo fixo não participará dos lucros remanescentes e a ação com dividendo mínimo participará dos lucros

---

do dividendo determinado nos termos do inciso I poderá ser limitado ao montante do lucro líquido do exercício que tiver sido realizado, desde que a diferença seja registrada como reserva de lucros a realizar (art. 197) (redação dada pela Lei n° 10.303, de 31.10.2001); III- os lucros registrados na reserva de lucros a realizar, quando realizados e se não tiverem sido absorvidos por prejuízos em exercícios subsequentes, deverão ser acrescidos ao primeiro dividendo declarado após a realização (redação dada pela Lei n° 10.303, de 31.10.2001).

§1°. O estatuto poderá estabelecer o dividendo como porcentagem do lucro ou do capital social, ou fixar outros critérios para determiná-lo, desde que sejam regulados com precisão e minúcia e não sujeitem os acionistas minoritários ao arbítrio dos órgãos de administração ou da maioria.

§2°. Quando o estatuto for omisso e a assembleia-geral deliberar alterá-lo para introduzir norma sobre a matéria, o dividendo obrigatório não poderá ser inferior a 25% (vinte e cinco por cento) do lucro líquido ajustado nos termos do inciso I deste artigo (redação dada pela Lei n° 10.303, de 31.10.2001).

§3. A assembleia-geral pode, desde que não haja oposição de qualquer acionista presente, deliberar a distribuição de dividendo inferior ao obrigatório, nos termos deste artigo, ou a retenção de todo o lucro líquido, nas seguintes sociedades (redação dada pela Lei n° 10.303, de 31.10.2001): I- companhias abertas exclusivamente para a captação de recursos por debêntures não conversíveis em ações (incluído pela Lei n° 10.303, de 31.10.2001); II- companhias fechadas, exceto nas controladas por companhias abertas que não se enquadrem na condição prevista no inciso I (incluído pela Lei n° 10.303, de 31.10.2001).

§4°. O dividendo previsto neste artigo não será obrigatório no exercício social em que os órgãos da administração informarem à assembleia-geral ordinária ser ele incompatível com a situação financeira da companhia. O conselho fiscal, se em funcionamento, deverá dar parecer sobre essa informação e, na companhia aberta, seus administradores encaminharão à Comissão de Valores Mobiliários, dentro de 5 (cinco) dias da realização da assembleia-geral, exposição justificativa da informação transmitida à assembleia.

§5°. Os lucros que deixarem de ser distribuídos nos termos do § 4° serão registrados como reserva especial e, se não absorvidos por prejuízos em exercícios subsequentes, deverão ser pagos como dividendo assim que o permitir a situação financeira da companhia.

§6°. Os lucros não destinados nos termos dos arts. 193 a 197 deverão ser distribuídos como dividendos (incluído pela Lei n° 10.303, de 31.10.2001)".

distribuídos em igualdade de condições com as ordinárias, depois de a estas assegurado dividendo igual ao mínimo".[217]

Além de fixos ou mínimos, os dividendos podem ser cumulativos ou não. Para WILSON DE SOUZA CAMPOS BATALHA, "o dividendo é não-cumulativo quando, passando o exercício sem que haja a possibilidade de o distribuir, o acionista preferencial não tem o direito de exigi-lo posteriormente, enquanto que, ao contrário, é cumulativo o dividendo quando os respectivos percentuais, não pagos em um ou mais exercícios se somam ao exercício posterior, para serem liquidados conjuntamente quando houver disponibilidade para esse fim".[218]

Ainda a respeito das *ações preferenciais*, na realidade, geralmente, são elas emitidas destituídas de voto, apesar de a lei permitir que o estatuto assegure a uma ou mais classes dessas ações o direito de eleger, em votação à parte, um ou mais membros dos órgãos de administração. Porém, mesmo no caso das ações preferenciais sem direito de voto, a lei assegura o exercício desse direito, quando, no prazo fixado nos estatutos, que não será superior a três exercícios consecutivos, deixarem de ser pagos os dividendos fixos ou mínimos a que fizerem jus seus titulares, direito que conservarão até o pagamento, se tais dividendos não forem cumulativos, ou até que sejam pagos os cumulativos em atraso.

Se por um lado existe um leque de conveniências para a sociedade na adoção de *ações preferenciais*, por outro, a falta do direito de poder participar na administração e opinar sobre os caminhos trilhados pela companhia, tem trazido, por vezes, inúmeras desvantagens ao titular dessa espécie de ação, principalmente, quando a má administração pelo grupo de controle venha a destruir a empresa. Por isso, muito se vem questionando ultimamente a função das *ações preferenciais* no desenvolvimento do mercado de capitais.

É indiscutível a desvantagem do *investidor preferencial*, ao ponto de provocar a respeito declarações surpreendentes, entre elas a do economista e político brasileiro, CESAR EPITÁCIO MAIA (Rio de Janeiro, 18.06.1945 -), que diz ser a "ação preferencial uma debênture perpétua com rendimento variado, criada pela burguesia brasileira na segunda metade do século XX para iludir a boa-fé dos incautos que imaginavam tratar-se de empresas abertas".[219]

Por ocasião da votação da Lei n° 6.404, de 15.12.1976, justificou-se

---

[217] Cf. *Sociedades Anônimas e Mercado de Capitais*, 1° vol., Rio de Janeiro: Editora Forense, 1973, p. 204 e 205.

[218] *Ibid.*, p. 204.

[219] Cf. *Jornal do Brasil*, de 04.09.1988, apud Francisco Gros, "Ações Preferenciais e Democratização Gerencial na Empresa". In: *Caderno Especial do SBERJ*, n° 473, Sindicato dos Bancos do Estado do Rio de Janeiro-SBERJ, p. 1.

o aumento da proporção entre *ações preferenciais* e *ações ordinárias* como a melhor forma de ampliar a liberdade do empresário privado nacional, na organização da estrutura de capitalização da sua empresa e também com o objetivo de facilitar o controle, por empresários brasileiros, de companhias com capital distribuído no mercado. Acrescentou-se, posteriormente, respondendo a críticas, que as ações preferenciais são títulos de extrema flexibilidade e permitem o levantamento de capitais de risco no mercado sem perda de controle da empresa por aquele que tem a sua direção.[220]

FRANCISCO GROS, ex-presidente do Banco Central do Brasil – BACEN, em artigo publicado no *Jornal Gazeta Mercantil*, de 11/13 de novembro de 1989, sob o título "Ações Preferenciais e a Democratização Gerencial na Empresa", no que diz respeito às declarações do economista *Cesar Maia*, afirmou que "a ação preferencial não é um produto ideal", porém, da mesma forma que *Umberto Navarrini* já havia alertado, sua existência é necessária "porque as fontes de empréstimos de longo prazo no país ainda são limitadas. O *Banco Nacional de Desenvolvimento Econômico e Social* – *BNDES* é hoje praticamente o único supridor de recursos a longo prazo, e o volume disponível é absolutamente insuficiente". Acrescenta que "nossas empresas são freqüentemente compelidas a emitir ações para financiar seus projetos, quando em muitos casos prefeririam emitir títulos de dívida a longo prazo, para os quais até hoje não conseguimos criar um mercado efetivo. Estabeleceu-se, então, um jogo de faz de conta: as empresas emitem ações que não são bem ações, e o investidor só paga por elas um preço bem inferior ao que deveriam valer se representassem uma parcela plena de propriedade da empresa",[221] o que, somado à preferência na distribuição de dividendos, as tornam, à primeira vista, atraentes. Assim, satisfazem, de certa forma, pela compensação, a restrição política a elas imposta (sem direito de voto), já que "em troca do voto (que nunca usará), o investidor recebe o título que lhe assegura dividendos, mesmo quando o lucro não basta para pagar os acionistas ordinários, tratando-se, na realidade, de verdadeiras *ações de poupança*".[222]

Ainda na opinião de FRANCISCO GROS, "ao criar a ação preferencial sem direito de voto, a legislação brasileira optou pela total separação entre o direito de propriedade e o poder de gestão", podendo o

---

[220] WALD, Arnoldo "Em Defesa das Ações Preferenciais". In: *Caderno Especial da ABERJ*, nº 111 da Associação de Bancos no Estado do Rio de Janeiro – ABERJ, janeiro de 1990, p. 1.

[221] Cf. "Ações Preferenciais e Democratização Gerencial na Empresa". In: *Caderno Especial do SBERJ*, nº 473, Sindicato dos Bancos do Estado do Rio de Janeiro-SBERJ, p. 1.

[222] LAMY FILHO, Alfredo & PEDREIRA, Jose Luiz Bulhões. *A Lei das S.A.* 3ª ed., Rio de Janeiro, Editora Renovar, 1997, p. 132 (ISBN: 8571470227).

AS AÇÕES DAS SOCIEDADES E OS TÍTULOS DE CRÉDITO

primeiro se fragmentar, o mesmo não ocorrendo com o segundo, o qual deverá continuar concentrado em mãos de um só empreendedor ou grupo familiar que exerçam, ao mesmo tempo, o controle absoluto das companhias abertas com o mínimo do capital social. Diz o ex-presidente do Banco Central do Brasil – BACEN que "ao adotarmos esse modelo acionário para nossas empresas, acabamos criando um sistema capitalista hereditário e fortemente concentrador".[223]

Para FRANCISCO GROS, "o modelo empresarial por nós adotado funciona perfeitamente bem no início da vida de uma empresa, enquanto o empreendedor a administra. Mas, como todo sistema hereditário, cada sucessão representa uma crise, que freqüentemente ameaça a própria estabilidade da empresa, na medida em que empresários fundadores tenham que passar o bastão de comando a herdeiros que, constantemente, não têm aptidão nem vocação para a gestão do empreendimento",[224] o que inevitavelmente os leva a insolvência, em detrimento dos empregados, da clientela e do investidor sem participação na gestão da empresa.

A *concentração do controle absoluto da empresa*, no sistema por nós adotado, tem dado causa a crises onde o desentendimento familiar dentro do grupo controlador afeta decisivamente os destinos do empreendimento, atingindo tanto os empregados como os investidores, que apesar de não poderem acompanhar a gestão da empresa, são, por vezes, maioria no capital social. Tais circunstâncias enriquecem as argumentações daqueles que, pura e simplesmente, defendem o fim das ações preferenciais, ao ponto de as bolsas de valores do Rio de Janeiro e de São Paulo estarem propondo junto ao governo brasileiro, o seu fim gradual.

Sobre este recente movimento no Brasil para extinguir as ações preferenciais, preferimos adotar a opinião do economista CARLOS AUGUSTO H. BRUM, extraída de seu artigo publicado no *Jornal do Brasil*, de 18 de dezembro de 1989, por ser a que mais se coaduna com a realidade brasileira. Assegura ele que, "mesmo com a faculdade das empresas poderem emitir até 2/3 (dois terços) das ações que compõem o capital em ações preferenciais, o número de empresas abertas no Brasil ainda é muito pequeno. A estatística mostra, inclusive, que o número de empresas que têm fechado o capital é maior das que têm aberto. Portanto, há que se ter muito cuidado com o exame dessa proposição porque, uma vez aprovada,

---

[223] Cf. "Ações Preferenciais e Democratização Gerencial na Empresa". In: *Caderno Especial do SBERJ*, n° 473, Sindicato dos Bancos do Estado do Rio de Janeiro-SBERJ, p. 2 e 3.

[224] Cf. "Ações Preferenciais e Democratização Gerencial na Empresa". In: *Caderno Especial do SBERJ*, n° 473, Sindicato dos Bancos do Estado do Rio de Janeiro-SBERJ, p. 3.

poderá significar um estreitamento ainda maior do nosso mercado de capitais. Considerando-se que as fontes de empréstimos de longo prazo no país ainda são muito limitados e que os volumes disponíveis são absolutamente insuficientes, não se pode, em hipótese alguma, correr-se qualquer risco de se acabar com a única fonte de capitalização ainda existente para as nossas empresas".[225]

Evidentemente, os problemas que aí estão, trazidos pela concentração do controle das empresas nas mãos de um único empreendedor ou grupo familiar, merecem atenção e exigem que sejam adotadas algumas medidas, mas não ao ponto de se propor o fim das ações preferenciais. Posição esta também compartilhada pelo escritor, professor e consultor administrativo de origem austríaca, considerado como o pai da administração moderna, sendo o mais reconhecido dos pensadores do fenómeno dos efeitos da globalização na economia em geral e em particular nas organizações, PETER FERDINAND DRUCKER (Viena, Áustria, 19.11.1909 – Claremont, California, 11.11.2005), o qual, analisando a evolução das ações no mercado norte-americano, concluiu ser incompatível a regra "uma ação, um voto" com a estrutura alcançada pela empresa moderna, especialmente quando rentável. Opina ele que as ações preferenciais devem se equiparar às ordinárias tão-somente quando a empresa não realizar lucros, circunstância que está prevista em nossa lei das sociedades anônimas.[226]

Para tentar contornar tais problemas existem propostas para a solução deles sem chegar radicalmente ao simples fim das ações preferenciais. ARNOLDO WALD propõe que, "num país, como o nosso, em que faltam grandes estruturas societárias abertas, o equilíbrio entre os interesses dos acionistas votantes e não votantes seria obtido mais adequadamente mediante uma garantia adequada do recebimento de um dividendo monetariamente corrigido, uma maior transparência dos negócios sociais e, eventualmente, uma nova recomposição e estrutura do *Conselho de Administração*, que poderia ter maior número de participantes independentes ou até contar com um representante dos acionistas preferenciais, que seria, de fato um observador qualificado presente no colegiado com a finalidade da política industrial ou comercial da

---

[225] BRUM, Carlos Augusto H. "O fim das Ações Preferenciais". In: In: *Caderno Especial da ABERJ*, nº 111 da Associação de Bancos no Estado do Rio de Janeiro – ABERJ, janeiro de 1990, p. 2.

[226] Cf. *The Frontiers of Management: Where Tomorrow's Decisions Are Being Shaped Today*, New York: Harper & Row Publishers, Inc., 1987, p. 247.

AS AÇÕES DAS SOCIEDADES E OS TÍTULOS DE CRÉDITO

sociedade".[227]

UMBERTO NAVARRINI e GABRIELE FAGGELA informam que as ações de gozo tiveram a sua origem e uma particular razão de ser na Alemanha e na Áustria, especialmente nas chamadas sociedades concessionárias. Lembram que se trata de sociedades obrigadas, finda a concessão, a consignar à autoridade concedente os meios e os instrumentos de sua indústria. Era preciso achar o modo de reconstituir a contribuição dos sócios, à medida que os anos passavam, para não fazê-los ficar sem nada no fim da sociedade. Podia-se, para tal fim, ou distribuir, pura e simplesmente, os dividendos aos acionistas, que eram advertidos de que tais dividendos serviam à reconstituição do capital, sistema pouco aconselhável, pela normal imprevidência dos sócios; ou constituir um fundo que, no último dia da concessão, pudesse reembolsar exatamente as ações, sistema que teria, entre outros, os inconvenientes relativos ao modo de fazer render o mesmo fundo, ou, enfim, deixar acumular, por muitos anos, as retiradas e, depois, distribuí-las, chamando sobre elas a atenção especial dos sócios; ou amortizar, sempre com os lucros, periodicamente, certo número de ações, ou seja, como se disse, dar aos seus possuidores uma soma correspondente ao seu valor nominal. Este último é justamente o sistema mais seguido e que conduz melhor ao resultado desejado; e foi aplicando-se este sistema que, não parecendo, e com razão, imprescindível que os acionistas amortizados com os lucros, devam sair da sociedade, como reconhecimento da permanência do vínculo social, se pensou em lhes conceder títulos que dessem as vantagens mencionadas: e foram as ações de gozo. Mas o sistema de amortização e a emissão de ações de gozo passaram bem depressa também para as sociedades comuns; se desapareceu o motivo que uma e outra haviam feito surgir, um outro motivo se substituiu. Ambos os institutos têm agora somente o escopo de atrair mais facilmente os sócios, porque eles têm assim a possibilidade de recuperar o valor nominal de sua ação, mesmo continuando, também sucessivamente, a tomar parte no destino da sociedade.[228]

Na Itália, por exemplo, entre as sociedades que estabeleceram a emissão de ações de gozo, destacou-se a sociedade anônima de *Estradas de Ferro Adriático-Apentino*, criada em 01.09.1906. Tais ações (certificados de gozo) davam direito à participação na Assembleia, aos dividendos e a uma

---

[227] Cf "Em Defesa das Ações Preferenciais". In: *Caderno Especial da ABERJ*, nº 111 da Associação de Bancos no Estado do Rio de Janeiro – ABERJ, janeiro de 1990, p. 12.

[228] Cf *Das Sociedades e das Associações Comerciais*, vol. II, Rio de Janeiro, José Konfino Editor, 1950, p. 414 e 415.

parte do capital social depois da repartição das ações não sorteadas.[229]

Com o passar do tempo, conceituaram-se as ações de gozo, em vários países da Europa, como ações pelas quais normalmente se substituem as ações ordinárias, depois que estas, seguindo-se um plano previamente determinado e geralmente por sorteio, são amortizadas, ou seja, quando se deu aos seus possuidores uma soma igual ao seu valor nominal, tirada dos lucros anuais da sociedade.[230]

Nossa lei anterior também adotou o sistema das ações de gozo e a lei atual trouxe, como inovação, a denominação de "ações de fruição" para esta espécie de ação. Portanto, as ações integralmente amortizadas poderão ser substituídas por ações de gozo ou fruição, com as restrições fixadas pelo estatuto ou pela assembleia geral que deliberar a amortização; em qualquer caso, ocorrendo liquidação da companhia, as ações amortizadas só concorrerão ao acervo líquido depois de assegurado às ações não amortizadas valor igual ao da amortização, corrigido monetariamente.[231]

Devemos esclarecer que esta amortização se refere apenas à parcela do capital a que corresponde a ação (ordinária ou preferencial) objeto da amortização, não tendo, conseqüentemente, o possuidor da ação de gozo ou de fruição nada para receber, a título de capital, em caso de liquidação da sociedade. Porém, como ressalta RUBENS REQUIÃO, "concorrem essas ações ao acervo líquido - ao produto final da sociedade - após pago aos acionistas o valor de suas ações não-amortizadas, com correção monetária".[232]

A amortização ou a substituição por ações de fruição não retiram o direito de o acionista participar dos lucros sociais; participar do acervo da companhia, em caso de liquidação; fiscalizar, na forma prevista em lei, a gestão dos negócios sociais; preferência para subscrição de ações, partes beneficiárias conversíveis em ações, debêntures conversíveis em ações e bônus de subscrição; e, também, de retirar-se da sociedade nos casos previstos em lei. Isto porque, pelo art. 109 da Lei n° 6.404, de 15.12.1976 (*Lei das Sociedades por Ações*),[233] tais direitos são assegurados a todos os

---

[229] NAVARRINI, Umberto & FAGGELA, Gabriele. *Das Sociedades e das Associações Comerciais*, vol. II, Rio de Janeiro, José Konfino Editor, 1950, p. 415.

[230] Cf Umberto Navarrini &, Gabriele Faggela, *op. cit.*, p. 413.

[231] REQUIÃO, Rubens *Curso de Direito Comercial*, 2° vol., 13ª ed., São Paulo, Editora Saraiva, 1984, p. 78.

[232] Cf. *Curso de Direito Comercial*, 2° vol., 13ª ed., São Paulo, Editora Saraiva, 1984, p. 78.

[233] "Art. 109. Nem o estatuto social nem a assembleia-geral poderão privar o acionista dos direitos de: I- participar dos lucros sociais; II- participar do acervo da companhia, em caso de liquidação; III- fiscalizar, na forma prevista nesta Lei, a

AS AÇÕES DAS SOCIEDADES E OS TÍTULOS DE CRÉDITO

acionistas.

Muitas discussões ocorreram a respeito da preservação de direitos do acionista quando suas ações ordinárias preferenciais foram substituídas por ações de gozo ou fruição, pois encerra-se aí sua participação no capital da sociedade propriamente dito. Porém, atualmente, é bem aceito o entendimento de que, havendo direitos sobre o acervo líquido da companhia, em caso de liquidação, existe legitimidade suficiente na participação do acionista nas Assembleias etc. Este entendimento vem, aos poucos, tomando forma. ERCOLE VIDARI, por exemplo, observa que, em geral, aos titulares das ações de gozo ou fruição é conferida "certa participação nos lucros e como quem as possui permanece com a qualidade de sócio pode vir a receber, na liquidação, o remanescente do capital social, após o pagamento das dívidas e do reembolso de todas as ações".[234]

Ao analisarmos a questão da amortização, devemos atentar para o fato de que uma das qualidades marcantes das ações é a incerteza quanto ao retorno do título pela companhia, simplesmente porque não há obrigação nesse sentido antes da liquidação da sociedade.

Certeza, no caso, é a convicção que se tem de que algo ocorrerá em determinado momento, ou de que algo deve ser feito em determinado momento. Certeza é o conhecimento do momento de pagamento do valor do título pela companhia. Portanto, as ações são incertas tanto em relação ao pagamento integral de seu valor, como em relação ao recebimento de dividendos, pois uma companhia pode levar décadas para ser liquidada, ou levar muito tempo não apresentando lucros em seu balanço patrimonial e financeiro.

Como vimos anteriormente, a certeza é requisito básico dos títulos de crédito em geral, pois a literalidade tem por função emprestar ao título de crédito liquidez, certeza e segurança. Em outras palavras, o vencimento, ordinário ou extraordinário, para exigência do título de crédito é uma característica que não pode, de modo algum, ser simplesmente eliminada. Mesmo quando entre credor e devedor não se tenha estabelecido um

---

gestão dos negócios sociais; IV- preferência para a subscrição de ações, partes beneficiárias conversíveis em ações, debêntures conversíveis em ações e bônus de subscrição, observado o disposto nos artigos 171 e 172; V- retirar-se da sociedade nos casos previstos nesta Lei.
§1º. As ações de cada classe conferirão iguais direitos aos seus titulares.
§2º. Os meios, processos ou ações que a lei confere ao acionista para assegurar os seus direitos não podem ser elididos pelo estatuto ou pela assembleia-geral.
§3º. O estatuto da sociedade pode estabelecer que as divergências entre os acionistas e a companhia, ou entre os acionistas controladores e os acionistas minoritários, poderão ser solucionadas mediante arbitragem, nos termos em que especificar (incluído pela Lei nº 10.303, de 31.10.2001)".
[234] Cf. *Corso di Diritto Commerciale.*, vol. II, Milano: Ulrico Hoepli, 1896, nº 919.

vencimento, ainda assim ele existirá; no caso, presumir-se-á ser à vista. Em relação às ações, não existe vencimento, pois a natureza desse título é a participação societária e não, o crédito.

Há quem sustente, impropriamente, que o vencimento das ações é a liquidação da sociedade; extraordinário, portanto. Porém, não se trata de vencimento, ao nosso ver; e, mesmo que fosse, o vencimento, para ser extraordinário, tem, obrigatoriamente, que ocorrer, incidentalmente, antes do vencimento ordinário ajustado entre as partes. Quando não há vencimento ordinário, não tem cabimento atribuir-se um vencimento extraordinário, seguindo, a rigor, o sentido da palavra.

Assim, entre inúmeras razões, mais uma se apresenta para não considerarmos as ações documentos cambiais ou cambiariformes.

Finalmente, antes de adentrarmos ao estudo das formas em que as ações podem se apresentar, merece comentário a recente criação de uma nova espécie de ação no nosso direito. Trata-se de "ação de classe especial", criada pela Lei n° 8.031, de 12.04.1990, que instituiu o *Programa Nacional de Desestatização*.[235]

Em discurso proferido na abertura do seminário "A política de privatização no Brasil Novo", realizado em 31.07.90, comentava MARIO AMATO, Presidente da Federação das Indústrias do Estado de São Paulo-FIESP, que "em todo o mundo os processos de privatização vêm avançando à passos firmes, avançando rumo à modernidade. Em países tão díspares como a Inglaterra, a Nigéria, o México, a Polônia, a Tunísia e, agora, o Brasil, as autoridades parecem ter se conscientizado da necessidade de se transferir empresas estatais para o setor privado. Existe, no Brasil, uma grande tarefa a ser cumprida nos setores sociais e de infraestrutura; não faz sentido desperdiçar recursos e trabalho para manter uma série de empresas públicas deficitárias que nada têm a ver com as funções e as tarefas estatais. Apesar de a privatização no país envolver uma gama de dificuldades adicionais, além dos já tradicionais obstáculos encontrados em todos os processos semelhantes, parece que a vigência da Lei n° 8.031, de 12.04.1990, não será mais uma das poucas e tímidas tentativas de privatização, que ocorreram sempre de maneira errada e em ritmo inadequado para nossas necessidades".[236]

Com a política de privatização levada a efeito por vários governos,

---

[235] "Art. 8°. Sempre que houver razões que o justifiquem, a União deterá, direta ou indiretamente, *ações de classe especial do capital social de empresas privatizadas*, que lhe confiram poder de veto em determinadas matérias, as quais deverão ser caracterizadas nos estatutos sociais das empresas, de acordo com o estabelecido no art. 6°, inciso XIII e §§ 1° e 2° desta lei".

[236] Cf. Caderno Especial da ABERJ, n° 128, Associação de Bancos no Estado do Rio de Janeiro - ABERJ.

AS AÇÕES DAS SOCIEDADES E OS TÍTULOS DE CRÉDITO

quer de países desenvolvidos, quer de países subdesenvolvidos, surgiram títulos especiais, como os certificados de investimentos, os certificados de direito de voto e os títulos participativos, na França e as *golden shares* na Inglaterra, evidenciando a necessidade de uma pluralidade de instrumentos para atender às finalidades do mercado.[237]

No Brasil, inspirando-se nas *golden shares*, a Lei n° 8.031, de 12.04.1990, autorizou a União Federal a deter, direta ou indiretamente, sempre que houver razões que justifiquem, *ações de classe especial* do capital social de empresas privatizadas, que lhe confiram poder de veto em determinadas matérias, as quais deveriam ser caracterizadas nos estatutos sociais das empresas. As *ações de classe especial* foram criadas por sugestão de uma *Comissão Diretora do Programa Nacional de Desestatização* e somente podiam ser subscritas pela União (§2° do art. 6° da Lei n° 8.031, de 12.04.1990).[238]

---

[237] WALD, Arnoldo "Em Defesa das Ações Preferenciais". In: *Caderno Especial da ABERJ*, n° 111 da Associação de Bancos no Estado do Rio de Janeiro – ABERJ, janeiro de 1990, p. 9.

[238] "Art. 6° Compete à Comissão Diretora do Programa Nacional de Desestatização: I- propor ao Presidente da República a inclusão de empresas no Programa Nacional de Desestatização; II- propor ao Presidente da República a instituição pública a ser designada gestora do Fundo Nacional de Desestatização; III- submeter, anualmente, ao Presidente da República o cronograma de execução do Programa Nacional de Desestatização; IV- divulgar o cronograma de execução do Programa Nacional de Desestatização; V- coordenar, supervisionar e fiscalizar a execução do Programa Nacional de Desestatização; VI- aprovar ajustes de natureza operacional, contábil ou jurídica, bem como o saneamento financeiro de empresas, que sejam necessários à implantação dos processos de alienação; VII- aprovar as condições gerais de venda das ações representativas do controle acionário, das participações minoritárias e de outros bens e direitos, aí se incluindo o preço mínimo dos bens ou valores mobiliários a serem alienados; VIII- aprovar a destinação dos recursos provenientes das alienações, previstas no art. 15; IX- aprovar as formas de pagamento das alienações previstas no art. 16; X- deliberar sobre o disposto no inciso X do art. 13; XI- fiscalizar a estrita observância dos princípios e regras consagrados nesta lei e assegurar a rigorosa transparência dos processos de alienação, nos termos do art. 11; XII- apreciar as prestações de contas de instituição gestora do Fundo Nacional de Desestatização relativas a cada processo; XIII- sugerir a criação de ações de classe especial e as matérias que elas disciplinarão, nas condições fixadas nos §§ 1° e 2° deste artigo; XIV- expedir normas e resoluções necessárias ao exercício de sua competência; XV- publicar relatório anual detalhado de suas atividades e resultados, contendo, necessariamente, as seguintes informações: a) relação das empresas a serem privatizadas e das já privatizadas; b) justificativa da privatização, indicando o percentual do capital com direito a voto em geral, alienado ou a ser alienado; c) data e ato que determinou a constituição de empresa originalmente estatal ou data, ato e

AMÉRICO LUIS MARTINS DA SILVA

Da mesma forma que as *golden shares*, as *ações de classe especial* davam ao poder público o privilégio de influenciar, através do veto, nas decisões das empresas, mesmo depois de privatizadas, fato que as distinguia das demais espécies de ações previstas por nossa da Lei n° 6.404, de 15.12.1976 (*Lei das Sociedades por Ações*). Inclusive, em 07.03.1994, a *Comissão Diretora do Programa Nacional de Desestatização-PND* anunciou que seriam ofertados em leilão, na *Bolsa de Valores de São Paulo-BOVESPA*, 60% (sessenta por cento) do capital da *Empresa Brasileira de Aeronáutica-EMBRAER*. A privatização seria concluída se fossem vendidos 85% (oitenta e cinco por cento) do lote ofertado, que correspondia a 51% (cinquenta e um por cento) do capital da empresa. A *União Federal/Ministério da Aeronáutica* permaneceria com 20% (vinte por cento) das ações da companhia; os empregados teriam direito a 10% (dez por cento) e o restante seria vendido em oferta pública. Além disso, a *Comissão* anunciou, também, que, pela primeira vez no programa de privatização, seriam utilizadas as ações especiais, ou seja, o *Ministério da Aeronáutica* teria direito as ações especiais, que dão poder de veto em questões consideradas estratégicas como mudança de razão social, alteração e criação de programas militares, bem como transferência de controle acionário. Segundo a referida *Comissão*, a utilização das ações especiais nesse caso se devia ao fato de a *Empresa Brasileira de Aeronáutica-EMBRAER* ser considerada uma empresa estratégica no setor de aviação.[239]

Posteriormente, a Lei n° 8.031, de 12.04.1990, foi revogada pela Lei n° 9.491, de 09.09.1997 (altera procedimentos relativos ao Programa Nacional de Desestatização, revoga a Lei n° 8.031, de 12 de abril de 1990, e

---

motivos de sua estatização; d) passivo da empresa, seu desdobramento no tempo, indicando os responsáveis pelo passivo após a privatização; e) situação econômico-financeira de cada empresa, resultados operacionais dos últimos três exercícios: endividamento interno e externo, pagamentos de dividendos ao Tesouro Nacional e recebimento de recursos do Governo Federal e patrimônio líquido; f) indicação da utilização dos recursos obtidos ou a obter com a privatização; g) informação sobre a existência de controle de preços sobre produtos e serviços da empresa e sua variação nos últimos exercícios, comparados com os índices de inflação; h) descrição do volume de investimentos feitos pelo Governo Federal ou suas entidades na empresa e retorno financeiro da privatização; i) número de empregados e perspectiva de manutenção no número de empregados após a privatização; j) resumo do estudo econômico e avaliação da empresa: preço total e valor da ação; e l) especificação da forma operacional da privatização e sua justificação, com explicação da exclusão da pulverização de ações, quando for o caso.

§1°> (Vetado).

§2°. *A ação de classe especial somente poderá ser subscrita pela União*".

[239] Cf. Embraer irá a leilão dia 20 de maio na Bovespa". In: *Jornal O Globo*, Rio de Janeiro: 08.03.1994. Caderno "Economia", p. 26.

AS AÇÕES DAS SOCIEDADES E OS TÍTULOS DE CRÉDITO

dá outras providências), a qual se encontra em vigor até os dias atuais.
No entanto, a Lei n° 9.491, de 09.09.1997, manteve a "ação de classe especial" como instrumento do *Programa Nacional de Desestatização* (alínea "d" do *caput* do art. 6°).[240] De maneira que esta modalidade de ação

---

[240] "Art. 6°. Compete ao Conselho Nacional de Desestatização: I- recomendar, para aprovação do Presidente da República, meios de pagamento e inclusão ou exclusão de empresas, inclusive instituições financeiras, serviços públicos e participações minoritárias, bem como a inclusão de bens móveis e imóveis da União no Programa Nacional de Desestatização (redação dada pela Medida Provisória n° 2.161-35, de 23.08.2001); II- aprovar, exceto quando se tratar de instituições financeiras: a) a modalidade operacional a ser aplicada a cada desestatização; b) os ajustes de natureza societária, operacional, contábil ou jurídica e o saneamento financeiro, necessários às desestatizações; c) as condições aplicáveis às desestatizações; d) *a criação de ação de classe especial, a ser subscrita pela União; e)a fusão, incorporação ou cisão de sociedades e a criação de subsidiária integral, necessárias à viabilização das desestatizações*; f) a contratação, pelo Gestor do Fundo Nacional de Desestatização, de pareceres ou estudos especializados necessários à desestatização de setores ou segmentos específicos. g) a exclusão de bens móveis e imóveis da União incluídos no PND (incluída pela Medida Provisória n° 2.161-35, de 23.08.2001). III- determinar a destinação dos recursos provenientes da desestatização, observado o disposto no art. 13 desta Lei; IV- expedir normas e resoluções necessárias ao exercício de sua competência; V- deliberar sobre outras matérias relativas ao Programa Nacional de Desestatização, que venham a ser encaminhadas pelo Presidente do Conselho; VI- fazer publicar o relatório anual de suas atividades. VII- estabelecer as condições de pagamento à vista e parcelado aplicáveis às desestatizações de bens móveis e imóveis da União (incluída pela Medida Provisória n° 2.161-35, de 23.08.2001).
§1°. Na desestatização dos serviços públicos, o Conselho Nacional de Desestatização deverá recomendar, para aprovação do Presidente da República, o órgão da Administração direta ou indireta que deverá ser o responsável pela execução e acompanhamento do correspondente processo de desestatização, ficando esse órgão, no que couber, com as atribuições previstas no art. 18 desta Lei.
§2°. O Conselho Nacional de Desestatização poderá baixar normas regulamentadoras da desestatização de serviços públicos, objeto de concessão, permissão ou autorização, bem como determinar sejam adotados procedimentos previstos em legislação específica, conforme a natureza dos serviços a serem desestatizados.
§3°. A desestatização de empresas de pequeno e médio portes, conforme definidas pelo Conselho Nacional de Desestatização, poderá ser coordenada pelo Departamento de Coordenação e Controle das Empresas Estatais, da Secretaria-Executiva do Ministério do Planejamento, Orçamento e Gestão, competindo-lhe, no que couber, as atribuições previstas no art. 18 desta Lei (redação dada pela Medida Provisória n° 2.161-35, de 23.08.2001).
§4°. Compete ao Presidente do Conselho Nacional de Desestatização: a) presidir as reuniões do Conselho; b) coordenar e supervisionar a execução do Programa

ainda é prevista na nossa legislação de privatização.

Nacional de Desestatização; c)encaminhar à deliberação do Conselho as matérias previstas no caput e nos §§ 1°, 2° e 3° deste artigo; d)requisitar aos órgãos competentes a designação de servidores da Administração Pública direta e indireta, para integrar os grupos de trabalho de que trata o inciso III do art. 18 desta Lei.
§5°. A desestatização de instituições financeiras será coordenada pelo Banco Central do Brasil, competindo-lhe, nesse caso, exercer, no que couber, as atribuições previstas no art. 18 desta Lei.
§6°. A competência para aprovar as medidas mencionadas no inciso II deste artigo, no caso de instituições financeiras, é do Conselho Monetário Nacional, por proposta do Banco Central do Brasil.
§7°. Fica a União autorizada a adquirir ativos de instituições financeiras federais, financiar ou garantir os ajustes prévios imprescindíveis para a sua privatização, inclusive por conta dos recursos das Reservas Monetárias, de que trata o art. 12, da Lei n° 5.143, de 20 de outubro de 1966, com a redação dada pelo art. 1° do Decreto-Lei n° 1.342, de 28 de agosto de 1974.
§8°. O disposto no parágrafo anterior se estende às instituições financeiras federais que, dentro do Programa Nacional de Desestatização, adquiram ativos de outra instituição financeira federal a ser privatizada, caso em que fica, ainda, a União autorizada a assegurar à instituição financeira federal adquirente: a)a equalização da diferença apurada entre o valor desembolsado na aquisição dos ativos e o valor que a instituição financeira federal adquirente vier a pagar ao Banco Central do Brasil pelos recursos recebidos em linha de financiamento específica, destinada a dar suporte à aquisição dos ativos, aí considerados todos os custos incorridos, inclusive os de administração, fiscais e processuais; b) a equalização entre o valor despendido pela instituição financeira federal na aquisição dos ativos e o valor efetivamente recebido em sua liquidação final; c)a assunção, pelo Tesouro Nacional, da responsabilidade pelos riscos de crédito dos ativos adquiridos na forma deste parágrafo, inclusive pelas eventuais insubsistências ativas identificadas antes ou após havê-los assumido, respondendo, ainda, pelos efeitos financeiros referentes à redução de seus valores por força de pronunciamento judicial de qualquer natureza.
§9°. A realização da equalização ou assunção pelo Tesouro Nacional, de que trata o parágrafo anterior, dar-se-ão sem prejuízo da responsabilidade civil e penal decorrente de eventual conduta ilícita ou gestão temerária na concessão do crédito pertinente.
§10. Fica a Agência Nacional de Energia Elétrica - ANEEL autorizada a anuir com a repactuação, que venha a gerar benefícios potenciais à prestação do serviço público de distribuição de energia, de dívidas setoriais em moeda estrangeira, das empresas incluídas no Programa Nacional de Desestatização - PND, para que seja convertida em moeda nacional, com remuneração mensal pela variação da taxa do Sistema Especial de Liquidação e Custódia - SELIC e prazo máximo de cento e vinte meses considerando períodos de carência e de amortização (incluído pela Lei n° 13.182, de 03.11.2015).
§11. Será considerado como data-base da repactuação de que trata o § 10 o primeiro dia útil do ano em que se deu a inclusão da empresa no PND (incluído pela Lei n° 13.182, de 03.11.2015)".

4.3 AÇÕES NOMINATIVAS, AÇÕES ENDOSSÁVEIS, AÇÕES AO PORTADOR E AÇÕES ESCRITURAIS

A nossa lei que rege as sociedades anônimas, da mesma forma que outras leis e códigos estrangeiros, contém prescrições sobre o conteúdo formal dos *títulos* ou *certificados de ações*. A exemplo do que observam UMBERTO NAVARRINI e GABRIELE FAGGELA, sem reproduzir tudo quanto diz respeito ao estatuto da sociedade, o que traria mais embaraço do que uma vantagem, devem neles constar, por um lado, as indicações que facilitam ao possuidor ter conhecimento completo do estatuto e saber se foram satisfeitas as formalidades para a regular constituição e que, por outro lado, contenham elementos suficientes sobre os seus pontos mais importantes.[241]

É com intenção de atender a esses objetivos que a Lei nº 6.404, de 15.12.1976 (*Lei das Sociedades por Ações*), impõe que o *certificado de ações* contenha a denominação da companhia, sua sede e prazo de duração; o valor do capital social, a data do ato que o tiver fixado, o número de ações em que se divide e o valor nominal das ações, ou a declaração de que não têm valor nominal; nas companhias com capital autorizado, o limite da autorização, em número de ações ou valor do capital social; o número de ações ordinárias e preferenciais conferidas a cada classe e as limitações ou restrições a que as ações estiverem sujeitas; o número de ordem do certificado e da ação e a espécie e classe a que pertence; os direitos conferidos às partes beneficiárias, se houver; a época e o lugar da reunião da assembleia geral ordinária; a data da constituição da companhia e do arquivamento e publicação de seus atos constitutivos; o nome do acionista ou a cláusula ao portador; a declaração de sua transferibilidade mediante endosso, se endossável; o débito do acionista e a época e lugar de seu pagamento, se a ação não estiver integralizada; e a data da emissão do certificado e as assinaturas de dois diretores, ou do agente emissor de certificados.

Até o advento da Lei nº 8.021, de 12.04.1990 (dispõe sobre a identificação dos contribuintes para fins fiscais, e dá outras providências), quanto à forma, as *ações sociais* podiam ser *nominativas, endossáveis* ou *ao*

---

[241] Cf. *Das Sociedades e das Associações Comerciais*, vol. II, Rio de Janeiro, José Konfino Editor, 1950, p. 388.

portador, porém, atualmente, só é permitida a emissão de *ações nominativas* (art. 4°).[242] Além dessas formas, a nossa Lei n° 6.404, de 15.12.1976 (*Lei das Sociedades por Ações*), permitiu que as ações se apresentassem ainda sob uma outra forma, dispensando-se a emissão do correspondente certificado (título), ou seja, apenas escritural,. Apesar de não estar enumerada no art. 20 da Lei n° 6.404, de 15.12.1976, onde foram especificadas em classificação, acompanhamos o entendimento de RUBENS REQUIÃO no sentido de que "não há dúvida, porém, que as *ações escriturais* constituem uma forma de que as ações se podem revestir, não constando da enumeração daquele preceito legal, ao que parece, por simples omissão do legislador".[243] Realmente as ações escriturais constituem uma forma do título de participação. Entretanto, nem todos os autores acreditam que tenha sido uma mera omissão do legislador não incluí-la no art. 20 da Lei n° 6.404, de 15.12.1976. Por exemplo, na opinião de JOSÉ EDWALDO TAVARES BORBA, "ao excluir a *ação escritural* do artigo que trata da forma das ações, talvez o legislador tenha agido intencionalmente, movido pela ideia de que *ação escritural* não é senão uma *variante da ação nominativa*, uma vez que em ambas a propriedade decorre de um registro".[244]

Assim podemos dizer que, quanto à forma, as *ações* classificam-se em: 1) *ações nominativas*; 2) *ações endossáveis*; 3) *ações ao portador*; e 4) *ações escriturais*.

Ao fazermos uma verificação histórica, constatamos que as *ações ao portador* foram introduzidas no mercado mobiliário pelas companhias em época mais recente que as *ações nominativas*. As primeiras ações a serem usadas, pelo que até hoje foi dito, foram, sem dúvida, as *ações nominativas*, pois nas grandes companhias da Holanda, França e Bélgica, até o século passado, só encontravam tais formas de ações.[245] As *ações ao portador* começaram a ser usadas somente no século XVII e, mesmo assim, cercando-se de cautelas mais ou menos rigorosas a sua emissão,[246] pois, se por um lado tinham a vantagem de diminuir o grave embaraço que havia para as negociações, por outro lado foi objeto de muita polêmica a sua

---

[242] "Art. 4° O art. 20 da Lei n° 6.404, de 15 de dezembro de 1976, passa a vigorar com a seguinte redação: "Art. 20. As ações devem ser nominativas".

[243] Cf. *Curso de Direito Comercial*, 2° vol., 13ª ed., São Paulo, Editora Saraiva, 1984, p. 78.

[244] Cf. *Direito Societário*, Rio de Janeiro, Livraria e Editora Freitas Bastos, 1986, p. 167 e 168.

[245] WAHL, Albert. *Traité Théorique et Pratique des Titres au Porteur Français et Étrangers*, vol. I, Paris, Librairie Nouvelle de Droit et de Jurisprudence, Arthur Rousseau, 1891, p. 89, 152-154 e segs.

[246] BRUSCHETTINI, Arnaldo. *Trattato dei Titoli al Portatore*, Turim, Fratelli Bocca Editori, 1898, p. 270.

AS AÇÕES DAS SOCIEDADES E OS TÍTULOS DE CRÉDITO

existência e a extensão até elas dos direitos das ações nominativas. CESARE VIVANTE, por exemplo, apesar de muito criticado, chegou ao extremo de propor a abolição das ações ao portador, pois, para ele, além das outras vantagens secundárias, ter-se-ia a fundamental de desencorajar o capital estrangeiro de investir em território italiano, nas indústrias, ter-se-ia maior sinceridade nas assembleias, particularmente para tornar mais eficaz a ação de responsabilidade contra os administradores, o que constitui o fecho da abóbada do edifício das sociedades por ações.[247] Porém muitos autores posteriores, ainda que concordando com a necessidade de limitar ou de submeter a condições o direito dos possuidores de ações ao portador de participar das assembleias, defenderam ser desaconselhável a supressão das ações ao portador, pois, como no caso italiano, pondo à parte outras reflexões, a supressão teria a indiscutível desvantagem de afastar não somente os capitais estrangeiros mas também o próprio capital nacional.[248]

Nesse particular, nossa Lei nº 6.404, de 15.12.1976 (*Lei das Sociedades por Ações*), optou pela limitação dos direitos quando estabeleceu que somente os titulares de ações nominativas endossáveis e escriturais poderão exercer o direito de voto, salvo os titulares de ações preferenciais ao portador que adquiriram o direito de voto em vista de a companhia ter deixado de pagar os dividendos por mais de três exercícios consecutivos.

Outro aspecto importante que devemos ressaltar reside no fato de que, como lembra JOSÉ EDWALDO TAVARES BORBA, a forma das ações encontra-se diretamente relacionada aos processos de circulação ou transferência das participações.[249] Assim, cada forma de ação está ajustada a uma modalidade diferente de transferência dos direitos.

As ações nominativas, como o próprio termo diz, são aquelas em cujo título constam expressamente o nome do possuidor ou acionista, nome este que também é lançado no registro das ações nominativas mantido pela companhia. No mesmo sentido, ROBERTO BARCELLOS DE MAGALHÃES as definiu como "aquelas cuja propriedade resulta do registro do nome do seu titular no livro de registro de ações nominativas, e cuja transferência se opera por termo nesse mesmo livro".[250]

Nesta parte do estudo, devemos distinguir os *títulos nominativos* e os

---

[247] Cf. "Nueva Antologia". In: *Rivista del diritto commerciale e del diritto generale delle obbligazioni*, Cesare Vivante e Angelo Sraffa (org.), vol. I, Milão: Casa Editrice Dottor Francesco Vallardi, 1916, p. 637.

[248] NAVARRINI, Umberto & FAGGELA, Gabriele. *Das Sociedades e das Associações Comerciais*, vol. II, Rio de Janeiro, José Konfino Editor, 1950, p. 401.

[249] Cf. *Direito Societário*, Rio de Janeiro, Livraria e Editora Freitas Bastos, 1986, p. 167.

[250] Cf. *A Nova Lei das Sociedades por Ações Comentada*, vol. I, Rio de Janeiro: Livraria e Editora Freitas Bastos, 1977, p. 176.

títulos nominais. Os *títulos nominativos* são os títulos emitidos em favor de determinadas pessoas, inscritas nominalmente no registro do instituto emissor e transferíveis por meio de termo passado em livro próprio, ou por ato especial de cessão, seguidos um e outro da inscrição de novos titulares naquele registro [251] ou, em outros termos, na expressão do construtor da *teoria dos títulos nominativos*, os títulos designados a uma pessoa determinada, cuja transferência somente é perfeita quando se faz o registro no livro do devedor.[252] Os *títulos nominativos* são entre nós transferidos por termos e assentos nos livros do instituto emissor e não mediante ato especial de cessão no próprio título e as suas espécies mais conhecidas são as apólices de dívida pública interna federal, estadual ou municipal, as ações das sociedades anônimas, em comandita por ação e cooperativas.[253]

FRANCISCO MESSINEO escreveu a respeito que "os *títulos à ordem* e *ao portador* são literais em antítese aos *títulos nominativos*, e isso porque os primeiros, em antítese aos segundos, são necessários e suficientes para exercer o direito neles mencionado".[254] Assim em antítese aos *títulos nominativos*, os *títulos nominais* são os títulos emitidos em favor de determinadas pessoas, inscritas nominalmente no próprio título, ou seja, o nome da pessoa favorecida consta apenas na própria cártula, e transferíveis por meio de mero endosso. Os *títulos nominais* são entre nós transferidos por endosso e as suas espécies mais conhecidas são a letra de câmbio, a nota promissória e o cheque (cambiais), bem como a duplicata de fatura (cambiariforme).

Por disposição legal, a *propriedade das ações nominativas* é presumida pelo que consta no registro mantido pela companhia, sendo irrelevante, pois, a posse do título para se estabelecer a propriedade. A propriedade, no caso, funciona como acontece com o registro de imóveis. Lembra JOSÉ EDWALDO TAVARES BORBA que "se o título de que decorre o registro for nulo ou viciado, este também o será, podendo ser desconstituído".[255]

Em caso de venda ou cessão, a transferência das ações nominativas se opera pela inscrição do adquirente no livro de transferência de ações

---

[251] MENDONÇA, José Xavier Carvalho de. *Tratado do Direito Comercial Brasileiro*, vol. V, parte II, 3ª ed., Rio de Janeiro: Livraria Editora Freitas Bastos, 1938, p. 69.

[252] VIVANTE, Cesare *Trattato di Diritto Commerciale*, volume III ("Le Cose"), 4ª ed., Milão: Casa Editrice Dottor Francesco Vallardi, 1914, p. 206.

[253] RUSSEL, Alfredo. *Curso de Direito Comercial Brasileiro*, tomo segundo, 2ª ed., Rio de Janeiro: Editor Jacintho Ribeiro dos Santos, 1929, p. 69.

[254] MESSINEO, Francesco. *Titoli di Credito*, vol. I, Pádua: Casa Editrice Dott. Antonio Milani – CEDAM, 1928, p. 9 e 34.

[255] Cf. *Direito Societário*, Rio de Janeiro, Livraria e Editora Freitas Bastos, 1986, p. 167, p. 168.

AS AÇÕES DAS SOCIEDADES E OS TÍTULOS DE CRÉDITO

nominativas, através de um termo, que é lavrado no próprio livro, datado e assinado pelo proprietário e pelo adquirente ou por seus representantes. É oportuno ressaltar que as sociedades corretoras e a caixa de liquidação da bolsa de valores, nas operações feitas no mercado mobiliário, têm a representação legal do adquirente.

Acrescenta RUBENS REQUIÃO que, "em caso de transmissão decorrente de sucessão universal ou legado, de arrematação, adjudicação ou outro ato judicial, ou por qualquer outro título, somente se fará a transferência mediante averbação naquele livro, à vista de documento hábil, que ficará arquivado na companhia".[256]

A lei determina que algumas sociedades emitam somente *ações nominativas* em vista da atividade para a qual foram constituídas. Entre elas, estão as empresas jornalísticas, de radiodifusão e televisão; as empresas de mineração, de navegação, de cabotagem e as sociedades de loteamento rural (arts. 12 e 13 do Decreto nº 74.965, de 26.11.1974, que regulamenta a Lei nº 5.709, de 07.10.1971, que dispõe sobre a aquisição de imóvel rural por estrangeiro residente no País ou pessoa jurídica estrangeira autorizada a funcionar no Brasil.).[257]

Sobre as *ações nominativas*, resta ainda colocar que JOSÉ EDWALDO TAVARES BORBA nos chama a atenção para o fato de que todos os nomes dos titulares dessas ações são conhecidos pela companhia,

---

[256] Cf. *Curso de Direito Comercial*, 2º vol., 13ª ed., São Paulo, Editora Saraiva, 1984, p. 79.

[257] "Art. 12. A pessoa jurídica que pretender aprovação de projeto deverá apresentá-lo ao órgão competente, instruindo o pedido com documentos que provem: a) a área total do município, onde se situa o imóvel a ser adquirido; b) a soma das áreas rurais transcritas em nome de estrangeiros, no município, por grupos de nacionalidade; c) o assentimento prévio da Secretaria Geral do Conselho de Segurança Nacional, no caso de o imóvel situar-se em área considerada indispensável à segurança nacional; d) o arquivamento do contrato social ou estatuto no Registro de Comércio; e) *a adoção de forma nominativa de suas ações, feita por certidão do Registro de Comércio, nas hipóteses previstas no artigo 13 deste regulamento.*
Parágrafo único. Observar-se-á o mesmo procedimento nos casos previstos no § 3º, do artigo 5º, deste regulamento, hipótese em que o projeto, depois da manifestação do Ministério da Agricultura, será encaminhado ao Presidente da República para decisão.

Art. 13. *Adotarão obrigatoriamente a forma nominativa as ações de sociedades anônimas*: I- *Que se dediquem a loteamento rural*; II- *Que explorem diretamente áreas rurais*; III- *Que sejam proprietárias de imóveis rurais não-vinculados a suas atividades estatutárias.*
Parágrafo único. A norma deste artigo não se aplica às autarquias, empresas públicas e sociedades de economia mista, mencionadas, no artigo 4º do Decreto-lei nº 200, de 25 de fevereiro de 1967, com a redação que foi dada pelo Decreto-lei nº 900 de 29 de setembro de 1967".

pois constam em registro. "Assim, para que esses acionistas exerçam direito perante a sociedade, até mesmo o de voto, bastará a simples identificação"; "os dividendos poderão ser pagos através, inclusive, de crédito em conta corrente bancária, ou de cheque nominativo remetido por via postal, pois, sendo os acionistas certos e determinados, o pagamento independerá de qualquer habilitação prévia, ou da apresentação de cautelas, certificados ou cupons" e as bonificações ou cotas de participação na incorporação de reservas ou lucros acumulados ao capital "serão automaticamente lançadas, independente de qualquer manifestação do acionista, no livro de registro".[258]

As *ações endossáveis* são aquelas cuja propriedade pode ser transferida apenas pelo endosso ou por averbação no *livro de ações endossáveis*. Entende-se por endosso o meio para transferir o direito sobre o título.[259] No caso das ações, ao endossar, o acionista transfere ao adquirente o título e, em consequência, os direitos que ele representa.[260]

É permitida a emissão de ações endossáveis não apenas no Brasil, mas também em outros países. Na opinião de WILSON DE SOUZA CAMPOS BATALHA, "para obviar às dificuldades de transferência das ações nominativas e aos inconvenientes vários que apresentam as ações ao portador, admitem-se as ações endossáveis".[261] Por isso mesmo, na verdade, sempre foi admitida, na França, a circulação de ações à ordem, transmissíveis mediante simples endosso (Rousseau). De tal forma que, conforme nos informa WILSON DE SOUZA CAMPOS BATALHA, "naquele país, a Lei de 04.04.1926, artigos 17 e 29, admitiu tipo especial de ações, devidamente inscritas nos registros da sociedade em nome do seu titular e cuja transferência deveria subordinar-se a dupla formalidade: a) endosso lançado no próprio título pelo endossante e indicado o nome e qualificação do endossatário; b) notificação do endosso à sociedade, mediante carta registrada com recibo de volta, a fim de ser o novo titular inscrito nos livros sociais (Caen & Renault); a Lei não teve sucesso algum, sendo aqueles dispositivos revogados pela Lei de 29.03.1941 (Escarra);

---

[258] Cf. *Direito Societário*, Rio de Janeiro, Livraria e Editora Freitas Bastos, 1986, p. 169.

[259] Definição adotada pelo jurista alemão *Levin Goldschmidt* (17.05.1828 – 16.07.1897, pelo jurista italiano *Gustavo Bonelli* (04.09.1853 – 09.04.1926) e o também jurista italiano *Francesco Messineo* (02.06.1886 – 01.03.1974), apud Rubens Requião, *Curso de Direito Comercial*, 2º vol., 13ª ed., São Paulo, Editora Saraiva, 1984, p. 339.

[260] SANTOS, Theóphilo de Azeredo "Natureza Jurídica das Ações". In: *Revista Forense*, vol. 169, Rio de Janeiro: Editora Forense, p. 485 e segs.

[261] Cf. *Sociedades Anônimas e Mercado de Capitais*, 1º vol., Rio de Janeiro: Editora Forense, 1973, p. 252.

AS AÇÕES DAS SOCIEDADES E OS TÍTULOS DE CRÉDITO

atualmente, a Lei n° 537/1966, art. 263, contempla apenas as ações nominativas e ao portador".[262]

Entre outros países, a Itália, a República Federal da Alemanha, a Argentina e a Suíça admitem que as *ações nominativas* sejam transferidas mediante *endosso*.[263]

Quanto as modalidades que podem se apresentar, o *endosso* tanto pode ser em preto (quando se declara o nome do adquirente ou endossatário) como em branco (quando não se declara o nome do comprador - ao portador). É determinante, para o endosso ser em preto ou em branco, a vontade das partes negociantes e o fato de o valor das ações estar, ou não, integralizado no momento da transferência. Assim é que, estando o valor da ação integralizado, o endosso pode ser em preto ou em branco, a critério das partes; caso contrário, ou seja, não estando ainda integralizado o valor da ação, o endosso só pode ser em preto, isto é, deve, obrigatoriamente, ser declarado o nome do adquirente. Porém, no Brasil, depois de adotada a Medida Provisória n° 165, de 15.03.1990, e, posteriormente, Lei n° 8.021, de 12.04.1990 (dispõe sobre a identificação dos contribuintes para fins fiscais), não se admite mais o endosso em branco. Todos os endossos devem ser somente em preto, ou seja, deve ser declarado o nome do adquirente ou endossatário e sua qualificação, bem como identificado o próprio vendedor ou cedente (alínea "b" do §1° do art. 5°).[264] Ainda assim, o *endosso* apenas em preto somente foi admitido pelo

---

[262] *Ibid.*, p. 252.

[263] Cf. Wilson de Souza Campos Batalha, *op. cit.*, p. 252, 253 e 254.

[264] "Art. 5° As sociedades por ações terão um prazo de dois anos para adaptar seus estatutos ao disposto no artigo anterior.
§1°. No prazo a que se refere este artigo, as operações com ações, ao portador ou endossáveis, existentes na data da publicação desta lei, emitidas pelas sociedades por ações, somente poderão ser efetuadas quando atenderem, cumulativamente, às seguintes condições: a) estiveram as ações sob custódia de instituição financeira ou de Bolsa de Valores, autorizada a operar por ato da Comissão de Valores Mobiliários (CVM) ou do Banco Central do Brasil, no âmbito de sua competência; b) *houver a identificação do vendedor e do comprador.*
§2°. As ações mencionadas neste artigo somente poderão ser retiradas da custódia mediante a identificação do proprietário.
§3°. A instituição financeira ou bolsa custodiante deverá enviar ao Departamento da Receita Federal, até o dia 15 de cada mês, comunicação que identifique o proprietário, a quantidade, a espécie e o valor de aquisição das ações que houverem sido retiradas de sua custódia no mês anterior.
§4°. A inobservância do disposto no parágrafo anterior sujeitará a instituição financeira ou bolsa custodiante à multa de 25% do valor das ações, corrigido monetariamente a partir do vencimento do prazo para a comunicação até a data do seu efetivo pagamento.

prazo de 2 (dois) anos, a contar da publicação da Lei n° 8.021, de 12.04.1990 (até 13.04.92). Findo este prazo, só foi permitida a *circulação de ações nominativas* (art. 4°), que, como já comentamos, transfere-se não por endosso, mas por termo lavrado no livro de "Transferência de Ações Nominativas" datado e assinado pelo cedente e pelo cessionário, ou seus legítimos representantes.

Ainda que a propriedade dos certificados se transfira por *endosso*, como ressalta ROBERTO BARCELLOS DE MAGALHÃES, "o exercício dos direitos a cargo do cessionário, perante a companhia, requer a averbação do seu nome no livro de ações endossáveis, e o lançamento do mesmo nome no próprio certificado, tornando-o nominativo".[265] Procedimento este estabelecido pelo próprio disciplinamento legal. Dispõe a Lei n° 6.404, de 15.12.1976 (*Lei das Sociedades por Ações*), que "a transferência mediante endosso não terá eficácia perante a companhia enquanto não for averbada no livro de registro e no próprio certificado, mas o endossatário que demonstrar ser possuidor do título com base em série regular de endossos tem direito de obter a averbação da transferência, ou a emissão de novo certificado em seu nome". Tudo isso visa a vincular, inquestionavelmente, o adquirente ou endossatário à obrigação de integralizar as ações.

A Lei n° 6.404, de 15.12.1976, autorizava, no que couber ao *endosso das ações*, a aplicação das normas que regulavam o *endosso de títulos cambiários* (§5° do art. 32). Entretanto, o direito cambiário, menos rigoroso nesse aspecto, determinava que se observe a regularidade da cadeia de endossos, embora dispense a verificação da autenticidade das assinaturas. Já as regras para o direito societário obrigavam à autenticação das assinaturas por oficial público, sociedade corretora de valores, estabelecimento bancário ou a própria companhia.[266] Porém, Lei n° 8.021, de 12.04.1990, revogou expressamente o tanto o art. 32 (que tratava das ações endossáveis) como o art. 33 (que tratava das ações ao portador), ambos da Lei n° 6.404, de 15.12.1976.

---

§5°. Para efeito do disposto no parágrafo anterior, considera-se valor da ação o preço médio de negociação em pregão de Bolsas de Valores no dia da retirada da ação ou, na falta deste, o preço médio da ação da última negociação em pregão da Bolsa de Valores, corrigidos pelo BTN Fiscal até o dia da retirada da ação.

§6°. Para as ações não admitidas à negociação em Bolsas de Valores, considera-se o valor patrimonial da ação corrigido pelo BTN Fiscal desde a data do último balanço até a data de sua retirada da custódia".

[265] Cf. *A Nova Lei das Sociedades por Ações Comentada*, vol. I, Rio de Janeiro: Livraria e Editora Freitas Bastos, 1977, p. 175.

[266] BORBA, José Edwaldo Tavares *Direito Societário*, Rio de Janeiro, Livraria e Editora Freitas Bastos, 1986, p. 171.

AS AÇÕES DAS SOCIEDADES E OS TÍTULOS DE CRÉDITO

As *ações ao portador* são aquelas que se transferem por simples tradição e a propriedade é de quem as apresentar perante a sociedade, isto é, presume-se a propriedade em favor do detentor. São títulos que circulam ou são negociados com muita facilidade; por isso, nossa lei estabelecia algumas cautelas: a exclusão do direito de voto, que só é conferido às ações nominativas endossáveis e escriturais, e a restrição de que somente as integralizadas poderiam circular com a cláusula ao portador.

As *ações ao portador* tiveram origem nos títulos mobiliários que circulavam em branco ou certificados cujo nome do titular era propositalmente preenchido posteriormente a sua emissão, ou simplesmente não o era. O jurista francês e professor da Faculdade de Direito de Paris EDMOND-EUGÈNE THALLER (1851-1918), ao buscar a evolução histórica da forma ao portador diz que "a recepção do direito romano no século XVI repeliu a cláusula ao portador. Ela, depois, reapareceu no meio das finanças sob o influxo da novidade. A transmissão dela tomou conta do meio comercial na ocasião. A sociedade entrega ao comprador um certificado; este certificado pode ser endossável, a fim de deixar o comprador livre para delegar sua posição a um terceiro; na ação à ordem, quando depende de expressas manifestações, raro ele é verdadeiro, especialmente na sociedade de seguros, pois a sociedade deixa em branco o nome do comprador no certificado entregue. Possibilita-se, assim, a operação da tradição manual do título para revender a ação. O que torna a transferência supérflua".[267] Daí, ter a forma ao portador descendido do título circulante em branco.

Surgiram, pois, as ações ao portador, como foi dito, no século XVII e, após o seu aparecimento, relata WILSON DE SOUZA CAMPOS BATALHA, "tiveram enorme desenvolvimento e possibilitaram a reunião de somas incalculáveis de capitais, sobretudo no período de revolução industrial".[268] Há muito é dito que negócios desembaraçados de grandes empecilhos proliferam, florescem. Ações ao portador são, por isso mesmo, negócios livres de obstáculos. Eis aí a razão de seu sucesso: são o meio que permitiu o fluxo de grandes capitais na revolução industrial. Certificados que não trazem indicações do nome do possuidor e legitimam o exercício, pelo seu portador, da qualidade de sócio da sociedade, as ações ao portador habilitam o detentor a receber os dividendos, bonificações e outros valores a que, porventura, o acionista tenha direito.

ROBERTO BARCELLOS DE MAGALHÃES ressalta que "a ação ao portador é aquela cuja propriedade se presume em favor do seu

---

[267] Cf. *De la Nature Juridique du Titre de Crédit*, Paris: Librairie Nouvelle de Droit et de Jurisprudence, Arthur Rousseau, Éditeur, 1907, p. 141.

[268] Cf. *Sociedades Anônimas e Mercado de Capitais*, 1° vol., Rio de Janeiro: Editora Forense, 1973, p. 258.

detentor. Trata-se de uma presunção *juris tantum*, isto é, que só pode ser elidida por prova em contrário".[269] Significa que o título deve ser possuído de boa fé, caso contrário, pode ser recuperado judicialmente por seu legítimo proprietário, que tem o ônus de provar ter sido "injustamente desapossado do título".[270]

A falta de conhecimento da companhia sobre os detentores das ações ao portador constitui motivo para que em vários países não se admita sua emissão, sendo elas, inclusive, objeto de intensas críticas na atualidade. WILSON DE SOUZA CAMPOS BATALHA fez exaustivo levantamento sobre a emissão das ações ao portador nas mais variadas nações do mundo ocidental. Diz ele que, nos Estados Unidos, as ações ao portador não são, em regra, contempladas, devendo o nome dos titulares de ações constar dos registros da sociedade (*Chamboulive*).[271] No Direito inglês, não obstante as facilidades às transferências introduzidas pelo *Stock Transfer Act* de 1963, não se admitem as ações ao portador.[272] Idêntica solução foi adotada no Direito sul-africano.[273] Excepcionalmente, admite-se, no Direito inglês e sul-africano, que as ações inteiramente realizadas se representem por um título, o *share warrant*, sujeito às regras de circulação dos títulos ao portador.[274] Solução semelhante também é adotada no *Uniform Commercial Code* norte-americano.[275] No Direito francês, procurou-se favorecer a forma nominativa das ações, estimulando sua adoção, mas sem suprimir as ações ao portador,[276] que foram mantidas pelo artigo 263 da Lei n° 537/66. No Direito italiano, manifestara-se acentuada tendência no sentido de supressão das ações ao portador, tendência a que *Cesare Vivante*

---

[269] Cf. *A Nova Lei das Sociedades por Ações Comentada*, vol. I, Rio de Janeiro: Livraria e Editora Freitas Bastos, 1977, p. 220.

[270] MAGALHÃES, Roberto Barcellos de. *A Nova Lei das Sociedades por Ações Comentada*, vol. I, Rio de Janeiro: Livraria e Editora Freitas Bastos, 1977, p. 221.

[271] Cf. *Sociedades Anônimas e Mercado de Capitais*, 1° vol., Rio de Janeiro: Editora Forense, 1973, p. 258.

[272] TUNC, André. *Le Droit Anglais des Sociétés Anonymes*, Paris, Librairie Juridique Dalloz,, 1971, p. 100.

[273] EMMETT, Eric; BARLOW, Trafford Brereton & EMMETT, Michael D. *Principles of South African Company Law*, 6th ed., Claremont, Africa do Sul: Cape Town, Juta, 1969, p. 130.

[274] Cf. André Tunc, *op. cit.*, p. 100; e Eric Emmett, Trafford Brereton Barlow & Michael D. Emmett, *op. cit.*, p. 130.

[275] WEBB, Garn H. *Uniform Commercial Code handbook: analysis and explanation*, New York: Holt, Rinehart and Winston, 1969, p. 94.

[276] ESCARRA, Jean. *Manuel de Droit Commercial*, vol. I, Paris: Recueil Sirey, 1947, p. 117.

AS AÇÕES DAS SOCIEDADES E OS TÍTULOS DE CRÉDITO

emprestou todo o seu prestígio.[277] O artigo 1.355 do Código Civil italiano manteve as formas nominativa e ao portador, sendo de notar, porém, que a nominatividade obrigatória foi imposta pela Lei nº 96, de 09.02.1942.[278] No Direito alemão atual, no silêncio do estatuto, as ações serão ao portador,[279] estimulando, assim, essa forma de ações.

Seguindo a regra adotada nos Estados Unidos e na Itália (Lei nº 96, de 09.02.1942), bem como a tendência do Direito inglês e do Direito sul-africano de se suprimir as *ações ao portador*, a Medida Provisória nº 165, de 15.03.1990, e, posteriormente, Lei nº 8.021, se 12.04.1990, que dispõe sobre a identificação dos contribuintes para fins fiscais, promoveu mudanças na Lei nº 6.404, de 15.12.1976 (*Lei das Sociedades por Ações*) para extinguir o anonimato na circulação dos títulos ao portador e conseqüente evasão fiscal nessa forma de investimento.

Assim é que o art. 20 da referida Lei nº 6.404, de 15.12.1976, alterado pelo artigo 4º da Lei nº 8.021, de 12.04.1990, passou a dispor que as *ações das sociedades* devem ser sempre *nominativas*, suprimindo, sem exceções, a emissão de *ações ao portador*.

O art. 5º da citada Lei nº 8.021/90 estabelece que as sociedades por ações tivessem o prazo de 2 (dois) anos para adaptarem seus estatutos, sendo que, durante este prazo, as operações com ações, ao portador ou endossáveis, existentes na data da publicação dessa lei (13.04.1990), somente poderiam ser efetuadas quando atendessem, cumulativamente, às seguintes condições: *a*) estivessem as ações sob custódia de instituição financeira ou de bolsa de valores, autorizada a operar por ato da *Comissão de Valores Mobiliários - CVM* ou do *Banco Central do Brasil – BACEN*, no âmbito de sua competência e *b*) houvesse a identificação do vendedor e do comprador. Sem a identificação do proprietário as ações ao portador não poderiam ser retiradas da custódia.

Assim, pois, findo o prazo previsto no art. 5º da citada Lei nº 8.021, se 12.04.1990, as cautelas ao portador deveriam ser obrigatoriamente transformadas em nominativas, excluindo-se, dessa forma, do nosso sistema societário, não apenas a emissão das ações ao portador como também o endosso em branco dos títulos, o que, pelo menos numa primeira etapa,

---

[277] NAVARRINI, Umberto. *Trattato Elementare di Diritto Commerciale*, volume primo, quinta edizione, Torino: Unione Tipografico-Editrice, Torinese, 1937, p. 231.

[278] MESSINEO, Francesco. *Titoli di Credito*, vol. I, Pádua: Casa Editrice Dott. Antonio Milani – CEDAM, 1928, p. 372.

[279] Cf. Aktiengesetz vom 6. September 1965 (BGBl. I S. 1089), §24: *Die Aktien sind als Inhaberaktien auszustellen, wenn die Satzung nichts anderes bestimmt*, apud Wilson de Souza Campos Batalha, *Sociedades Anônimas e Mercado de Capitais*, 1º vol., Rio de Janeiro: Editora Forense, 1973, p. 259.

deve ter, provavelmente, acarretado o afastamento de bom número de investidores do mercado de ações.

A oportunidade exige que se aponte a *circulação* como o ponto um pouco comum (ou responsável pela confusão) entre os *títulos mobiliários* e os *títulos de crédito*. Todos os *títulos de crédito* são atingidos por *princípios comuns*. Os *títulos mobiliários*, por sua vez, não são atingidos pela maioria dos *princípios gerais dos títulos de crédito*, porém, apesar de seguirem princípios próprios, não compartilhados com outros títulos, são atingidos por aqueles princípios cambiários que dizem respeito à *circulação do título*, seja ele *nominativo, à ordem* ou *ao portador*. Evidentemente, este ponto comum não é suficiente para que se incluem as ações no rol dos títulos de crédito. De qualquer maneira, temos que admitir não haver qualquer semelhança na forma de circulação das ações escriturais, uma vez que não são atingidas sequer pelos *princípios cambiários da circulação*.

A *ação escritural* é aquela cujos direitos do acionista não estão incorporados em certificados ou títulos, mas sim, *consignados em contas de depósito similares às contas de depósitos bancários em moeda* e cuja propriedade presume-se pelo registro na *conta de depósito das ações*, aberta em nome do acionista nos livros da instituição depositária.

Há unanimidade entre os autores na opinião de que a grande inovação trazida pela atual lei das sociedades anônimas foi a criação dessa forma de ação, ou seja, a *participação societária sem certificado*. A criação surge através de seu art. 34 da Lei n° 6.404, de 15.12.1976, que dispõe que "o estatuto da companhia pode autorizar ou estabelecer que todas as ações da companhia, ou uma ou mais classes delas, sejam mantidas em contas de depósito, em nome de seus titulares, na instituição que designar, sem emissão de certificados".

As *ações emitidas através de títulos ou certificados*, sem contar o trabalho exigido até que elas cheguem às mãos dos acionistas, são bastantes onerosas para a companhia, em vista de sua confecção. Por isso, ROBERTO BARCELLOS DE MAGALHÃES opina que, com a criação das *ações escriturais*, "a lei dá uma contribuição à redução de custos operacionais por parte das empresas". As vantagens não param aí: diz, ainda, este grande jurista que "o objetivo é permitir a difusão da propriedade de ações entre grande número de pessoas com a segurança das ações nominativas, bem como facilitar a circulação proporcionada pela transferência mediante ordem da instituição financeira, através de simples registro contábil e a eliminação do custo dos certificados".[280]

Após a criação das *ações escriturais*, houve quem afirmasse que esta forma de ação não passava de uma evolução do *share warrant* (garantia de

---

[280] Cf. *A Nova Lei das Sociedades por Ações Comentada*, vol. I, Rio de Janeiro: Livraria e Editora Freitas Bastos, 1977, p. 226.

AS AÇÕES DAS SOCIEDADES E OS TÍTULOS DE CRÉDITO

ações) prevista no Direito britânico. Apesar de realmente existirem algumas semelhanças, elas são bastantes distintas.

A Lei das Sociedades Anônimas britânica (*Companies Act*), de 1948, em sua Secção 83, prescreveu que "a companhia limitada por ações, se assim aprovado por seus estatutos, pode, respeitando o valor pago pelas ações, emitir, em conformidade com a chancela comum, o *warrant* declaratório para que o portador do certificado seja habilitado para as ações ali especificadas, com a faculdade de se munir de cupons ou outra espécie de *ticket*, para pagamento de futuros dividendos sobre as ações incluídas no *warrant*. O *warrant* supramencionado é chamado nesta lei de "share warrant". O *share warrant* garantirá ao seu portador a posse das ações ali especificadas e a ação pode ser transferida ao portador, mediante a entrega do *warrant*". E a Secção 112 do *Companie Act* de 1948 dispõe que "o portador do *share warrant*, subordinado aos estatutos da companhia, será autorizado, entregando-o para cancelamento, a ter seu nome registrado como membro no Registro de Membros da Companhia".[281]

Assim temos que o portador do *share warrant*, como bem demonstra WILSON DE SOUZA CAMPOS BATALHA, não figura como acionista, embora possa exigir, a qualquer momento, sua inclusão no registro de acionistas mediante cancelamento do *warrant*; o *warrant* é transferível ao portador, mesmo que a ação não o seja; pode ter cupons de dividendos, destacáveis automaticamente, pode ser livremente negociável, embora permaneça intocável o registro dos acionistas.[282]

O *share warrant*, como foi dito, possui muitas diferenças que o distinguem da *ação escritural*, diferenças estas apontadas, também, com minúcias, por WILSON DE SOUZA CAMPOS BATALHA. O *share warrant* é emitido pela própria companhia (*company limited by shares*), ao passo que o certificado do depósito das ações escriturais é emitido pela instituição financeira depositária; às vezes, aliás, nem mesmo é emitido, pois é suficiente a entrega do simples extrato da conta de depósito; o *share warrant* é título circulável ao portador, representando ações integralizadas e só pode ser negociado com a sua tradição, ao passo que as ações escriturais só podem ser negociadas mediante expressa ordem do acionista, através do endosso do certificado de depósito (em preto), se houver, ou mediante qualquer documento hábil, sem forma pré-estabelecida; o *share warrant* pode vir acompanhado de cupões assegurando a percepção de dividendos, o que não ocorre com o certificado de depósito das ações escriturais.[283]

---

[281] BATALHA, Wilson de Souza Campos. *Sociedades Anônimas e Mercado de Capitais*, 1º vol., Rio de Janeiro: Editora Forense, 1973, p. 264.

[282] Cf. *Sociedades Anônimas e Mercado de Capitais*, 1º vol., Rio de Janeiro: Editora Forense, 1973, p. 264.

[283] *Ibid.*, p. 265.

Alguns autores defendem a ideia de que as *ações escriturais* são uma nova forma dos *títulos mobiliários* introduzida pela nossa Lei n° 6.404, de 15.12.1976 (*Lei das Sociedades por Ações*), ou seja, a 4ª (quarta) forma em que podem se apresentar as ações, além das 3 (três) já abordadas (*ao portador, nominativas* e *endossáveis*). Outros entendem que se trata de uma variante ou *subforma da ação nominativa*. Por exemplo, o poeta, jurista, professor e introdutor do estudo de Direito Econômico no Brasil GERALDO DE CAMARGO VIDIGAL (São Paulo, 18.11.1921 - Campinas, 29.08.2010) reclama contra a dubiedade do anteprojeto da reforma, em não considerar as *ações escriturais* como nova forma de ação [284] e o advogado e professor brasileiro EGBERTO LACERDA TEIXEIRA (1919-2009), em Simpósio da *Associação Brasileira de Companhias Abertas – ABRASCA*, admitiu a ação escritural como uma *subforma* da *ação nominativa*.[285] Já JOSÉ EDWALDO TAVARES BORBA justifica ser a *ação escritural* uma variante da ação nominativa pelo fato de o seu registro, como o desta última, conferir a propriedade da ação. Afirma, este jurista, professor do Curso de Direito Empresarial da Fundação Getúlio Vargas e Procurador do Estado do Rio de Janeiro, que "na *ação nominativa*, o registro é procedido nos livros da sociedade e, na ação escritural, esse mesmo registro tem lugar nos livros da instituição financeira para tanto designada";[286] que o *extrato da conta depósito das ações escriturais* não difere muito dos certificados das ações nominativas: ambos são apenas documentos probatórios e não representam efetivamente as ações.[287]

Apesar dos argumentos em sentido contrário, de nossa parte, só pelo fato de a *ação escritural* dispensar a materialização do direito em certificado emitido pela sociedade anônima, acompanhamos a posição adotada por *Rubens Requião*, pois, certamente, estamos diante de uma nova forma com que a ação pode se apresentar no *mercado de valores mobiliários*, forma esta que é incomum, comparada com as demais.

Em relação aos *títulos de crédito*, chamamos a atenção para o fato de que as *ações escriturais* são *incorpóreas*, pois não possuem certificados. Por isso mesmo, muito distantes estão dos princípios gerais daqueles títulos, muito mais que as outras formas de ações.

Pelo *princípio da incorporação* ou *cartularidade*, o direito materializa-se

---

[284] Cf. "As ações escriturais no Anteprojeto de Lei das S/A". In: *Balencete Mensal*, n° 20, p. 5.

[285] *Apud* Rubens Requião, *Curso de Direito Comercial*, 2° vol., 13ª ed., São Paulo, Editora Saraiva, 1984, p. 82.

[286] Cf. *Direito Societário*, Rio de Janeiro, Livraria e Editora Freitas Bastos, 1986, p. 173.

[287] Cf. José Edwaldo Tavares Borba, *op. cit.*, p. 173.

no documento, "de sorte que a conexão, a compenetração de um no outro é de tal natureza, que não se concebe o direito sem o documento".[288] No caso das *ações escriturais*, o direito não se materializa em títulos ou certificados; daí se concluir que, nessa forma de ação, desaparecem todos os pontos comuns com os *títulos de crédito*, inclusive quanto à circulação, ao extremo de ser necessário, para que "as ações ao portador ou endossáveis tornem-se escriturais, que se sujeitem ao cancelamento dos respectivos certificados, perdendo a sua característica original; a própria ação nominativa, embora próxima da escritural, também se transmuda nesse processo".[289]

A impossibilidade de a *ação escritural* ser comparada aos títulos de crédito é tão grande, que ferrenhos defensores da tese de que "as ações são títulos de crédito", ao se referirem a esta forma de ação, admitem não poder ser ela assim considerada. RUBENS REQUIÃO, entre eles, reconhece que "*ação escritural* dispensa corporificação do título em certificado emitido pela companhia, e por isso não deve ser considerada título de crédito".[290] Dessa maneira, quanto às *ações escriturais*, é unânime o entendimento sobre sua natureza exclusivamente societária.

4.4 AS AÇÕES INTEGRALIZADAS E AS AÇÕES NÃO-INTEGRALIZADAS

O dever fundamental e primeiro de cada acionista para com a companhia é a obrigação de integralizar as ações por ele subscritas ou adquiridas até o preço de sua emissão, ou seja, o acionista está obrigado a realizar, nas condições previstas no estatuto ou no boletim de subscrição, o pagamento das prestações que faltarem para integralização das ações subscritas ou adquiridas.

É oportuno, nesta ocasião, lembrar que as ações são subscritas quando compradas ou obtidas originalmente no momento de constituição da companhia; são adquiridas quando compradas ou obtidas após a constituição, no decorrer do exercício de suas atividades.

---

[288] BORGES, João Eunápio. *Títulos de Crédito*, 2ª ed., Rio de Janeiro, Editora Forense, 1983, p. 12.
[289] BORBA, José Edwaldo Tavares. *Direito Societário*, Rio de Janeiro, Livraria e Editora Freitas Bastos, 1986, p. 174.
[290] Cf. *Curso de Direito Comercial*, 2º vol., 13ª ed., São Paulo, Editora Saraiva, 1984, p. 82.

No primeiro caso (*ações subscritas*), esclarece ROBERTO BARCELLOS DE MAGALHÃES que "a subscrição é feita mediante a aposição da assinatura do subscritor na respectiva lista ou boletim, efetuado o pagamento inicial de uma décima parte do valor da ação",[291] pagamento este estipulado por lei, tornando-se, após isto, o subscritor, acionista da companhia. Menciona ele, também, que "até o pagamento integral do preço da emissão, as ações seguem o tipo nominativo ou endossável, de acordo com a qualidade do subscritor constante do boletim".[292] E, ainda, que "somente depois de cumpridas as formalidades legais do registro e da publicidade dos atos constitutivos, é que a sociedade poderá emitir os certificados e estes, por sua vez, não podem ser negociados senão depois de realizados trinta por cento do valor nominal de cada ação". Uma vez emitidos os títulos nominativamente, são "lançados no respectivo livro de registros de ações nominativas com a inscrição do seu titular e sua qualificação".[293]

Caso não venha o acionista a integralizar voluntariamente as ações e se o estatuto e o boletim forem omissos quanto ao montante da prestação e ao prazo ou data do pagamento, caberá aos órgãos da administração efetuar chamada, mediante avisos publicados na imprensa, por três vezes, no mínimo, fixando prazo, não inferior a trinta dias, para pagamento (§1° art. 106 Lei n° 6.404, de 15.12.1976).[294] Não atendendo a chamado para a realização das prestações, o acionista ficará, de pleno direito, constituído em mora, sujeitando-se, ainda, ao pagamento de juros, correção monetária e multa nunca superior a dez por cento do valor da prestação (§2° art. 106 Lei n° 6.404, de 15.12.1976).

Ficando o *acionista inadimplente*, estará a companhia autorizada pela Lei n° 6.404, de 15.12.1976 (*Lei das Sociedades por Ações*), a tomar três

---

[291] Cf. *A Nova Lei das Sociedades por Ações Comentada*, vol. I, Rio de Janeiro: Livraria e Editora Freitas Bastos, 1977, p. 177.

[292] Cf. Roberto Barcellos de Magalhães, *op. cit.*, p. 178.

[293] Cf. Roberto Barcellos de Magalhães, *op. cit.*, p. 178.

[294] "Art. 106. O acionista é obrigado a realizar, nas condições previstas no estatuto ou no boletim de subscrição, a prestação correspondente às ações subscritas ou adquiridas.

§1°. Se o estatuto e o boletim forem omissos quanto ao montante da prestação e ao prazo ou data do pagamento, caberá aos órgãos da administração efetuar chamada, mediante avisos publicados na imprensa, por 3 (três) vezes, no mínimo, fixando prazo, não inferior a 30 (trinta) dias, para o pagamento.

§2°. O acionista que não fizer o pagamento nas condições previstas no estatuto ou boletim, ou na chamada, ficará de pleno direito constituído em mora, sujeitando-se ao pagamento dos juros, da correção monetária e da multa que o estatuto determinar, esta não superior a 10% (dez por cento) do valor da prestação".

AS AÇÕES DAS SOCIEDADES E OS TÍTULOS DE CRÉDITO

medidas distintas. Primeira: poderá promover contra o acionista - e os que com ele forem solidariamente responsáveis - processo de execução forçada para cobrar as importâncias devidas, respondendo ele, ainda, por perdas e danos se a integralização for em bens, servindo o boletim de subscrição e o aviso de chamada como *título extrajudicial*, nos termos do inciso VIII do art. 585 do Código de Processo Civil de 1973 Lei n° 5.869, de 11.01.1973)[295] e inciso XII do art. 784 do Código de Processo Civil de 2015 (Lei n° 13.105, de 16.03.2015),[296] combinado com o art. 107 da Lei n° 6.404, de 15.12.1976

---

[295] "Art. 585. São títulos executivos extrajudiciais (redação dada pela Lei n° 5.925, de 01.10.1973): I- a letra de câmbio, a nota promissória, a duplicata, a debênture e o cheque (redação dada pela Lei n° 8.953, de 13.12.1994); II- a escritura pública ou outro documento público assinado pelo devedor; o documento particular assinado pelo devedor e por duas testemunhas; o instrumento de transação referendado pelo Ministério Público, pela Defensoria Pública ou pelos advogados dos transatores (redação dada pela Lei n° 8.953, de 13.12.1994); III- os contratos garantidos por hipoteca, penhor, anticrese e caução, bem como os de seguro de vida (redação dada pela Lei n° 11.382, de 06.12.2006); IV- o crédito decorrente de foro e laudêmio (redação dada pela Lei n° 11.382, de 06.12.2006); V- o crédito, documentalmente comprovado, decorrente de aluguel de imóvel, bem como de encargos acessórios, tais como taxas e despesas de condomínio (redação dada pela Lei n° 11.382, de 06.12.2006); VI- o crédito de serventuário de justiça, de perito, de intérprete, ou de tradutor, quando as custas, emolumentos ou honorários forem aprovados por decisão judicial (redação dada pela Lei n° 11.382, de 06.12.2006); VII- a certidão de dívida ativa da Fazenda Pública da União, dos Estados, do Distrito Federal, dos Territórios e dos Municípios, correspondente aos créditos inscritos na forma da lei (redação dada pela Lei n° 11.382, de 06.12.2006); VIII- todos os demais títulos a que, por disposição expressa, a lei atribuir força executiva (incluído pela Lei n° 11.382, de 06.12.2006).
§1º. A propositura de qualquer ação relativa ao débito constante do título executivo não inibe o credor de promover-lhe a execução (redação dada pela Lei n° 8.953, de 13.12.1994).
§2º. Não dependem de homologação pelo Supremo Tribunal Federal, para serem executados, os títulos executivos extrajudiciais, oriundos de país estrangeiro. O título, para ter eficácia executiva, há de satisfazer aos requisitos de formação exigidos pela lei do lugar de sua celebração e indicar o Brasil como o lugar de cumprimento da obrigação (redação dada pela Lei n° 5.925, de 01.10.1973)".
[296] "Art. 784. São títulos executivos extrajudiciais: I- a letra de câmbio, a nota promissória, a duplicata, a debênture e o cheque; II- a escritura pública ou outro documento público assinado pelo devedor; III- o documento particular assinado pelo devedor e por 2 (duas) testemunhas; IV- o instrumento de transação referendado pelo Ministério Público, pela Defensoria Pública, pela Advocacia Pública, pelos advogados dos transatores ou por conciliador ou mediador credenciado por tribunal; V- o contrato garantido por hipoteca, penhor, anticrese ou outro direito real de garantia e aquele garantido por caução; VI- o contrato de seguro de vida em caso de morte; VII- o crédito decorrente de foro e laudêmio;

(*Lei das Sociedades por Ações*).²⁹⁷ Segunda: poderá mandar vender as ações em bolsa de valores, por conta e risco do acionista, venda esta que será feita em leilão especial na bolsa de valores do lugar da sede social, ou, se não houver,

---

VIII- o crédito, documentalmente comprovado, decorrente de aluguel de imóvel, bem como de encargos acessórios, tais como taxas e despesas de condomínio; IX- a certidão de dívida ativa da Fazenda Pública da União, dos Estados, do Distrito Federal e dos Municípios, correspondente aos créditos inscritos na forma da lei; X- o crédito referente às contribuições ordinárias ou extraordinárias de condomínio edilício, previstas na respectiva convenção ou aprovadas em assembleia geral, desde que documentalmente comprovadas; XI- a certidão expedida por serventia notarial ou de registro relativa a valores de emolumentos e demais despesas devidas pelos atos por ela praticados, fixados nas tabelas estabelecidas em lei; XII- todos os demais títulos aos quais, por disposição expressa, a lei atribuir força executiva.
§1°. A propositura de qualquer ação relativa a débito constante de título executivo não inibe o credor de promover-lhe a execução.
§2°. Os títulos executivos extrajudiciais oriundos de país estrangeiro não dependem de homologação para serem executados.
§3°. O título estrangeiro só terá eficácia executiva quando satisfeitos os requisitos de formação exigidos pela lei do lugar de sua celebração e quando o Brasil for indicado como o lugar de cumprimento da obrigação".
²⁹⁷ "Art. 107. Verificada a mora do acionista, a companhia pode, à sua escolha: I- promover contra o acionista, e os que com ele forem solidariamente responsáveis (artigo 108), processo de execução para cobrar as importâncias devidas, servindo o boletim de subscrição e o aviso de chamada como título extrajudicial nos termos do Código de Processo Civil; ou II- mandar vender as ações em bolsa de valores, por conta e risco do acionista.
§1°. Será havida como não escrita, relativamente à companhia, qualquer estipulação do estatuto ou do boletim de subscrição que exclua ou limite o exercício da opção prevista neste artigo, mas o subscritor de boa-fé terá ação, contra os responsáveis pela estipulação, para haver perdas e danos sofridos, sem prejuízo da responsabilidade penal que no caso couber.
§2°. A venda será feita em leilão especial na bolsa de valores do lugar da sede social, ou, se não houver, na mais próxima, depois de publicado aviso, por 3 (três) vezes, com antecedência mínima de 3 (três) dias. Do produto da venda serão deduzidos as despesas com a operação e, se previstos no estatuto, os juros, correção monetária e multa, ficando o saldo à disposição do ex-acionista, na sede da sociedade.
§3°. É facultado à companhia, mesmo após iniciada a cobrança judicial, mandar vender a ação em bolsa de valores; a companhia poderá também promover a cobrança judicial se as ações oferecidas em bolsa não encontrarem tomador, ou se o preço apurado não bastar para pagar os débitos do acionista.
§4°. Se a companhia não conseguir, por qualquer dos meios previstos neste artigo, a integralização das ações, poderá declará-las caducas e fazer suas as entradas realizadas, integralizando-as com lucros ou reservas, exceto a legal; se não tiver lucros e reservas suficientes, terá o prazo de 1 (um) ano para colocar as ações caídas em comisso, findo o qual, não tendo sido encontrado comprador, a assembleia-geral deliberará sobre a redução do capital em importância correspondente".

AS AÇÕES DAS SOCIEDADES E OS TÍTULOS DE CRÉDITO

na mais próxima, depois de publicado aviso, por três vezes, com antecedência mínima de três dias. Do produto da venda serão deduzidos as despesas com a operação e, se previstos no estatuto, os juros, correção monetária e multa, ficando o saldo à disposição do ex-acionista, na sede da companhia (inciso II e § 2º do art. 107 da Lei nº 6.404, de 15.12.1976). Terceira e última: se a companhia não conseguir, por qualquer das duas medidas anteriores, a integralização das ações, poderá declará-las caducas e fazer suas as entradas realizadas (prestações devidamente pagas), integralizando-as com lucros ou reservas, exceto a legal; se não tiver lucros e reservas suficientes para cobrir a integralização das ações caducas, terá o prazo de um ano para colocar as ações caídas em comisso (venda), findo o qual, não tendo sido encontrado comprador, a assembleia geral deliberará sobre a redução do capital em importância correspondente ao valor das referidas ações (§4º do art. 107 da Lei nº 6.404, de 15.12.1976).

Dito isto, concluímos que ações não-integralizadas são aquelas cujo preço de emissão não foi pago integralmente, devendo revestir-se, obrigatoriamente, da forma nominativa ou nominativa-endossável, até que o pagamento se realize.[298]

Antes mesmo da vigência da Lei nº 8.021, de 12.04.1990, as ações não-integralizadas não podiam assumir a forma ao portador e, no caso das ações nominativas-endossáveis, em respeito à "identidade de razão",[299] não se admitia endosso em banco quando ainda não-integralizadas. Para que se efetivasse a transferência de ação endossável não-integralizada exigia-se endosso em preto e assinatura do endossatário no certificado.[300] Entretanto, na atualidade a transferência de ação endossável, seja integralizada ou não, deverá satisfazer as exigências previstas nas alíneas "a" e "b" do §1º da referida Lei nº 8.021, de 12.04.1990. O mesmo se aplica a transferência das ações ao portador em circulação.

Ao contrário, ações integralizadas são aquelas cujo preço de emissão foi pago integralmente e podiam se revestir de qualquer forma permitida por lei, porém, como dito, na atualidade, tanto as ações não-integralizadas como as integralizadas, só podem assumir a forma nominativa, uma vez que a forma ao portador foi excluída do sistema acionário brasileiro.

Resumindo, é obrigação dos titulares das ações sociais o pagamento das somas prometidas. O parcelamento da integralização é uma concessão estabelecida em lei para tornar mais fácil à companhia a efetivação de tal

---

[298] MAGALHÃES, Roberto Barcellos de *A Nova Lei das Sociedades por Ações Comentada*, vol. I, Rio de Janeiro: Livraria e Editora Freitas Bastos, 1977, p. 177.

[299] BATALHA, Wilson de Souza Campos *Sociedades Anônimas e Mercado de Capitais*, 1º vol., Rio de Janeiro: Editora Forense, 1973, p. 219.

[300] *Ibid.*, p. 219.

pagamento, lei que também decreta a obrigação solidária dos subscritos e dos cessionários.

A respeito da *obrigação solidária dos subscritores e dos cessionários*, exige-se que se destaque o fato de que tal obrigação, imposta por lei, não está conforme os princípios gerais dos títulos de crédito. Relembrando o princípio da autonomia e citando JOÃO EUNÁPIO BORGES, evidente está que "o título de crédito não constitui um fenômeno autônomo desprendido da relação de débito e crédito que lhe deu origem",[301] isto é, o título de crédito não é autônomo quanto à relação fundamental que determinou a sua criação. Neste caso, o direito autônomo emergente do título pode ser paralisado por uma exceção oposta pelo devedor, com base no negócio que lhe deu origem. Por exemplo, "o comprador que, havendo assinado em confiança a duplicata, não recebeu a mercadoria comprada, defender-se-á eficazmente contra o vendedor, alegando e provando a falta de causa de sua obrigação".[302] Porém, nas relações entre devedor e terceiros, impõe-se, em toda a sua *nitidez* e *plenitude*, a *autonomia do direito cartular*. Essa autonomia, sob esse aspecto, significa a independência dos diversos e sucessivos possuidores do título em relação a cada um dos outros. "É o *princípio da inoponibilidade das exceções* - lenta e segura conquista da prática cambial - que o direito acolheu como norma fundamental dos títulos de crédito".[303]

Por outro lado, a Lei nº 6.404, de 15.12.1976 (*Lei das Sociedades por Ações*), contrária ao *princípio da inoponibilidade das exceções* em alguns aspectos, considerou não apenas terceiros cessionários solidariamente responsáveis pela manutenção da promessa feita pelo primeiro, mas todos aqueles por cujas mãos as ações passam antes de ser satisfeita a obrigação de pagar integralmente as somas prometidas, inclusive, até mesmo, o próprio cedente, pelo prazo de 2 (dois) anos a contar da data da transferência das ações (parágrafo único e *caput* do art. 108).[304] Assim, no direito societário, sendo admitida a livre cessão das ações, assume o cessionário, como adquirente dos direitos de sócio, a obrigação de completar a soma com que lhe cabe arcar. A princípio, seria de imaginar-se que, assumindo o cessionário os direitos e as obrigações sociais, adviria a conseqüência de não dever mais esta obrigação pesar sobre o cedente. Porém, mesmo o cedente

---

[301] Cf. Títulos de Crédito, 2ª ed., Rio de Janeiro, Editora Forense, 1983, p. 14.
[302] Cf. João Eunápio Borges, *op. cit.*, p. 14.
[303] *Ibid.*, p. 15.
[304] "Art. 108. Ainda quando negociadas as ações, os alienantes continuarão responsáveis, solidariamente com os adquirentes, pelo pagamento das prestações que faltarem para integralizar as ações transferidas.
Parágrafo único. Tal responsabilidade cessará, em relação a cada alienante, no fim de 2 (dois) anos a contar da data da transferência das ações".

AS AÇÕES DAS SOCIEDADES E OS TÍTULOS DE CRÉDITO

não tendo mais os direitos correspondentes à obrigação que originariamente assumiu, não obstante a cessão desses direitos, o sócio cedente continua obrigado,[305] apesar de tal obrigação não ser pacificamente aceita pela doutrina. Alguns autores, entre eles G. DE SEMO, considerou esta exigência ilógica, uma vez que o necessário reconhecimento de haver o novo sócio assumido as obrigações implica, para a sociedade, na perda de todo seu direito em relação ao cedente, já que, por sua vez, o cedente não tem mais qualquer direito em relação a sociedade.[306]

A esse respeito, UMBERTO NAVARRINI e GABRIELE FAGGELA ainda fizeram intensa busca no direito de outras nações sobre a responsabilidade solidária de subscritores e cessionários. Como fruto de sua pesquisa, concluíram eles que a solidariedade entre subscritores e cessionários foi energicamente imposta também pela lei francesa (1898), mesmo admitindo a liberação de cada um deles, depois de dois anos após a cessão ulterior do título. Pela lei belga, os subscritores respondem pelas obrigações sociais anteriores à transferência das próprias ações por todo o seu montante (artigo 52 do novo texto), ressalvada a ação do antigo proprietário contra os cessionários. Segundo o Código suíço, o subscritor de uma ação ao portador é obrigado incondicionalmente, tenha ou não cedido a outros os seus direitos e obrigações, até ter pago 50% (cinquenta por cento) do seu valor nominal - e, também, depois, se os estatutos não dispuserem diversamente. Tratando-se, ao contrário, de ação nominativa, até ser completado o valor nominal da ação, fica o acionista vinculado, a menos que a sociedade o libere aceitando o cessionário; em caso de falência, porém, ocorrida dentro de um ano, o subscritor originário é subsidiariamente responsável (artigos 636 e 637). O Código alemão considera responsáveis todos aqueles cujos nomes aparecem no livro dos sócios, mas cada um responde, apenas, se não puder obter o pagamento do seguinte e, em todos os casos, somente dentro de dois anos. A ação de regresso da sociedade deve, para se desenvolver, ter em conta tais particularidades (§ 220).[307]

A *responsabilidade solidária do terceiro cessionário de boa-fé – oponibilidade de exceção contra terceiros nas ações não-integralizada*s – constitui outro aspecto que distancia cada vez mais os *títulos mobiliários* dos *títulos de crédito*. O *princípio da autonomia* é fundamental para se caracterizar um determinado documento como título de crédito. Não se atendendo a este princípio, há que excluí-lo

---

[305] NAVARRINI, Umberto & FAGGELA, Gabriele. *Das sociedades e das Associações Comerciais*, vol. II, Rio de Janeiro: José Konfino Editor, 1950, p. 377.

[306] Cf. *Le obligazion solidali*, Pádua, Casa Editrice Dottore Antonio Milani – CEDAM, 1963, n° 203.

[307] Cf. *Das sociedades e das Associações Comerciais*, vol. II, Rio de Janeiro: José Konfino Editor, 1950, p. 373 e 378.

daquela natureza *cambial* ou *cambiariforme*.

Depois de tudo que foi escrito nesse capítulo, concluímos que a semelhança entre as *ações* e os *títulos de crédito* reduzem-se a, apenas, alguns aspectos da circulação, ou seja, as formas nominativas, endossáveis e ao portador para movimentação do título no mercado de valores mobiliários, primário ou secundário (*Bolsa de Valores Mobiliários* ou *Mercado de Balcão*), o que é muito pouco. Fora isso, como foi sobejamente demonstrado, não se constata qualquer outra identidade entre ambos; ao contrário, podemos, com segurança, dizer que as diferenças entre os princípios que regem a existência de um e de outro é incomensuravelmente maior que os pontos em comum. Essas diferenças nos autorizam a afirmar não serem as ações uma das modalidades de título de crédito. Existem, porém, outros fundamentos para reforçar esta afirmação. Esses outros fundamentos serão apreciados no capítulo seguinte.

CAPÍTULO 5 – NATUREZA JURÍDICA DAS AÇÕES

Após fazermos um pequeno estudo a respeito do conceito de crédito e do conceito de título de crédito, com a abordagem dos princípios que os regem, bem como a análise individual das espécies e formas das ações, chegamos à principal parte deste trabalho. Antes, porém, de adentrarmos no espinhoso estudo da *natureza jurídica da ação*, consideramos de suma importância a abordagem preliminar do conceito deste título e, como não poderia deixar de ser, a citação dos doutrinadores que opinaram sobre o assunto.

5.1 CONCEITO JURÍDICO DE AÇÃO

Vários autores apresentaram, no decorrer das décadas, conceitos para a ação, todos mais ou menos convergindo para um mesmo ponto, de tal forma que, quanto ao conceito em si, não existem muitos conflitos entre os diversos entendimentos, como veremos a seguir.

JOSÉ XAVIER CARVALHO DE MENDONÇA menciona que "a ação exprime a parte social, representada por um título, negociável e transmissível, no qual se materializa o direito de sócio",[308] conceito este inspirado nas colocações do jurista francês PAUL PIC (1862-1944).[309] Acrescenta, ainda JOSÉ XAVIER CARVALHO DE MENDONÇA que a palavra ação emprega-se nos diversos sentidos incluídos nesta definição, usando a lei qualquer deles, conforme o ponto de vista do qual se ocupe. E finaliza dizendo que ela designa: 1º) "uma das partes ou frações em que se divide o capital social, quer dizer, a unidade da medida desse capital"; 2º) "o complexo de direitos e obrigações de caráter patrimonial e pessoal de quem pagou e prometeu pagar uma das frações do capital social, habilitando o titular a fazê-lo valer contra a sociedade e contra a coletividade dos sócios"; e 3º) "o título ou documento que representa e prova esses direitos e obrigações; sendo a sociedade proprietária de tudo quanto compõe o seu capital, os acionistas obtêm um título representando as somas ou valores que servem de base para o regulamento daqueles direitos e obrigações".[310]

Antes de prosseguirmos, devemos apresentar alguns esclarecimentos sobre os direitos patrimoniais e o patrimônio. Para tanto, primeiro lembramos que, em sentido jurídico, o *patrimônio* define-se como o conjunto dos direitos apreciáveis em dinheiro de que é titular uma pessoa ou que correspondem, empregando a expressão do jurista e professor alemão ERNST IMMANUEL BEKKER (Berlin, 16.08.1827 – Heidelberg, 29.06.1916), a uma "entidade patrimonial ativa".[311] Idêntica unidade é constituída pelos deveres jurídicos ou obrigações que pesam sobre

---

[308] Cf. *Tratado do Direito Comercial Brasileiro*, vol. III, livro II ("Dos comerciantes e seus auxiliares"), parte III, 3ª ed., Rio de Janeiro: Livraria Editora Freitas Bastos, 1938, p. 407.

[309] Cf. *Traité Général de Droit Commercial: Des Sociétès Commerciales*, vol. 2º, 3ª edición, Paris, Librairie Arthur Rousseau & Cie, 1927, tomo 1º, nº 222, p. 229, e tomo 2º, nº 731, p. 57.

[310] Cf. *op. cit.*, vol. III, livro II ("Dos comerciantes e seus auxiliares"), parte III, p. 408.

[311] Cf. *Die Aktionen des römischen Privatrechts*, Berlin, Verlag Von Franz Valhen, 1871, p. 83.

AS AÇÕES DAS SOCIEDADES E OS TÍTULOS DE CRÉDITO

determinado indivíduo, podendo assim opor-se ao patrimônio ativo um passivo patrimonial; as duas unidades reunidas vêm formar o "patrimônio em sentido amplo".[312] Esta unidade pode abranger os objetos mais diversos, tais como os direitos reais e obrigações, direitos individuais e familiares.

O patrimônio em si, sob outro ângulo, pode ser entendido como "de uso" ou como "produtivo". "De uso" quando abranger bens econômicos pertencentes a uma pessoa que deles se serve diretamente para a satisfação de suas necessidades, sem fazer fonte de criação de novos bens. "Produtivo" quando abranger bens explorados com o intuito de obter valores novos. A ação, por exemplo, significa patrimônio produtivo.

Ainda dentro desse enfoque, ressalvamos que o direito de propriedade faz parte do patrimônio quer a coisa pertencente ao sujeito desse patrimônio esteja submetida à sua posse direta ou indireta, quer lhe tenha sido mesmo furtada. O direito de propriedade não desaparece só porque perdeu todo o valor de troca nas relações comerciais e toda a utilidade pessoal para o seu proprietário o objeto sobre que recai; o direito subsiste, apesar disso, como elemento integrante do patrimônio.[313] É muito discutível que o mesmo possa acontecer com os direitos que se dizem de crédito.

Por outro lado, os direitos subjetivos podem, pois, ser patrimoniais e extrapatrimoniais. Os direitos patrimoniais são regras que regulam as relações das pessoas e o seu vínculo com as coisas materiais ou não, coisas que podem ser alienadas e apreciadas economicamente. Os direitos extrapatrimoniais dizem respeito aos direitos que não podem ser incorporados ao patrimônio material e nem podem ser apreciados economicamente.

Os *direitos patrimoniais* podem ser reais e pessoais. Todos os *direitos reais* são *direitos patrimoniais*, até mesmo o direito hereditário. Todavia, existem *direitos pessoais* que são, segundo a melhor doutrina, de caráter *extrapatrimonial*, como, por exemplo, os direitos puros de família.

Direitos reais são o poder jurídico que uma pessoa tem sobre determinada coisa, corpórea ou incorpórea, e é oponível contra todos. São *reais* o direito sobre a coisa própria, o direito sobre a coisa alheia, o direito de garantia – propriedade, a enfiteusa, as servidões prediais, o usufruto, o uso, a habitação, as rendas constituídas sobre imóveis, o penhor, a anticrese e a hipoteca.

Direitos pessoais são o poder jurídico que uma pessoa (sujeito ativo) tem de obrigar outra pessoa (sujeito passivo) a que cumpra certa prestação

---

[312] FISHER, Hans Albrecht. A Reparação dos Danos no Direito Civil, São Paulo, Livraria Acadêmica Saraiva & Cia - Editores, 1938, p. 13.
[313] Cf. Hans Albrecht Fisher, *op. cit.*, p. 19.

de dar, de fazer, ou de não fazer alguma coisa. São *pessoais*, pois somente seu titular pode exercê-los. *Pessoais* são os direitos de crédito ou obrigacionais e certos direitos de família.

Pois bem, JOSÉ XAVIER CARVALHO DE MENDONÇA, ao dizer que a *ação* é um complexo de direitos e obrigações de caráter patrimonial e pessoal,[314] o disse em distinção, primeiro, aos *direitos extrapatrimoniais* e, segundo, aos *direitos reais* ou *de propriedade*.

Estudando *Fritz von Steiger, Francesco Messineo, Umberto Navarrini, Rodrigo Úria González, Geroge Ripert, Ader, Bernardo Kliksberg, Andrea Kutnowski, José Xavier Carvalho de Mendonça, Isaac Halperín* e *Dídimo Agapito da Veiga Junior*, WILSON DE SOUZA CAMPOS BATALHA concluiu que "a ação é parte do capital social, é expressão da qualidade de sócio e é título formal objeto de negócios jurídicos".[315] Afirma ainda, que "a ação constitui parte do capital social, parcela, dotada de autonomia, de um todo indivisível; constitui um feixe de direitos e obrigações inerentes à qualidade de acionista, normalmente postos em função do valor das ações que cada acionista possui; constitui, finalmente, um título negociável representativo de um conjunto de direitos e obrigações, tendo em vista uma parcela do capital social, coisa corpórea, dotada de requisitos especiais".[316]

FRANCISCO CAVALCANTI PONTES DE MIRANDA FERREIRA, por sua vez, singelamente, entende que a "ação é a parte que tem o sócio no capital das sociedades por ações". É, ao mesmo tempo, a parte do capital, o direito de sócio e o título negociável com o qual a qualidade de sócio se transfere, porém "pode haver ação sem se criar título negociável, o que acontece sempre que a sociedade se satisfaz com a inscrição dos sócios, ainda se em estabelecimento ou repartição especializada". Ação, portanto, "exprime que o acionista entrou com a sua parte no capital, ou por ela se responsabilizou".[317]

CEZARE VIVANTE dizia que a palavra ação era usada em mais de um sentido e a lei se vale de um ou de outro, conforme as exigências do seu conceito. Para ele, ora indica aquela palavra cada uma das frações em que está dividido o capital social, ora, o complexo de direitos e obrigações derivadas para os sócios do contrato social, ora, o título com o qual os

---

[314] Cf. *Tratado do Direito Comercial Brasileiro*, vol. V, parte II, 3ª ed., Rio de Janeiro: Livraria Editora Freitas Bastos, 1938, p. 70.

[315] Cf. *Sociedades Anônimas e Mercados de Capitais*, vol. I, Rio de Janeiro, Editora Forense, 1973, p. 227.

[316] *Ibid.*, p. 227.

[317] Cf. *Tratado de Direito Privado*. Tomo 50 ("Direito das Obrigações: Sociedade por ações"). 2ª ed., Rio de Janeiro: Editor Borsoi, 1965, p. 49, 50 e 51.

AS AÇÕES DAS SOCIEDADES E OS TÍTULOS DE CRÉDITO

sócios fazem valer os seus direitos e os transmitem a outros.[318]

Para THEÓPHILO DE AZEREDO SANTOS, "a palavra ação, juridicamente examinada, comporta três conceitos: 1º) fração do capital social, parte do capital ou sua unidade; 2º) complexo dos direitos e obrigações dos acionistas, dando origem ao *status socii*; 3º) título ou documento que garante direitos e obrigações na sociedade, que podem ser transferidos a outrem".[319]

Na doutrina de WALDEMAR MARTINS FERREIRA, a ação é a parte alíquota do capital da sociedade anônima, documentalmente representada para o exercício dos direitos em título específico consignados ou dele decorrentes, ou, ainda, o título representativo dos direitos que se adquirem em virtude da participação no capital social; originariamente, por subscrição; ao depois, por aquisição. Acrescenta, também, que, a partir do momento em que se obrigou, bem ou dinheiro, aquele e este de seu patrimônio se desintegram e passam a integrar o patrimônio da sociedade. Pela autonomia deste patrimônio, que juridicamente se personaliza, o subscritor convertido em acionista se investe em direitos, uns atuais, permanentes e contínuos, na participação dos frutos e rendimentos de tal patrimônio, consistindo no acervo societário; e outros futuros, por isso mesmo eventuais, aos resíduos líquidos do mesmo patrimônio, ao se liquidar a sociedade.[320]

Entre outros autores brasileiros da atualidade, citamos, no momento, dois: *João Eunápio Borges* e *José Edwaldo Tavares Borba*.

O primeiro afirma que ação é a denominação de "cada uma das partes, de igual valor, em que se divide o capital de uma sociedade anônima". Diz, ainda, que "é a unidade mínima deste capital, que não pode ser fracionado em relação à sociedade", bem como constitui "o título representativo dos direitos e obrigações do acionista na sua qualidade de sócio da sociedade anônima". Após esse conceito, conclui ele que "ação é tudo isso, variando a importância relativa de seus diversos aspectos e funções de acordo com o ponto de vista em que se coloca o seu possuidor. Quem compra ações pode ter em mira tornar-se sócio de uma sociedade anônima a fim de intervir em sua direção, controlando-a, se possível. Pode visar simplesmente à aquisição de um título de renda, dando a seu capital aplicação mais lucrativa do que o simples depósito bancário, ou pode praticar um ato de mera especulação bolsística, comprando o título, não

---

[318] *Apud* Ruy Carneiro Guimarães, *Sociedades por ações*, vol. I, Rio de Janeiro, Editora Forense, 1960, p. 111 e 112.

[319] Cf. "Natureza Jurídica das Ações das Sociedades". In: *Revista Forense*, vol. 169, Rio de Janeiro, Editora Forense, p. 485.

[320] Cf. *Tratado de Direito Comercial*, 4º vol. ("O estatuto da sociedade por ações"), São Paulo, Edição Saraiva, 1961, p. 222, 223 e 224.

para conservá-lo, mas para vendê-lo com lucro".[321]

O segundo também vê a ação como a unidade do capital, sendo cada ação, por conseguinte, "uma fração do capital, atributiva, a seu titular, da condição de acionista". Diz, ainda, ele que "a ação investe o proprietário no estado de sócio, do qual resultam direitos e deveres perante a sociedade", direitos e deveres que se materializam "em um título de participação, que é ação, instrumento legitimador da condição de sócio e veículo de transmissão dessa condição".[322]

Observando a questão da mesma forma que *Francisco Cavalcanti Pontes de Miranda Ferreira*, JOSÉ EDWALDO TAVARES BORBA lembra, ainda, com muita felicidade, que "as ações não dependem, por natureza, de uma cártula, tanto que a ação nominativa pode prescindir de certificado, enquanto a ação escritural nem mesmo pode ter certificado".[323] Considerando, ainda, que, no caso, a palavra "título" é empregada sempre para expressar documento que autentica um direito ou qualquer papel autônomo negociável (ação, letra de câmbio, promissória, etc.) e que não vislumbramos uma ideia perfeita a sua aplicação para expressar algo de existência abstrata e incorpórea, apesar de JOSÉ EDWALDO TAVARES BORBA entender possível a utilização da palavra "título" no sentido amplo, com cártula ou sem cártula.[324] Por essa especial razão, achamos que os conceitos até aqui transcritos não refletem integralmente a realidade, pois a ação nem sempre constitui um título, um documento autônomo representativo dos direitos de sócio, ressalvando o respeito que merecem as posições contrárias. É certo que elas podem se materializar em títulos, mas, por vezes, se restringem à indicações em registros.

Após tecermos estas considerações, desejando apenas dar uma pequena contribuição à construção doutrinária sobre o instituto, apresentamos um outro conceito para a ação, que difere bem pouco dos demais. Em nossa opinião, ação seria a fração mínima em que o capital social foi dividido, ao tempo em que confere todo um conjunto mutável de direitos e obrigações ao seu possuidor, direitos e obrigações que, por sua vez, podem materializar-se em certificados negociáveis ou serem expressos através de registros ou lançamentos contábeis em contas indicativas.

---

[321] BORGES, João Eunápio. *Títulos de Crédito*, 2ª ed., Rio de Janeiro, Editora Forense, 1983, p. 262 e 263.

[322] BORBA, José Edwaldo Tavares. *Direito Societário*, Rio de Janeiro, Livraria e Editora Freitas Bastos, 1986, p. 151.

[323] Cf. *op. cit.*, p. 152.

[324] *Ibid.*, p. 153.

5.2 AÇÃO COMO UNIDADE DO CAPITAL SOCIAL

O *capital social* é o somatório das contribuições que entram para a constituição da sociedade ou, no decorrer de seu funcionamento, para simplesmente aumentá-lo. Já para JOSÉ EDWALDO TAVARES BORBA, "corresponde, em princípio, ao montante dos bens que os subscritores conferiram à sociedade ao integralizar as ações". Porém alerta que, "como capital social, é imutável, constando do estatuto como uma cifra formal, somente alterável quando uma decisão, nesse sentido, for tomada pela sociedade".[325]

Há que se distinguir *capital social* de *fundo social*. O *capital social* é o capital nominal, ou seja, o valor patrimonial declarado em estatuto (art. 5º da Lei nº 6.404, de 15.12.1976).[326] *Fundo social* é o capital real, ou melhor, o *patrimônio social*, que, como observa RUBENS REQUIÃO, "tende a crescer, se a sociedade for próspera, ou a diminuir, se tiver insucesso",[327] enquanto que o capital social permanente imutável.

A esse respeito, JOSÉ EDWALDO TAVARES BORBA menciona que "o capital é um valor formal e estático, enquanto o patrimônio é real e dinâmico. O capital não se modifica no dia-a-dia da empresa – a realidade não o afeta, pois se trata de uma cifra contábil".[328]

Assim, o *capital social* representa, imutavelmente, as entradas realizadas pelos subscritores e o fundo social representa, mutavelmente, o conjunto de bens da sociedade, universalidade que aumenta com o lucro e diminui com os prejuízos.

Ainda sobre o capital social, ele pode ser aumentado pelas novas entradas de subscritores ou pela incorporação de reservas ou lucros. No entanto, como afirma JOSÉ EDWALDO TAVARES BORBA, o capital social sempre se apresenta "como um indicador dos recursos destinados à

---

[325] Cf. *Direito Societário*, Rio de Janeiro, Livraria e Editora Freitas Bastos, 1986, p. 150.

[326] "Art. 5º O estatuto da companhia fixará o valor do capital social, expresso em moeda nacional.
Parágrafo único. A expressão monetária do valor do capital social realizado será corrigida anualmente (artigo 167)".

[327] Cf. *Curso de Direito Comercial*, 1º vol., São Paulo, Editora Saraiva, 1984, p. 278.

[328] Cf. *op. cit.*, p. 52.

atividade social - fundo de atuação - a ser mantido constante".[329]

A ação, ao seu tempo, funciona como unidade de medida do capital social. Ela fraciona o capital em partes iguais, de mesmo valor nominal. Este valor nominal, igual para cada uma das ações que compõem o capital, representa uma fração. A lei não estabelece o valor mínimo ou máximo para estas frações. Ela é fixada com liberdade nos estatutos da sociedade.

A esse respeito, JOSÉ XAVIER CARVALHO DE MENDONÇA diz que, "servindo de unidade de medida, devem as ações ser do mesmo valor. A igualdade facilita o concurso dos subscritores na distribuição dos lucros, a cotação dos títulos nas bolsas e a sua circulação".[330] Aliás, igualdade de valor é um princípio decorrente do próprio sistema acionário adotado. Na Itália, não obstante o silêncio das leis a esse respeito, CESARE VIVANTE também assim opina, fundamentando a sua posição em diversas disposições e no elemento histórico da lei.[331] Na Bélgica, a lei é também silenciosa, ensinando PARFAIT JOSEPH NAMUR (1815-1890) [332] e JULES GUILERY [333] que devem ser do mesmo valor. Na Alemanha e na Suíça, a sociedade anônima pode colocar no mercado ações de valores diferentes.

Geralmente o valor mínimo de cada ação é fixado em pequena ou irrisória monta, a fim de facilitar o acesso de subscritores com poucos recursos. JOSÉ XAVIER CARVALHO DE MENDONÇA informa que nem sempre é ou foi assim. Por exemplo, diz ele que o *Congresso Internacional das Sociedades por Ações*, realizado em Paris, no ano de 1900, adotou a deliberação seguinte: "3º - A lei deve determinar um mínimo de taxa das ações". O fim desta resolução era evitar pequenas ações, que trazem embaraços à sociedade, desinteressando os acionistas das assembleias. Prossegue ele mostrando que "na França, a lei de 1893 fixou esse mínimo em 25 francos - se o capital não excede a 200.000 francos - e em 100 francos – se ele for superior a esta soma. O código alemão (artigo 180)

---

[329] Cf. *Direito Societário*, Rio de Janeiro, Livraria e Editora Freitas Bastos, 1986, p. 151.

[330] Cf. *Tratado do Direito Comercial Brasileiro*, vol. V, parte II, 3ª ed., Rio de Janeiro: Livraria Editora Freitas Bastos, 1938, p. 409.

[331] Cf. *Trattato di Diritto Commerciale*, volume II, 4ª ed., Milão: Casa Editrice Dottor Francesco Vallardi, 1914, nº 458.

[332] Cf. *Le Code de Commerce Belge: Revise, Interprete par les Travaux Preparatoires des Lois Nouvelles, par la Comparison avec la Legislation Anterieure et par la Doctrine et la Jurisprudence*, 2ª ed., vol. 2º, Bruxelles, Bruylant-Christophe et Cie., 1877, nº 991.

[333] Cf. *Des Sociétés commerciales en Belgique: Commentaire de la loi du 18 mai 1873*, vol. 2º, Bruxelles, Braine-l'Alleud, 1874, nº 564.

AS AÇÕES DAS SOCIEDADES E OS TÍTULOS DE CRÉDITO

estabelece, também, o valor mínimo das ações".[334] ERCOLE VIDARI censura essas leis restritivas da liberdade contratual.[335]

Outro ponto que merece nossa atenção é o fato de a ação ser indivisível em relação à sociedade, isto é, o fracionamento de ação não gera qualquer outro efeito (direitos e obrigações) para a sociedade. Pretende-se, com esta regra, proteger os interesses da sociedade e dos acionistas: por um lado, evitar as naturais dificuldades do fracionamento em caso de morte, para não complicar a distribuição dos dividendos e o cômputo dos votos; por outro, conservar a ação facilmente circulável.[336]

Na opinião de JOSÉ XAVIER CARVALHO DE MENDONÇA, em relação aos acionistas, a ação pode ser divisível ou fracionada. Uma só ação pode ser objeto da propriedade indivisa de duas ou mais pessoas, de condomínio, quer em virtude de partilha por herança ou liquidação de sociedade, quer por convenção.[337] Neste caso citamos como exemplo os *Fundos de Ações*, os *Clubes de Investimento*, o *Patrimônio Individual do Trabalhador-PAIT*, etc. No entanto, alerta ele que "nenhum dos condomínios pode reclamar título distinto da sua parte nem exigir da sociedade o pagamento da parte que lhe cabe no dividendo".[338]

Para FRANCISCO CAVALCANTI PONTES DE MIRANDA FERREIRA, que mantém o mesmo ponto de vista, o princípio da indivisibilidade das ações refere-se ao fato de a ação ser um bem indivisível. A unidade do direito de sócio, nas sociedades por ações, é a ação, daí não poder ser dividida; mas poderá haver comunhão *pro diviso* das ações ou da ação, isto é, a ação é indivisível em relação à sociedade, não, entre acionista e terceiro, podendo, pois, pertencer a mais de uma pessoa, muito embora os direitos a elas inerentes somente possam ser exercidos pela que for escolhida para representante do condomínio - e que passa a figurar como titular da ação.[339]

Sobre a indivisibilidade das ações, JOSÉ XAVIER CARVALHO DE MENDONÇA lembra, ainda, que, no Direito inglês, existe a

---

[334] Cf. *Tratado do Direito Comercial Brasileiro*, vol. V, parte II, 3ª ed., Rio de Janeiro: Livraria Editora Freitas Bastos, 1938, p. 409.

[335] Cf. *Corso di Diritto Commerciale.*, vol. II, São Milano: Ulrico Hoepli, 1896, n° 1.202.

[336] VIVANTE, Cesare *Trattato di Diritto Commerciale*, vols. II, 4ª ed., Milão: Casa Editrice Dottor Francesco Vallardi, 1914, n° 469.

[337] Cf. *Tratado do Direito Comercial Brasileiro*, vol. V, parte II, 3ª ed., Rio de Janeiro: Livraria Editora Freitas Bastos, 1938, p. 411.

[338] *Id., loc. cit.*

[339] Cf. *Tratado de Direito Privado*. Tomo 50 ("Direito das Obrigações: Sociedade por ações"). 2ª ed., Rio de Janeiro: Editor Borsoi, 1965, p. 52.

interessante figura da *conversion of share into stock*, permitida pela lei de 1862, arts. 23 e 25 e, hoje, pela lei de 1908, arts. 31 e 34 do anexo "A". Esta conversão é uma forma do agrupamento ou da consolidação de certo número de ações integradas de grande valor, de modo que o acionista, em vez de possuir certo número de ações e receber um dividendo variável, é titular de uma parte correspondente no capital social e recebe uma renda fixa, determinada. Seu título equipara-se a um título de fundos públicos, podendo ser negociado no todo ou em parte. A sociedade dá ao acionista o certificado do número total das ações que ele possui, podendo ele, então, fracioná-lo. Cada um dos compradores faz-se inscrever na companhia. Dispõe o art. 32 do anexo da lei de 1908: "Os portadores do *stock* podem tranferi-lo no todo ou em parte, do mesmo modo que se se tratasse de ações antes da conversão; mas o conselho administrativo pode fixar o mínimo transferível do *stock* e restringir ou proibir a transferência de frações deste mínimo. Contudo, o mínimo não pode exceder a importância do valor nominal das ações a converter".[340]

5.3 AÇÃO COMO COMPLEXO DE DIREITOS E OBRIGAÇÕES DO SEU POSSUIDOR

Apesar do consenso a respeito de a ação expressar a unidade do capital social, não há unanimidade na doutrina em considerá-la como o complexo dos direitos e obrigações de caráter patrimonial e pessoal do possuidor. Há unanimidade apenas no que tange ao complexo dos direitos e obrigações de caráter patrimonial. Porém, muito se tem discutido a respeito de que este complexo de direitos e obrigações tenha caráter pessoal. No momento nos prenderemos apenas ao fato indiscutível de que a ação confere direitos e obrigações inerentes à qualidade de sócio àquele que detém a propriedade.

Assim é que TULLIO ASCARELLI assegura que as ações conferem "uma posição, o *status* de sócio, do qual, por sua vez, decorre uma série de direitos e poderes diversos e, até, de obrigações, as relativas ao pagamento de entradas das ações eventualmente não integralizadas: também

---

[340] Cf. *Tratado do Direito Comercial Brasileiro*, vol. V, parte II, 3ª ed., Rio de Janeiro: Livraria Editora Freitas Bastos, 1938, p. 410 e 411.

AS AÇÕES DAS SOCIEDADES E OS TÍTULOS DE CRÉDITO

estas obrigações incumbem a todos os sucessivos titulares da ação".[341] Essas razões, continua o jurista italiano, "permitem-nos excluir que, na ação, se possa reconhecer uma declaração confessória e nos autorizam a afirmar que, na base da ação, está um ato de vontade, um negócio autônomo; negócio declaratório; declaratório da qualidade de sócio".[342]

WILSON DE SOUZA CAMPOS BATALHA, no mesmo sentido, diz que a ação constitui título que representa a participação num capital, que, a seu turno, representa o patrimônio da sociedade anônima. As ações, mesmo que não tenham valor nominal, representam, sempre, um percentual sobre o patrimônio da sociedade. Diferem, entretanto, as ações das meras participações que não são representadas por títulos negociáveis nem indicam um limite máximo da responsabilidade dos sócios. 3 (três) característicos básicos distinguem as ações das participações em outras sociedades: *a)* limitação da responsabilidade à importância do preço de emissão; *b)* unicidade de valor de todas as ações da companhia, ressalvada a hipótese de ações sem valor nominal; *c)* negociabilidade – em regra, livre e independente de alteração contratual ou de anuência dos demais sócios.[343]

UMBERTO NAVARRINI e GABRIELE FAGGELA, acompanhando o mesmo ponto de vista, opinam que ela confere a qualidade de sócio; além, portanto, dos direitos de participação da vida social, de controle, etc, que são mais de natureza administrativa. Quanto aos deveres, estes se reduzem ao fundamental de pagar a contribuição expressa na ação, ao de fazer todos os pagamentos prometidos, além daquele que é indispensável ser feito antes da sociedade constituir-se e além daquele que em tal período tenha a sociedade pretendido fazer.[344]

Muito falamos sobre os direitos e obrigações conferidas pelas ações. A obrigação básica do acionista é o dever de realizar as entradas a que se comprometeu, muito embora esteja sujeito a outras obrigações oriundas da lei ou dos estatutos. RUBENS REQUIÃO acrescenta que todo sócio, como membro de uma coletividade constituída e organizada, tem o dever de lealdade para com a sociedade, dever este estabelecido também no Direito germânico através do princípio fundamental da fidelidade, que, por sua vez, derivou-se da boa-fé - *treu und glauben*.[345] Sobre este princípio,

---

[341] Cf. *Teoria Geral dos Títulos de Crédito*, São Paulo, Livraria Acadêmica Saraiva & Cia - Editores, 1943, p. 185.

[342] *Ibid.*, p. 185.

[343] Cf. *Comentários à Lei das Sociedades Anônimas*, vol. I, Rio de Janeiro, Editora Forense, 1977, p. 160.

[344] Cf. *Das sociedades e das Associações Comerciais*, vol. II, Rio de Janeiro: José Konfino Editor, 195, p. 374 e 375.

[345] Cf. *Curso de Direito Comercial*, 1º vol., São Paulo, Editora Saraiva, 1984, p. 125.

escreve o jurista germânico WOLFANG SCHILLING que ele determina o conteúdo de cada direito e conjuntamente fixa os limites do exercício, constituindo um inadmissível abuso de direito, quando tal exercício se choca contra a fidelidade à sociedade. Nenhum sócio pode exercitar seus direitos para conseguir vantagens particulares estranhas à sociedade ou para causar-lhe danos ou a outros sócios. De outro lado, ele não deve antepor seus interesses àqueles da sociedade.[346]

É qualificado por lei como acionista controlador aquele que é titular de direitos de sócio que lhe assegurem, de modo permanente, a maioria dos votos nas deliberações da assembleia-geral e o poder de eleger a maioria dos administradores da companhia, bem como usa, efetivamente, seu poder para dirigir as atividades sociais e orientar o fundamento dos órgãos da companhia. Diferente dos demais, está sujeito a outras obrigações. Assim, o acionista controlador está obrigado a, nos dizeres de JOSÉ EDWALDO TAVARES BORBA, conduzir-se respeitando os padrões éticos e jurídicos que informam a atividade empresarial, desenvolvendo toda a sua ação no sentido de servir à sociedade e promover os interesses dos acionistas em geral, dos empregados e da comunidade em que atua a empresa. Além disso, o controlador está, ainda, obrigado a não alterar o estatuto, a não promover a emissão de valores mobiliários e a não liquidar sociedade próspera, quando estes procedimentos têm por fim prejudicar acionistas minoritários, empregados ou investidores. Está obrigado, também, a não contratar com a sociedade em condições mais favorecidas do que as de mercado, a não aprovar contas irregulares, por motivo de favorecimento pessoal, a não deixar de apurar denúncia de possível procedência e a não eleger administrador ou fiscal sabidamente incapaz ou moralmente contra-indicado, além de outras obrigações que o estatuto venha a estabelecer.[347]

Quanto aos direitos do acionista, podemos dizer que, entre outros, destacam-se como essenciais os seguintes: *a)* o de participar dos lucros apurados pela sociedade, observada a regra de igualdade de tratamento para todos os acionistas da mesma classe ou categoria; *b)* de preferência para a subscrição de ações, no caso de aumento do capital social, para partes beneficiárias [348] conversíveis em ações, debêntures [349] conversíveis em

---

[346] Cf. "La legge evoluzione della società in Germania del dopoguerra". In: *Rivista delle Società*, Milano, Dottore Giuffrè Editore, 1957, p. 37.

[347] Cf. *Direito Societário*, Rio de Janeiro, Livraria e Editora Freitas Bastos, 1986, p. 261 e 262.

[348] Títulos de criação da sociedade anônima que atribuem a seus titulares o direito de participar dos lucros anuais; não correspondem a qualquer parcela do capital e, salvo o de fiscalizar, não oferecem qualquer direito privativo do acionista.

AS AÇÕES DAS SOCIEDADES E OS TÍTULOS DE CRÉDITO

ações e bônus de subscrição;[350] *c)* de fiscalizar, pela forma estabelecida em lei, a gestão dos negócios sociais; *d)* de retirar-se da sociedade, nos casos expressos na lei, quando dissidir da deliberação da assembleia geral (inclusive o titular de ações preferenciais sem direito a voto), podendo pedir o reembolso das ações de que, comprovadamente, era titular na data da assembleia, ainda que se tenha abstido de votar contra a deliberação ou não tenha comparecido à reunião; e *e)* de participar do acervo social, no caso de liquidação da sociedade.

Quanto a esses direitos de participação, em especial, acrescenta WALDEMAR MARTINS FERREIRA que "como tais se devem reputar, são substanciais da ação. Formam-lhe a essência; emprestam-lhe quase sentido patrimonial".[351] Inclusive, *Waldemar Martins Ferreira* posiciona-se de maneira um pouco mais minuciosa a respeito da participação conferida pela ação. Ele vê a ação como um título de participação para o acionista exercer os direitos essenciais, já enumerados, e um título de legitimação da qualidade de social do acionista.

Nesse último sentido, a ação legitima a qualidade de acionista para o exercício do direito de: *a)* ingressar no edifício e local de realização da assembleia geral, assinando o livro de presença; *b)* tomar parte na assembleia geral, discutindo a matéria da ordem do dia, votando as proposições em pauta, elegendo, quando for o caso, os direitos e, nas assembleias gerais ordinárias, os membros do conselho fiscal e respectivos suplentes, assinando a ata respectiva; *c)* convocar a assembleia geral, quando a diretoria retardar por mais de dois meses a convocação, nos casos previstos em lei ou nos estatutos, ou quando, representando 5% (cinco por cento), no mínimo, do capital votante, se os administradores não atenderem, no prazo de 8 (oito) dias, a pedido de convocação que apresentarem, devidamente fundamentado, com indicação das matérias a serem tratadas; *d)* examinar, no mês antecedente à data marcada para a assembleia geral ordinária, o relatório da administração sobre os negócios sociais e os principais fatos administrativos do exercício findo, a cópia das demonstrações financeiras e o parecer do conselho fiscal ou dos auditores independentes, se houver, lista de acionistas em mora, de que aquela assembleia tiver de tomar conhecimento; *e)* pedir certidões dos

---

[349] Títulos abstratos de dívida; não correspondem a qualquer parcela do capital; representam obrigações que figuram no passivo exigível da sociedade; têm vencimento e são exigível, haja lucro ou prejuízo.

[350] Títulos de subscrição de ações que dão aos titulares o poder de exercer esse direito conforme lhes convier; atribuem aos seus titulares, durante um prazo, o direito de adquirir ações por preço determinado.

[351] Cf. *Tratado de Direito Comercial*, 4° vol. ("O estatuto da sociedade por ações"), São Paulo, Edição Saraiva, 1961, p. 224.

assentamentos dos livros sociais e informações e esclarecimentos aos administradores e o auditor independente sobre os negócios sociais; *f)* pleitear ao conselho fiscal informações sobre matérias de sua competência, quando represente, pelo menos 5% (cinco por cento) do capital social; *g)* intentar ação anulatória da constituição da sociedade por ações ou defeitos de seus atos constitutivos ; *h)* demandar a anulação das deliberações em assembleia geral ou especial, irregularmente convocada ou instalada, ou violadoras da lei ou dos estatutos, ou eivados de erro, dolo, fraude ou simulação; *i)* mover ação civil de reparação de danos contra fundadores e as instituições financeiras que participarem da constituição por subscrição pública, diretores, membros do conselho fiscal ou por atos culposos ou dolosos ou infringentes da lei ou dos estatutos, bem como contra os peritos pela avaliação dos bens entrados para o capital social, desde que represente 5% (cinco por cento), pelo menos, do capital social e a ação não for promovida no prazo de 3 (três) meses da deliberação da assembleia geral; *j)* mover ação que couber contra o liquidante, até 30 (trinta) dias, a contar da publicação da ata de assembleia geral para a prestação final das contas; *k)* propor ação para dissolução da sociedade, quando provado que não pode preencher o seu fim, desde que represente 5% (cinco por cento), ou mais, do capital social; *l)* pedir, judicialmente, a liquidação da sociedade, se os administradores ou a maioria dos acionistas deixarem de promover a liquidação, ou a ela se opuserem; *m)* requerer a falência da sociedade, apresentando sua ação.[352]

Sobre esse assunto, devemos, ainda, citar a posição de um dos nossos autores mais atuais: RUBENS REQUIÃO também vê a ação sob três aspectos e, em relação ao que expomos, diz que a ação "é um título corporativo, isto é, um título de legitimação que permite ao sócio participar da vida societária, além de representar ou corporificar uma fração do capital social".[353]

Outro ponto que, no momento, merece destaque é que, na realidade, as ações não representam exatamente a propriedade direta sobre os bens que compõem o patrimônio da companhia. Ressalta WILSON DE SOUZA CAMPOS BATALHA que o acionista não é comunheiro dos bens sociais, nem credor da sociedade. Proprietária dos bens sociais é a sociedade e não, os acionistas. Como pessoa jurídica que é, por expressa determinação legal, a sociedade tem um patrimônio, que lhe pertence". Diz ele, ainda, que "é possível que, no momento de dissolver-se a sociedade, anuam os sócios no sentido de que os bens passem a pertencer-lhes a título comunitário, mas a situação, durante a vida da sociedade, é perfeitamente clara no

---

[352] FERREIRA,Waldemar Martins. *Tratado de Direito Comercial*, 4° vol. ("O estatuto da sociedade por ações"), São Paulo, Edição Saraiva, 1961, p. 226 e 227.

[353] Cf. *Curso de Direito Comercial*, 1° vol., São Paulo, Editora Saraiva, 1984, p. 63.

AS AÇÕES DAS SOCIEDADES E OS TÍTULOS DE CRÉDITO

sentido de que inexiste comunhão e sim, propriedade da sociedade sobre os bens sociais".[354]

Durante a existência da sociedade, não comungando de seu patrimônio, a participação a que nos referimos não inclui a participação direta nos bens da companhia (uso, gozo e domínio). Assim, durante este tempo o acionista apenas participa "dos lucros e arca com os prejuízos que envolvem perda de substância do valor representado pelas ações".[355]

Temos que aqui demonstrar a excepcionalidade do Direito brasileiro. É indiscutível que, na maioria dos países, como foi dito no estudo feito por NICOLA GASPERONI, a ação é, antes de tudo, um documento escrito, ou seja, um meio material de representação gráfica de um fato.[356] Porém não podemos dizer a mesma coisa voltando os olhos para o sistema codificado por nossas leis. Com essas ressalvas, genericamente, através de um documento ou não, podemos dizer que a ação se refere ao direito de participação do seu possuidor na sociedade, conferindo-lhe o *status socii* e legitimando o exercício, por parte desse possuidor, de uma série de direitos e faculdades, lembrando que esta participação, de certa forma, é integral. Ou, como coloca FRANCESCO MESSINEO, "revela-se que a substância da qualidade de sócio consiste no dividir conjuntamente a sorte da sociedade, no sentido de beneficiar-se com seus lucros e sofrer as perdas".[357]

Não duvidamos de que haja triplicidade no sentido de ação. Isso, indiscutivelmente, já se tornou pacífico na nossa doutrina e na estrangeira. São, também, pacíficas as colocações sobre o primeiro aspecto - unidade de capital. A maior parte das divergências, até hoje não eliminadas, está relacionada com dois aspectos: o direito do acionista sobre o patrimônio da sociedade e o documento negociável. Que espécie de direito representa a ação? Direito pessoal (de crédito ou obrigacional) ou direito real (de propriedade)? Que espécie de documento negociável é a ação? Título de crédito, título de participação ou título de propriedade? A maioria absoluta a coloca na relação dos títulos de crédito e considera o direito que ela representa como de crédito pessoal (direito de crédito), mesmo havendo sérios empecilhos para tanto; em número reduzido, alguns levantam dúvidas a respeito dessa concepção. Apesar da desproporcionalidade no

---

[354] Cf. *Sociedades Anônimas e Mercados de Capitais*, vol. I, Rio de Janeiro, Editora Forense, 1973, p. 228.

[355] Cf. Wilson de Souza Campos Batalha, *op. cit.*, p. 228.

[356] Cf. *Las Acciones de las Sociedades Mercantiles*, trad. por Francisco Javier Osset, Madrid, Editorial Revista de Derecho Privado, 1950, p. 59 e segs.

[357] Cf. *Manuale di Diritto Civile e Commerciale*, vol. 3º, 1ª parte, tomo 1º, 8ª ed., Milano, Dottore Giuffrè Editore, 1953, § 152, nº 16, p. 382 e 384.

número de seguidores das posições antagônicas, passaremos a estudar as argumentações apresentadas por uns e por outros.

5.4 CONCEPÇÃO QUE CONSIDERA AÇÃO COMO TÍTULO DE CRÉDITO

No início das discussões sobre a natureza jurídica das ações, sustentava-se ser o acionista credor da sociedade. Naquela ocasião, chegou-se a suspentar que as ações seriam "direitos *sui generis* participando ao mesmo tempo das características de *direito de crédito* e *direito de propriedade*".[358] RODOLPHE ROUSSEAU foi um dos que mais defenderam ser a vantagem do acionista equivalente ao direito de crédito contra a companhia. Dizia ele que, durante a vida da sociedade, a ação constituía direito de crédito, direito mobiliário, embora a sociedade tivesse propriedades imóveis.[359]

Da mesma maneira, UMBERTO PIPIA entende que "constitui a ação um título de crédito, porque confere ao seu possuidor um crédito contra a sociedade, sobre os lucros e sobre o capital, no caso de liquidação".[360] Da forma igual, CHARLES LYON CAEN (1843-1935) e LOUIS RENAULT (1843-1918) afirmam que a ação, como resultado da personalidade das sociedades e das vantagens de que gozam os acionistas durante a existência da sociedade, constitui um direito de crédito; o acionista, neste caso, é apenas credor da parte que lhe é reservada nos lucros; porém, uma vez dissolvida a companhia, torna-se co-proprietário dos bens sociais, que, até a dissolução, pertenciam à sociedade, pessoa moral.[361]

No Direito brasileiro, GUDESTEU PIRES também advogava que o caráter predominante da ação é conferir o direito de receber uma parte

---

[358] BATALHA, Wilson de Souza Campos. *Sociedades Anônimas e Mercados de Capitais*, vol. I, Rio de Janeiro, Editora Forense, 1973, p. 227.

[359] Cf. *Des Sociétès Commerciales françaises et étrangéres*, vol. I, 3° édition, Paris: Arthur Rousseau Editeur, 1906, p. 327 e 328.

[360] Cf. *Trattato di Diritto Commerciale*, vol. 2°, Torino: Unione tipografico-editrice torinese, 1914, n° 492, p. 402.

[361] Cf. *Manuel de Droit Commercial, y Compris le Droit Martitime*, 15è édition, Paris: Librairie Générale de Droit et de Jurisprudence – LGDJ, 1928, n° 192.

AS AÇÕES DAS SOCIEDADES E OS TÍTULOS DE CRÉDITO

dos lucros sociais e que tal vantagem é um direito eventual de crédito.[362] Próximo ainda a este entendimento, ANTÔNIO BENTO DE FARIA observa que "a ação, em vez de um crédito, pode ser um título de dívida passiva, se não está integralizada, pois o acionista é responsável pelo valor total da ação, para com a sociedade e para com terceiros. Se a ação está integralizada, é um título de dívida ativa em favor do acionista, mas título que só se faz efetivo depois do pagamento das debêntures e quaisquer outras verbas do passivo".[363]

Em meio à discussão que se travou no passado, EDMOND-EUGÈNE THALLER (1851-1918) defendeu, também, que a ação representava, a um só tempo, um direito de crédito e um direito de propriedade. Fundamentou as suas conclusões com a alegação de que "é um crédito porque cada acionista tem pretensões a exercer *pro socio* contra os outros e é uma propriedade porque, não obstante a ficção de personalidade moral, o fundo social está indiviso entre todos os acionistas".[364]

Considerar que a ação representa pura e simplesmente um crédito contra a companhia causou muita polêmica, não apenas entre juristas, mas também entre economistas. Relativamente a estes últimos, merecem ser citadas as colocações feitas por PAUL MARLOR SWEEZY, professor em Cambridge, nos Estados Unidos, ao comentar a exposição do fenômeno descrito por Hilferding, que trouxe também à tona a presente discussão. Entende PAUL MARLOR SWEEZY que não é a sociedade anônima como tal que transforma o capitalista industrial em capitalista financeiro; uma firma particular pode realizar o processo legal de incorporação sem modificação essencial alguma, do ponto de vista econômico. Decisivo é o crescimento de um mercado firme para as ações das sociedades anônimas, o que, em si, constitui um processo histórico longo, que não pode ser analisado aqui. A razão disso é clara: somente através do mercado de ações pode o capitalista conseguir a independência do destino da empresa em que investiu seu dinheiro. Quanto mais perfeito for o mercado de ações, tanto menos o acionista se parece com o antiquado capitalista e administrador e tanto mais com o realizador de empréstimos que pode recuperar imediatamente seu dinheiro. Sempre permanece, porém, uma diferença, ou seja, a de que o acionista corre um risco maior de perda do que o emprestador puro e simples e, portanto, a sua participação nos lucros deve

---

[362] Cf. *Manual das Sociedades Anônimas*, Rio de Janeiro, Livraria e Editora Freitas Bastos, 1942, Capítulo 4º, Seção 1ª, nº 84, p. 131.

[363] Cf. *Codigo Commercial Brazileiro*, 2ª ed., Rio de Janeiro, Jacintho Ribeiro Santos, 1912, nº 298, p. 253.

[364] Cf. *Traité Elémentare de Droit Commercial, à l'exclusion du Droit Maritime*, 4ᵉ édition, Paris: Arthur Rousseau, Éditeur, 1910, nº 614.

ser maior do que os juros sobre o dinheiro, através de um prêmio do risco variável.[365]

Apesar de, nesta fase do estudo, estarmo-nos abstendo de refutar as argumentações dos autores que transcrevemos, o momento é propício a alguns comentários a respeito da questão. Por mais que tentem colocar o acionista como emprestador de capital, ele estará sempre impregnado pelas características que vestem a figura do capitalista de risco. A liberação do capitalista industrial da função de empresário industrial não o torna um mero emprestador de capital. Não considerando o gerenciamento do empreendimento, o acionista quase que se equipara ao comerciante que mobilizou seu capital numa determinada atividade comercial, em busca de maiores ganhos para seu patrimônio pessoal. As 3 (três) únicas diferenças são: *a)* o acionista pode ou não participar diretamente na administração do empreendimento; *b)* o acionista pode transferir seus direitos a qualquer momento sem grandes formalidades; e *c)* a sua responsabilidade para com os credores está limitada ao preço que pagou pela ação.

Vale ressaltar, ainda, que, entre o acionista e o sócio-quotista das sociedades de responsabilidade limitada, as diferenças se reduzem mais. Entre um e outro destaca-se apenas a maior facilidade para transferir sua participação na sociedade.

Havendo muita polêmica a respeito, conclui EDMOND-EUGÈNE THALLER que "a discussão não conduz a nenhum resultado útil, e nós a negligenciamos".[366]

Fechando a questão, merece destaque a observação feita por KARL HEINSHEIMER no sentido de que "as ações não representam uma participação determinada nos bens ou patrimônio da companhia, senão simplesmente uma soma de dinheiro. São cifras, somas, não quotas. Significam uma representação numerária do capital social e isto facilita grandemente sua negociabilidade, sobretudo quando o capital experimenta uma considerável elevação; porém não se deve perder de vista que as ações não são, em nenhum caso, um crédito de dinheiro contra a sociedade, senão um direito de participação na mesma, em cujo valor efetivo a cotação influi notavelmente, e é de ter em conta, em primeiro lugar, o estado em que se encontram os bens ou patrimônio da companhia".[367]

Com o decorrer dos anos e dos debates, aos poucos abandonou-se a ideia de que a ação representava exclusivamente um crédito contra a

---

[365] Cf. *Teoria do Desenvolvimento Capitalista*, São Paulo, Editora Abril Cultural, 1983, p. 200.

[366] Cf. *Traité Elémentare de Droit Commercial, à l'exclusion du Droit Maritime*, 4ᵉ édition, Paris: Arthur Rousseau, Éditeur, 1910, n° 614.

[367] Cf. *Derecho Mercantil*, trad. espanhola segundo a 3ª ed. Alemã, Barcelona: Editorial Labor, 1933, p. 127.

AS AÇÕES DAS SOCIEDADES E OS TÍTULOS DE CRÉDITO

companhia, porém permaneceu o entendimento de que se tratava de um título de crédito, em virtude de estarem presentes, segundo esta corrente, os pressupostos enumerados pela definição apresentada por CESARE VIVANTE. Por sinal, o próprio CESARE VIVANTE incluiu as ações na categoria dos títulos de crédito.[368]

O professor do Instituto Universitário de Economia e Comércio de Veneza, ANTONIO BRUNETTI, dentre vários juristas italianos, considera a ação como um título de crédito. Sustenta ele que "daí se revela que, exigindo-se o documento com elementos que estão fora dele (também a sucessiva modificação na instituição do capital social ali deve ser indicada), a ação, apesar de não ser um título completo, é, todavia, um título de crédito, pois possui a característica estrutural e funcional dele".[369]

É importante, também, a transcrição do estudo feito por NICOLA GASPERINI, professor da Universidade de Perúsia, no qual apresenta os motivos que levaram aquele jurista italiano a compreender as ações como títulos de crédito causais. Diz ele o seguinte: 1º) a ação é, antes de tudo, um documento escrito, ou seja, um meio material de representação gráfica de um fato; 2º) a ação só pode ser considerada e compreendida entre os documentos com função dispositiva, posto que é necessária para o exercício dos direitos sociais; 3º) a ação é um documento que não se refere a um direito de participação na pessoa jurídica da sociedade; 4º) a comparação entre a evolução histórica da letra de câmbio demonstra como, em geral, todos os títulos de crédito foram, em sua origem, documentos probatórios antes de transformarem-se em documentos dispositivos, isto é, documentos necessários para o exercício e a transmissão de direitos mencionados; 5º) a ação é um título de crédito que incorpora em si a condição de sócio: como tal, confere a seu titular o *status socii*, do qual se derivam uma série de direitos e faculdades; 6º) a ação é o documento necessário para o exercício indivisível mencionado; 7º) o requisito da literalidade existe na ação e não fica vulnerado, mesmo com referência que no título se faça a outros documentos, porque a ligação com estes está fixada por aquela referência , que constitui parte integrante do documento-título e, portanto, desse modo, o título vem abrangê-los e abraçá-los em si mesmos; 8º) a ação é um documento que tem uma estrutura unilateral, não formal, incompleto, ou seja, não íntegro, causal, em série e essencialmente comercial.[370]

Além de *Antonio Brunetti* e *Nicola Gasperini*, outros juristas italianos,

---

[368] Cf. *Trattato de Diritto Commerciale*, vol. III ("le cose"), 4ª ed., Milão, Casa Editrice Dottor Francesco Vallardi, 1914, p. 166.

[369] Cf. *Trattato del Diritto delle Società*, vol. II, Milano, Dottore Giuffrè Editore, 1948, nº 411, p. 80.

[370] Cf. *Las Acciones de las Sociedades Mercantiles*, trad. por Francisco Javier Osset, Madrid: Editorial Revista de Derecho Privado, 1950, p. 59 e segs.

como FRANCESCO CARNELUTTI,[371] ERCOLE VIDARI,[372] FRANCESCO MESSINEO,[373] GIUSEPPE FERRI,[374] ALBERTO MARGHIERI,[375] DAVI SUPINO,[376] ISIDORO LA LUMIA,[377] LORENZO MOSSA,[378] AGOSTINO RAMELLA,[379] ALFREDO ROCCO,[380] LUIGI LORDI,[381] VITTORIO SALANDRA,[382] ADRIANO FIORENTINO,[383] MARIO ROTONDI,[384] WALTER D'AVANZO,[385]

---

[371] Cf. *Teoria Giuridica della Circolazione*, Pádua: Casa Editrice Dottore Antonio Milani – CEDAM, 1933, n° 81, p. 247.

[372] Cf. *Corso di Diritto Commerciale*, vol. III, São Milano: Ulrico Hoepli, 1896, n°s 912, 917 e 918.

[373] Cf. *Manuale di Diritto Civile e Commerciale*, vol. 3°, 1ª parte, tomo 1°, 8ª ed., Milano: Dottore Giuffrè Editore, 1953, § 152, n° 16, letras "a", "b", "c", "d" e "e", p. 382-384.

[374] Cf. *I Titoli di Credito*, Torino, Unione Tipografico-Editrice Torinese – UTET,1952, Capítulo II, p. 67, n° 17.

[375] Cf. *Il Diritto Commerciale Italiano: Esposto Sistematicamente*, vol. 2°, 2ª ed., Nápoles, R. Marghieri Di Gaus, 1887, n° 876, p. 212; e "Delle Società e delle Associazioni Commerciali". In: *Il Codice di Commercio*. Vol. 4, Torino, Unione Tipografico-Editrice Torinese – UTET, 1929, n° 392.

[376] Cf. *Derecho Mercantil*, trad., Madri, n° 161, p. 200, *apud* Theóphilo de Azeredo Santos, "Natureza Jurídica das Ações". In: *Revista Forense*, vol. 169, Rio de Janeiro: Editora Forense, p. 489.

[377] Cf. "Appunti sulla natura giuridica dei titoli di credito". In: *Rivista del diritto commerciale*, 1940, vol. I, p. 1 e segs.; e "La atipicità delle società commerciali". In: *Rivista del Diritto Commerciale e del Diritto Geenerale delle Obligazioni*, vol. XXXVI, 1938, parte I, p. 217-235.

[378] Cf. *Trattato del Nuovo Diritto Commerciale*. vol. 1°, Pádua: Casa Editrice Dottore Antonio Milani – CEDAM, 1951, p. 184.

[379] Cf. *Trattato del Titoli All'Ordine*, vol. 1°, Firenze: Fratelli Camelli, 1900, n° 143.

[380] Cf. *Principli di Diritto Commerciale*, Torino, Unione Tipografico-Editrice Torinese – UTET, 1928, p. 384.

[381] Cf. *Le Obligazioni Commerciali*, vol. 1, 2ª ed., Milano, Societa Editrice Libraria - SEL, 1936, p. 381 e segs.

[382] Cf. *Società Commerciali; Estratto dal Nuovo Digesto Italiano*, Torino, Unione Tipografico-Editrice Torinese – UTET, 1938, n° 41; e *Corso di Diritto Commerciale*: *obbligazioni commerciali in genere, titoli di credito, titoli cambiarii*, Roma: Societa Editrice del Foro Italiano, 1939, n° 39.

[383] Cf. "La Consegna nell'alienazione dei titoli di credito". In: *Banca, Borsa, Titoli Credito*, 1948, vol. I, p. 129 e segs.

[384] Cf. *Instituzioni di Diritto Privato*, 6ª edizione, Pavia: Tipografico del Libro, 1954, p. 540.

AS AÇÕES DAS SOCIEDADES E OS TÍTULOS DE CRÉDITO

por exemplo, também consideram a ação como um título de crédito. O jurista italiano GIUSEPPE GALTIERI menciona que "as ações são título de emissão não completamente livre, no sentido de que sua emissão só é consentida nas sociedades por ações e nas em comanditas por ações. A seu ver, a literalidade e a autonomia despontam com limitada eficácia, considerando: *a)* que o direito ao dividendo considerado em concreto e também o direito a uma cota do patrimônio líquido, resultante da liquidação, dependem de circunstâncias independentes da letra do título e, precisamente, de favoráveis ou adversas vicissitudes da sociedade, oponíveis também ao possuidor qualificado pelo título; b) que, no curso da existência da sociedade, o capital social e o valor nominal da ação podem ser reduzidos, em observância às formas da lei e a ação pode continuar a circular com menção de um capital social e de um valor nominal mais correspondentes à realidade e sem prejuízo algum para a sociedade emitente, a qual pode, sempre, opor, mesmo ao possuidor de boa-fé, a redução acima, facilmente constatável, através das consultas aos registros públicos e as publicações oficiais; c) que ao possuidor, ainda que de boa-fé, podem ser opostas também outras exceções e defesas derivadas das vicissitudes de conexão causal, tornadas notórias através das formas prescritas de publicidade. Entretanto, apesar de ter como reduzidas ao mínimo a literalidade e a autonomia, o ilustre advogado italiano repele a tese, segundo a qual a ação ficaria fora do número dos títulos de crédito".[386]

Da mesma forma, UMBERTO NAVARRINI e GABRIELE FAGGELA preconizam que a ação social enquadra-se na vasta categoria dos títulos de crédito. Entra nesta categoria pelo fundamento e pelos elementos que lhe constituem a essência, pela posição assegurada ao seu possuidor, pela lei de circulação. Ainda mesmo não considerando as sociedades comerciais pessoas jurídicas, é de todo inútil dizer que a relativa autonomia do ser coletivo permite surgirem entre elas relações jurídicas e dá oportunidade à fixação dos dois termos indispensáveis a uma relação de crédito; mas quando se pensa, além disso, que, em conseqüência da contribuição paga ou prometida, logo que a sociedade o exija, o indivíduo venha, juntamente com direitos de caráter não patrimonial, a adquirir também direitos de caráter patrimonial, que pode fazer valer contra a sociedade; quando se pensa que o pleno direito de propriedade, diz respeito à coletividade exclusivamente. Àquele patrimônio não afeta a ideia fundamental pelo menos ao crédito, ideia que o legislador concretiza dando às ações a lei de circulação própria dos títulos de crédito e assegurando ao

---

[385] Cf. *Instituzioni di Diritto Civile*, 4ª ed., Roma: Editrice Stamperia Nazionale, 1950, p. 430.
[386] Cf. *I Tituli di Credito*, Torino, Unione Tipografico-Editrice Torinese – UTET, 1952, p. 395, nº 206.

possuidor a posição que tem em tais títulos. O fato de a ação levar consigo a causa da sua emissão, isto é, ligar-se a um contrato de sociedade, assumindo o possuidor, por conseqüência, as obrigações dela decorrentes é argumento imprestável, como dissemos, porque já agora é comumente admitido não ser absolutamente decisivo para negar às ações o caráter de títulos de crédito.[387]

ALBERTO TRABUCCHI, outro jurista italiano, observa que o fato de a ação incorporar, não um direito de crédito em sentido técnico, mas sim, a qualidade de sócio (da qual, aliás, podem originar-se direitos de crédito), não deve levar à conclusão de negar à própria ação a característica de título de crédito. Esclarecendo, ainda, que, "com efeito, esta denominação que contém uma menção ao crédito na verdade se consolidou e generalizou pelo fato de que toda teoria do título de crédito se formou em torno de um documento que, efetivamente, incorpora um direito de crédito em sentido restrito, isto é, em torno da cambial; mas se se tem presente o fato que o título de crédito é, sobretudo, um documento indispensável para o exercício do direito que, direta ou indiretamente, dele nasce, colocando-se desta maneira entre as cartas de valor (*wertpapiere*), nenhuma dificuldade obsta, sob este ponto de vista, a inclusão nessa categoria também da ação. Com isso não se exclui que, com base em outros argumentos, que aqui não serão apreciados, a qualidade de título de crédito distinta na ação possa ser discutida. Naturalmente, em qualquer caso, a ação deve ser colocada entre os títulos causais".[388]

TULLIO ASCARELLI compreendia as ações como títulos de crédito, nominativos ou ao portador. Assegurava que "circulam, pois, as ações com sujeição às normas próprias dos títulos de crédito, nominativos ou ao portador. Para o repasse delas, não é necessário o consentimento da sociedade, salvo o caso de que os estatutos o exijam".[389]. Posteriormente, o ex-catedrático da Universidade de Bolonha, que, durante a 2ª Guerra Mundial, refugiou-se, em nossa nação, da ditadura facista de Benito Mussolini, a qual, durante duas décadas, foi responsável pela perda de grandes valores na Itália, quando já contratado pela Faculdade de Direito de São Paulo, parece ter alterado um pouco suas fundamentações para defesa de seu ponto de vista.

No Capítulo VII de sua obra "Teoria Geral dos Títulos de

---

[387] Cf. *Das sociedades e das Associações Comerciais*, vol. II, Rio de Janeiro: José Konfino Editor, 1950., p. 373 e 374.

[388] Cf. *Instituzioni di Diritto Civile*, Pádua: Casa Editrice Dottore Antonio Milani – CEDAM, 1950, p. 308.

[389] Cf. *Derecho Mercantil*, Mexico, Porrua Hnos y Cia, 1940, p. 144.

AS AÇÕES DAS SOCIEDADES E OS TÍTULOS DE CRÉDITO

Crédito",[390] TULLIO ASCARELLI, ao abordar o tema "Os vários títulos de crédito causais", afirma que "doutrina e jurisprudência são unânimes em reconhecer, nas ações, títulos de crédito, ou melhor, títulos-valores", ressaltando que "é evidente que só é possível falar em títulos de crédito ou títulos-valores quando tenham sido emitidos os títulos das ações e com referência a estes títulos". Inclusive, nas notas ao rodapé da edição brasileira desta obra, ele afirma: "A orientação italiana parece-me ser também a da doutrina brasileira, em que, igualmente, de um lado, se recorre a um conceito unitário dos títulos de crédito, e, de outro, se insiste em distinguir os títulos próprios dos impróprios".[391] Mais adiante, escreve o seguinte: "A orientação italiana parece-me também acolhida pela doutrina espanhola e mexicana".[392] Prefere-se ali, com freqüência, o termo "títulos-valores" ao de "título de crédito". Por seu turno, a doutrina dos países de língua alemã fala de *wertpapiere*. E conclui: "Na realidade, o termo 'título-valores' pode ser mais feliz, especialmente levando em conta o que diremos sobre o conteúdo das ações de sociedades comerciais, que, a nosso ver, não representam um crédito. O termo 'título de crédito' já entrou, no entanto, no uso, não havendo perigos no seu emprego".[393]

Ainda na mesma obra, TULLIO ASCARELLI novamente acautela-se dizendo que "na realidade, as ações não conferem ao seu titular um crédito, mas, com mais precisão, uma 'posição', o *status* de sócio".[394] Sobre esse assunto, completa, em nota ao rodapé, suas ponderações. Menciona, ainda, ele que "as ações correspondem à 'posição' de membro de uma coletividade, posição que constitui um "pressuposto" de direitos, poderes e obrigações, dos quais nem todos poderiam ser classificados como créditos e débitos, é, aliás, agora, convicção comum (sendo ALFREDO DE GREGORIO o último a aderir),[395] nem aqui interessa a questão ulterior, relativa ao fato de poder essa posição, classificar-se como um *status*. Foram assim superadas as discussões, em outros tempos acessas, sobre o ponto de

---

[390] Cf. *Teoria Geral dos Títulos de Crédito*, São Paulo: Livraria Acadêmica Saraiva & Cia. - Editores, 1943, n° 1, p. 184.
[391] *Ibid.*, p. 26.
[392] TENA, Felipe de Jesus. *Derecho Mercantil Mexicano*, vol. 2, Mexico, Porrua Hnos y Cia, 1939, p. 171.
[393] Cf. *Teoria Geral dos Títulos de Crédito*, São Paulo: Livraria Acadêmica Saraiva & Cia. - Editores, 1943, p. 26.
[394] *Ibid.*, p. 185.
[395] Cf. *Delle società e delle associazioni commerciali*, Torino, Unione Tipografico-Editrice Torinese – UTET, 1938, p. 567.

saber-se se à ação corresponde um direito de crédito ou um direito real".[396] Esta colocação de TULLIO ASCARELLI é um pouco enganosa, pois ALFREDO DE GREGORIO não afirmou apenas que a ação não corresponde a um direito de crédito, mas, também, que ela não constitui um título de crédito, tão-somente um título corporativo ou societário, posição bem diferente da sua, conforme veremos com mais detalhes no item seguinte. Por isso, a convicção comum alegada por TULLIO ASCARELLI está limitada a não constituírem crédito em sentido técnico as entradas feitas pelo titular da ação.

Diante das dificuldades apresentadas pelas convenções extra-cartulares oponíveis a terceiros, procurando justificar sua opção pelo entendimento de que as ações são títulos de crédito causais, TULLIO ASCARELLI fez diversas considerações interessantes, que, por isso mesmo, achamos importante citar na íntegra. Afirma ele que, com efeito, sendo títulos de crédito, as ações estão sujeitas aos princípios expendidos ao tratarmos da literalidade, própria a todos os títulos de crédito. Cumpre, portanto, também quanto às ações, distinguir o direito cartular das convenções extra-cartulares: estas podem ser invocadas somente entre os que sejam os seus sujeitos: com a aquisição do título de crédito, o adquirente torna-se titular do crédito cartular, mas não sucede nas convenções extra-cartulares do seu antecessor.[397]

A subordinação do titular da ação à disciplina de sócio de uma sociedade comercial e a subordinação, portanto, dos seus direitos às cláusulas do estatuto e às deliberações da assembleia, nos limites de sua validade, não bastam, por si só, para fazer considerar a ação como título causal.[398]

As normas enfeixadas no código para a efetividade do pagamento integral e, sucessivamente, para a conservação do capital social não foram colocadas somente no interesse da sociedade, que poderia, então, renunciar a elas, mas, antes de tudo, no interesse dos terceiros.[399]

É forçoso, portanto, admitir que, com a emissão das ações, a sociedade declara ser o titular da ação acionista; mas, apesar do teor da ação, a sociedade poderá opor ao acionista a falta das entradas e todas as

---

[396] Cf. *Teoria Geral dos Títulos de Crédito*, São Paulo: Livraria Acadêmica Saraiva & Cia. - Editores, 1943, p. 185.

[397] Cf. *Teoria Geral dos Títulos de Crédito*, São Paulo: Livraria Acadêmica Saraiva & Cia. - Editores, 1943, p. 187.

[398] Cf. Tullio Ascarelli, *op. cit.*, p. 187.

[399] *Id., loc. cit.*

AS AÇÕES DAS SOCIEDADES E OS TÍTULOS DE CRÉDITO

exceções causais.[400]

A divergência entre a aparência e a realidade somente poderá, no entanto, ser alegada quanto ao terceiro possuidor da ação ciente dessa divergência, embora de boa-fé na aquisição do título. Praticamente, portanto, a falta de entradas não poderá ser argüida, se as ações figuram como integralizadas no balanço, embora falso, e o acionista não tem conhecimento da falsidade. Se, ao contrário, o balanço mencione a falta das entradas, o acionista não pode invocar a sua ignorância, porque, diante das normas que regulam a publicação do balanço, o acionista incorreria em culpa por não ter levado em conta o balanço publicado ou o indício gravíssimo constituído pela não publicação do mesmo, apesar da obrigação imposta pela lei. É evidente, enfim, que, qualquer que seja a conclusão que se admita acerca da oponibiliadade da exceção ao acionista, caberá sempre a ação da sociedade e dos terceiros contra os diretores e os outros responsáveis pela fraudulência.[401]

Com efeito, é regra comum a todos os títulos de crédito que decorrem da indeterminação do seu destinatário, a inoponibilidade, ao terceiro possuidor do título que os ignore, dos vícios de constituição do direito cartular que envolvam a investigação da relação de transmissão.[402]

Diversa é a conclusão que se deve tirar quanto aos vícios do contrato social e das suas modificações sucessivas. Aqueles, naturalmente, são oponíveis ao acionista, embora não ciente deles, sempre que o sejam de acordo com as regras das sociedades comerciais.[403]

É evidente, na verdade, que o acionista, pelo simples fato de ser sócio de determinada sociedade, deve arcar, como qualquer outro sócio, com as conseqüências que podem derivar dos vícios da sociedade a que pertence.[404]

Se da disciplina atual dos títulos causais volvemos o olhar para a origem histórica da cambial, esta nos oferece, nos primórdios da evolução do direito cambiário, uma situação análoga àquela dos títulos causais no momento presente.[405]

A letra de câmbio não excluía a oponibilidade dos vícios da relação fundamental, naturalmente também em relação ao possuidor que ignorasse o vício, salvo as expressas cláusulas de renúncia, por isso freqüentes e

---

[400] ASCARELLI, Tullio. *Teoria Geral dos Títulos de Crédito*, São Paulo: Livraria Acadêmica Saraiva & Cia. - Editores, 1943, p. 188.
[401] Cf. Tullio Ascarelli, *op. cit.*, p. 189.
[402] *Id., loc. cit.*
[403] Cf. Tullio Ascarelli, *op. cit.*, p. 190.
[404] *Id., loc. cit.*
[405] Cf. Tullio Ascarelli, *op. cit.*, p. 191.

necessárias, e caía com a demonstração da inexistência de um válido negócio de câmbio. A inoponibilidade dos vícios de constituição do direito cartular desenvolveu-se, de fato, historicamente, em relação à autonomia da posição dos sucessivos titulares, autonomia que somente foi reconhecida depois da introdução do endosso cambiário.[406]

A fim de que não se tenham como definitivas todas as colocações de TULLIO ASCARELLI acima transcritas, principalmente em vista da sua força aparente, somos obrigados a tecer alguns comentários sobre o assunto neste momento. Devemos aqui lembrar que todos os títulos de crédito geram relações autônomas entre o devedor e terceiros, que não se vinculam, em hipótese alguma, à causa que lhe deu origem. Nas palavras de JOÃO EUNÁPIO BORGES, "como o direito cartular não pertence, em rigor, a pessoa determinada, mas a sujeito indeterminado e só determinável pela sua relação real com o título, cada possuidor é titular do direito autônomo e originário aferido no título e não de um direito derivado e a ele transmitido pelos seus antecessores na posse do título repousa inteiro no próprio título, que lhe deu origem, que foi a causa de sua emissão".[407]

Por isso, só é possível opor exceções contra os sucessivos possuidores do título apenas no que se refere aos vícios claramente visíveis na própria cártula; caso contrário, se fosse possível opor a terceiro possuidor de boa-fé exceção extra-cartular, não poderíamos falar, sequer, em princípio da autonomia das obrigações e princípio da inoponibilidade das exceções. Como ambos são indispensáveis à existência do título de crédito, não poderíamos falar que tal documento seja um título desta natureza. No direito cambiário, excluída a hipótese de opor vícios evidentes na própria cártula contra terceiro de boa-fé, prevalece o princípio da inoponibilidade das exceções, quer se trate de uma cambial, quer se trate de um título de crédito causal.

Mencionamos, como exemplo, a duplicata, que é um título causal; para ser regular, só pode ser emitida como cobrança do pagamento pela compra da mercadoria ou pela prestação de serviços. Porém, mesmo irregular, ela terá validade formal, ou seja, sem o contrato de compra e venda "será simulada, será irregular, será criminosa a duplicata; mas, se contiver os requisitos legais, será uma duplicata perfeitamente válida, assegurando ao portador de boa-fé, a plenitude dos direitos que teria, se perfeitamente regular fosse tal título".[408]

Assim, dizer que a publicação do balanço supre a falta de informação no título, a fim de ser oponível exceção, dentro dos limites

---

[406] Id., loc. cit.

[407] Cf. Títulos de Crédito, 2ª ed., Rio de Janeiro, Editora Forense, 1983, p. 15 e 16.

[408] Cf. João Eunápio Borges, op. cit., p. 210.

AS AÇÕES DAS SOCIEDADES E OS TÍTULOS DE CRÉDITO

estabelecidos aos títulos de crédito, contra o terceiro adquirente de boa-fé, não podendo este invocar sua ignorância sobre a falta de entradas, não encontra absolutamente respaldo no princípio da autonomia, tal qual sempre foi entendido pela doutrina. Também não encontra respaldo neste princípio a alegação de que o adquirente de boa-fé, como qualquer outro sócio, deve arcar com as conseqüências que podem derivar de quaisquer outros vícios da sociedade a que pertence e a origem histórica da cambial não é fundamento para justificar a aplicação parcial do princípio da inoponibilidade das exceções no direito cambiário.

Apesar do respeito pelas opiniões de TULLIO ASCARELLI, parece-nos faltar a conexão necessária com o princípio da autonomia dos títulos de crédito para que sua tese tenha razoável sustentação, ou, em caminho contrário, seria necessário reformular os pressupostos do título de crédito, a fim de que as peculiaridades das ações se harmonizassem com os princípios gerais a serem convencionados para as cambiais e os títulos causais.

Na doutrina alemã, por sua vez, KARL WIELAND,[409] ALFRED HUECK e CLAUS WILHELM CANARIS,[410] o jurista alemão EUGEN ULMER (1903-1988),[411] FRANZ SCHLFGELBERGER e LEO QUASSOWSKY,[412] e HUELME [413] defendem que a ação é um título de crédito. Porém, devemos novamente frisar que o conceito de título de crédito apresentado por *Heinrich Brunner*, e adotado na Alemanha é bem mais amplo do que o conceito de *Cesare Vivante*. TULLIO ASCARELLI mostra que, na concepção de *Heinrich Brunner*, "se incluem, com freqüência, na categoria de títulos de crédito, todos os documentos cuja apresentação é necessária para o exercício do direito a que se referem, reunindo, assim, em uma única categoria, hipóteses heterogêneas e que mal se prestam a ser regulamentadas pelas mesmas regras gerais".[414] Na doutrina francesa, mais

---

[409] Cf. *Die Kapitalgesellschaften, Handelsrecht*, vol. II, Leizpig, Duncker & Humblot München, 1931, p. 38.

[410] Cf. *Recht der Werpapiere*, 12ª ed., Munchen, Franz Vahlen, 1986, p. 12.

[411] Cf. *Das Recht der Wertpapiere*, Berlin, W. Kohlhammer Erscheinungsjahr, 1938, p. 28 e segs.

[412] Cf. *Aktiengesetz - Komentar*, 3ª ed., Berlim, Franz Vahlen, 1939, p. 34 e segs. e 202 e segs.

[413] *Apud* Theóphilo de Azeredo Santos, "Natureza Jurídica das Ações". In: *Revista Forense*, vol. 169, Rio de Janeiro: Editora Forense, p. 490.

[414] Cf. *Teoria Geral dos Títulos de Crédito*, São Paulo: Livraria Acadêmica Saraiva & Cia. - Editores, 1943, nº 3, p. 26 e 27.

influenciada pelo conceito de *Cesare Vivante*, GEORGES DELOISON,[415] GEORGES RIPERT,[416] JEAN ESCARRA,[417] LÉON MAZEAUD (1900-1970)[418] e outros asseguram serem as ações títulos de crédito, bem como PAUL PIC[419] tem que cada associado, individualmente considerado, possui um simples crédito de dividendos, um direito pessoal mobiliário.

Entre nós, WALDEMAR MARTINS FERREIRA tornou-se um dos principais seguidores da doutrina italiana; por isso, defendeu com ênfase este ponto de vista dentro dos mesmos fundamentos apresentados pelos juristas italianos como, por exemplo, *Nicola Gasperini*.[420]

Diz este grande tratadista que o conceito de *Cesare Vivante* sobre os títulos de crédito baseou-se nas seguintes características comuns às diversas modalidades: *a)* da compenetração do direito no título, em razão da qual se não compreende um sem o outro - a incorporação; *b)* da preeminência exclusiva do teor do título a determinar a existência, o conteúdo e a modalidade do direito - a literalidade; *c)* da independência das obrigações assumidas pelos intervenientes no título, a despeito de sua solidariedade obrigacional – a autonomia. Isto posto, observa ele que se ajusta essa doutrina, realmente, com precisão de luva, ao título de crédito por excelência, qual seja o cambiário, por força da abstratividade das obrigações nele consignadas, que lhe imprimiu o direito cambiário germânico.[421]

Não por outro motivo, se simplificou na Alemanha o conceito do título de crédito - mais comumente ali havido como título-valor ou papel-valor (*wertpapier*) – como o documento dum direito privado, cuja realização se subordina à posse do documento. É a doutrina de *Heinrich Brunner*.[422]

Nem são essas apenas as concepções doutrinárias do título de crédito na ausência de dispositivo legal que lhe houvesse fixado o conceito, que se adelgaça e converge, na generalidade dos casos, até se admitir, por exemplo, a doutrina de que a inclusão de certo documento na categoria dos títulos de crédito depende de se estabelecer que tenha ele, ou não, por

---

[415] Cf. *Traité des Sociétés Commerciales, Françaises et Étrangères*, tomo II, Paris, Alphonse Picard, Libraire-Editeur, 1882, n° 256.

[416] Cf. *Traité Elementaire de Droit Commerciale*, 2ª ed., Paris, Librarie Générale de Droit et de Jurisprudence – LGDJ, 1951, Cap. III, n° 1.027, p. 413.

[417] Cf. *Traité Theorique e Pratique de Droit Commercial: Les Societes Commerciales*, Paris, Librairie du Recueil Sirey (Saint-Amand: impr. de R. Bussière), 1950, p. 319.

[418] Cf. *Cours de Droit Commercial*, Paris, Les Cours de Droit, 1955, p. 454.

[419] Cf. *Traité Général de Droit Commercial: Des Sociétès Commerciales*, vol. 2°, tomo 1°, 3ª edición, Paris: Librairie Arthur Rousseau & Cie, 1927, n° 222, p. 229.

[420] Cf. *Tratado de Direito Comercial*, 4° vol., São Paulo, Edição Saraiva, 1961, p. 229.

[421] Cf. Waldemar Martins Ferreira, *op. cit.*, p. 228.

[422] *Id., loc. cit.*

AS AÇÕES DAS SOCIEDADES E OS TÍTULOS DE CRÉDITO

disposição de lei ou vontade das partes, o caráter de negociabilidade que lhe é peculiar.[423]

Não falta tampouco que hajam criado diversas categorias de título de crédito, tendo se generalizado a que os dividiu em duas, quais a dos títulos de crédito propriamente ditos, entre os quais se situam os títulos de participação e de legitimação, como as ações das sociedades anônimas.[424]

Nos títulos representativos das parcelas alíquotas, em que o capital dessas sociedades se divide, inexiste, realmente, a obrigação de que decorre, para seus portadores, direito de crédito, senão apenas o exercício dos direitos de sócio, que as ações legitimam. É de reconhecer, todavia, que na ação se contém autêntico direito de crédito, em parte presente - o atinente à percepção do dividendo periódico -e em parte futuro e eventual – o da participação no resíduo líquido do acervo social, na liquidação da sociedade.[425]

Dentro da mesma ótica, JOSÉ XAVIER CARVALHO DE MENDONÇA afirma categoricamente que "a ação é título de crédito não somente sob o ponto de vista dos direitos patrimoniais que lhe são inerentes, como sob o ponto de vista da sua circulação, sendo objeto de transação e susceptível de alta e baixa na cotação da bolsa. Ainda que a sociedade esteja em liquidação, é negociável a ação. O capital representado é sempre vinculado ao fim social, mas os possuidores dos títulos representativos deste capital podem livremente mudar-se em cada instante, como se em cada instante coubesse aos sócios um incondicional direito de retirada da sociedade".[426]

TRAJANO DE MIRANDA VALVERDE,[427] SADI CARDOSO GUSMÃO,[428] ALOÍSIO LOPES PONTES,[429] JOSÉ DE AGUIAR

---

[423] FERREIRA, Waldemar Martins. *Tratado de Direito Comercial*, 4° vol., São Paulo, Edição Saraiva, 1961, p. 228.

[424] Cf. Waldemar Martins Ferreira, *op. cit.*, p. 229.

[425] *Id., loc. cit.*

[426] Cf. *Tratado de Direito Commercial Brasileiro*, vol. III, livro II, parte III, 3ª ed., Rio de Janeiro, Livraria e Editora Freitas Bastos, 1938, p. 413.

[427] Cf. *Sociedade por Ações*, vol. I, 2ª ed., Rio de Janeiro, Edição Revista Forense, 1953, n° 71, p. 119.

[428] Cf. "Noção de capital e seu tratamento jurídico". In: *Revista Forense*, vol. CXXXI, ano XLVII, fascículo 568, outubro de 1950, n° 5, p. 358.

[429] Cf. *Sociedades Anônimas*, vol. 1°, 3ª ed., Rio de Janeiro: Editora Revista Forense, 1954, n° 118, p. 180.

DIAS,[430] SALVADOR MUNIZ,[431] GUDESTEU PIRES [432] e outros qualificaram as ações como títulos de crédito.

Entre os autores da atualidade que ainda defendem a inclusão das ações representativas do capital das sociedades anônimas na categoria dos títulos de crédito, citamos o emérito catedrático de Direito Comercial do Curso de Direito e catedrático de Instituições de Direito Privado do Curso de Economia do Setor de Ciências Sociais Aplicadas da Universidade Federal do Paraná, Professor RUBENS REQUIÃO. Ao dar sustentação à sua posição, argumenta: "Quando analisamos a natureza jurídica da contribuição do sócio na formação do capital social, adotamos a teoria de *José Xavier Carvalho de Mendonça*, pela qual o sócio tem, em decorrência de sua contribuição, um direito concomitante de duplo aspecto: patrimonial e pessoal. O direito patrimonial se expressa pela participação nos lucros e no resíduo patrimonial líquido que restar da liquidação da sociedade quando dissolvida. O pessoal constitui seu direito de participar da vida social, influindo nas suas deliberações e fiscalizando os seus negócios. Não é outra coisa o que dá direito à ação, mesmo porque representa ela uma fração da contribuição do sócio ao capital social. Coerentemente, pois, com a teoria adotada, não poderíamos deixar de acolher nas ações sua qualidade de título de crédito, classificação que não é desmerecida ou negada pela circunstância de que, além de crédito, confira ela o *status* de sócio ao seu portador, como indica judiciosamente *Tullio Ascarelli*".[433]

RUBENS REQUIÃO, da mesma maneira que *Waldemar Martins Ferreira*, vê o acionista com o mesmo raciocínio construído em relação ao titular das cotas sociais nas sociedades de responsabilidade limitada. Sobre a natureza jurídica dos valores entregues pelos sócios, diz ele que "ainda no estudo da constituição do capital social vale indagar da natureza jurídica da contribuição dos sócios. A contribuição social, ou cota, ou parte do sócio na composição do capital social, é um dos mistérios do direito comercial".[434] Prossegue afirmando que claro está que "os cabedais com que o ′socio integralizar a sua cota social saem de seu patrimônio para

---

[430] Cf. *Repertório Enciclopédico do Direito Brasileiro*, por José Maria de Carvalho Santos, coadjuvado por José de Aguiar Dias, vol. 1º, nº 1, vocábulo "Ação", Rio de Janeiro: Editor Borsoi, 1958, p. 370.

[431] Cf. *Sociedades Anônimas*, p. 172, *apud* Theóphilo de Azeredo Santos, "Natureza Jurídica das Ações". In: *Revista Forense*, vol. 169, Rio de Janeiro: Editora Forense, p. 495.

[432] Cf. *Manual das Sociedades Anônimas*, Rio de Janeiro: Livraria e Editora Freitas Bastos, 1942, cap. 4º, seção 1ª, nº 84, p. 131.

[433] Cf. *Curso de Direito Comercial*, 2º vol., 13ª ed., São Paulo, Editora Saraiva, 1984, p. 63.

[434] *Ibid.*, vol. 1º, p. 279.

AS AÇÕES DAS SOCIEDADES E OS TÍTULOS DE CRÉDITO

integralizar o patrimônio da pessoa jurídica. Indaga-se, então, qual a natureza jurídica do direito do sócio sobre a sua cota-capital. Eis, então, um intrincado problema para a doutrina deslindar".[435]

Diz ele, ainda, que uma corrente considera que entre os sócios se forma um condomínio, isto é, um direito de co-propriedade. A tese é insustentável, segundo ele, pois o patrimônio invertido pertence à sociedade. Como ensina *José Xavier Carvalho de Mendonça*, o sócio não tem direito a partes determinadas nos bens da sociedade, mas somente a um quinhão em valor, apreciável depois de pago o passivo. E FRANCESCO FERRARA indaga com razão: "Para onde foi o condomínio? Que condomínio é esse que aumenta, diminui ou se anula, conforme a sociedade prospera ou entre em falência?". Ainda sobre o tema, diz ele que outra corrente sustenta que o direito é de propriedade, mas fica suspenso durante a existência da sociedade.[436] RUBENS REQUIÃO entende que esta solução é absurda, pois equivaleria a reconhecer dois proprietários: um em atividade e outro em estado letárgico. Segundo ele, teríamos o sócio como proprietário em disponibilidade, como se fosse um funcionário público. Uma terceira posição define esse direito do sócio como *sui generis*, sem correspondência entre as categorias patrimoniais existentes e conhecidas pelo direito. Constituiria uma nova categoria. RUBENS REQUIÃO observa, também, que existe uma última corrente, à qual pertence *José Xavier Carvalho de Mendonça*, que desdobra a posição jurídica dos sócios em duas partes: um direito pessoal e outro patrimonial. Os direitos pessoais do sócio são os que decorrem do *status* de sócio (participar na administração da sociedade diretamente como gerente ou como simples conselheiro, fiscalizando os atos de administração). Os direitos patrimoniais de sócio são identificados como um direito de crédito consistente em perceber o quinhão de lucros e partilhar da massa residual na liquidação da sociedade.[437]

Da mesma forma que *Ferrara* antes fizera, indagamos: Que crédito é esse que aumenta, diminui ou se anula, conforme a flutuação dos mais variados estados de sucesso ou insucesso por que o empreendimento pode passar? Que crédito é esse, se não há obrigação de sua devolução integral? Por fim, que crédito é esse onde não há prazo de resgate?

Acreditamos ser possível ver a natureza jurídica da contribuição dos sócios apenas como uma simples participação, onde os direitos decorrentes da associação são direitos patrimoniais, que não são de natureza

---

[435] *Ibid.*, vol. 1º, p. 279.

[436] Cf. *Trattato di Diritto Civile Italiano*, Roma, Athenaeum, 1921, p. 195-196.

[437] Cf. *Curso de Direito Comercial*, 1º vol., 13ª ed., São Paulo, Editora Saraiva, 1984, p. 279 e 280.

creditícia, mas abrangem – o que talvez alguns considerem não tão pertinente - a propriedade indireta (direito real), ou seja, há um proprietário que entrega bens de maneira não definitiva e sob os riscos naturais do empreendimento comercial para utilização no exercício da atividade de outra pessoa (no caso jurídica, abstrata), que, por sua vez, passa a ser, por algum tempo indeterminado, proprietária direta daqueles bens, enquanto aquele que transferiu bens permanece com a propriedade indireta expressa pelo equivalente em cotas sociais ou ações, o que, de certa forma, apesar de fictícia, seria uma figura nova na doutrina. Em outras palavras, nada mais é do que se reservar provisoriamente uma parte do patrimônio pessoal dos sócios para que seja possível empreender uma atividade comum; não há, na realidade, absoluta perda da propriedade sobre esse patrimônio que foi mobilizado para o empreendimento. Em tais circunstâncias, a transferência formal do domínio se dá apenas para facilitar as atividades da pessoa jurídica, que surgiu da comunhão de interesses dos proprietários; transferência esta que não é definitiva, pronta e acabada, uma vez que os bens transferidos revertem-se ao patrimônio individual dos sócios com a dissolução da pessoa jurídica ou com a retirada do sócio, ainda em andamento o empreendimento.

A extensão da propriedade do sócio é muito evidente na prática, no dia-a-dia das atividades comerciais, a tal ponto que, nas sociedades onde participam poucos sócios ou acionistas, preferem eles, inclusive, transferir para a sociedade da qual participam quase a totalidade de seus bens particulares, pois ali, sabem eles, é um lugar seguro, boa parte das vezes, para se fugir à insaciável tributação do poder público. Dessa maneira, indiscutivelmente, há a crença do sócio dessas sociedades de pequeno número de participantes em que o fato de transferir formalmente bens para a sociedade não muda absolutamente o seu estado de proprietário daqueles bens, pouco importando as dificuldades de a doutrina conseguir definir a natureza da sua contribuição para a constituição da sociedade.

Como a ciência do direito deve se adaptar e caminhar na direção da harmonização entre conceitos, mesmo que, para tanto, não encontre em si elementos para definir a existência de seus institutos dentro dos padrões antes estabelecidos, achamos válida a tese de propriedade indireta dos bens entregues à sociedade quando falamos sobre o aspecto patrimonial da participação dos sócios ou acionistas "contribuintes". Lógico que, para chegarmos a isto, teríamos que aceitar, antes de tudo, como possível, a suspensão temporária, não apenas do uso e do gozo sobre o bem (posse), mas, sobretudo, do próprio domínio, mesmo que ficticiamente.

O professor THEÓPHILO DE AZEREDO SANTOS, após exaustiva enumeração da doutrina estrangeira e brasileira em seu trabalho a respeito da natureza jurídica das ações, adotou uma posição intermediária entre considerá-las um título de crédito e rejeitar esta qualificação. Concluiu

AS AÇÕES DAS SOCIEDADES E OS TÍTULOS DE CRÉDITO

ele que, realmente, um rápido exame sobre as sociedades anônimas no direito brasileiro mostrar-nos-á que, com o evolver da vida societária, tais são as modificações que podem aparecer, que somente um exame no livro de "Registro de Ações Nominativas" é que no-las poderão contar. E a redução do capital social não carreia a redução do valor nominal das ações. Incluir as ações nominativas entre os títulos literais, completos ou formais, abstratos e constitutivos de crédito é, a nosso ver, erro palmar. O que representam, então, as ações? Qual a sua natureza jurídica? O professor THEÓPHILO DE AZEREDO SANTOS diz, ainda, que: "Reduzimos o problema, que tem dividido os juristas, a pequenas proporções: as ações ao portador são títulos de crédito, preenchendo todos os requisitos da definição de *Cesare Vivante*, isto é, são documentos necessários para exercitar o direito literal e autônomo que neles se contém". E completa ele dizendo que: "Já as ações nominativas são meros documentos atributivos da qualidade de sócio. Nada mais. Ir além disto é, apenas, realizar um singelo jogo de palavras ou modelar a qualidade com o produto de pura fantasia".[438]

Entretanto parece que, posteriormente, houve algumas mudanças no entendimento do professor *Theóphilo de Azeredo Santos*, pois, como muito bem lembra WILSON DE SOUZA CAMPOS BATALHA, em nosso direito não existe, ainda, uma teoria geral dos títulos de crédito, uma definição rigorosa dos títulos de crédito. No Projeto de Código de Obrigações, o ilustre jurista *Theóphilo de Azeredo Santos* procurou elaborar uma disciplina legal dos títulos de crédito, não incluindo a ação em seu conceito. Do art. 899 do mesmo Projeto, infere-se que o título de crédito é "o documento necessário ao exercício de direito literal e autônomo". Constituindo a ação um documento representativo do *status* de sócio, é um título causal que se refere a uma série de direitos e obrigações, nem todos de natureza creditória. Não é título literal nem autônomo. O mesmo Projeto, em seus artigos 943/941, pretendeu criar em nosso direito, o conceito de "título-valor", que mais se adaptaria à ação. Título-valor, segundo o Projeto, é aquele no qual se incorpora o direito de participação do seu possuidor nas vantagens por ele atribuídas, semelhante portanto ao conceito germânico de *Wertpapier*.[439] Adotando os mesmos critérios, o Projeto de Código Civil, encaminhado ao Congresso Nacional através da Mensagem nº 160/1975, considera o título de crédito como "o documento

---

[438] Cf. "Natureza Jurídica das Ações". In: *Revista Forense*, vol. 169, Rio de Janeiro: Editora Forense, p. 497; e *Manual dos Títulos de Crédito*, Rio de Janeiro, Editora Pallas, 1975, p. 436.

[439] MINISTÉRIO DA JUSTIÇA, *Projeto de Código de Obrigações, Comissão de Estudos Legislativos, Ministério da Justiça e Negócios Interiores*, Rio de Janeiro, Imprensa Nacional, 1965, p. 61.

necessário ao exercício do direito literal e autônomo nele contido"(artigo 923). Opina ainda WILSON DE SOUZA CAMPOS BATALHA que, "considerando-se, em sentido amplíssimo e à margem da projetada reformulação de nosso direito privado, o conceito de título de crédito, ainda assim seria extremamente forçado incluir no conceito as ações nominativas e as ações escriturais".[440]

Sobre as inovações contidas no Projeto de Código de Obrigações, apresentado ao Congresso Nacional e cuja parte relativa aos títulos de crédito foi elaborada pelo professor *Theóphilo de Azeredo Santos*, JOÃO EUNÁPIO BORGES opina no sentido de que a noção de título-valor constante do Projeto é muito vaga. Diz ele que "todo título de crédito é, em rigor, um título-valor, um *Wertpapier*, nele justificando que se erija em categoria autônoma o grupo de títulos de crédito (nominativos ou ao portador) a que o Projeto quis referir-se: debêntures e ações?".[441]

Por fim, para JOÃO EUNÁPIO BORGES, "constitui a ação o título representativo dos direitos e obrigações do acionista na sua qualidade de sócio". Prossegue dizendo que, como a ação é negociável, pode circular e confere a seu titular, entre outros direitos, o direito ao dividendo, isto é, um direito eventual de crédito contra a sociedade, o de receber a parte a ela correspondente dos lucros sociais; e como, além disso, o valor da ação pode, em regra, ser facilmente realizável pela sua alienação, entendem muitos que o caráter predominante da ação é o de título de crédito. E conclui que a ação é tudo isso; título de participação, título de crédito e cada uma das partes, de igual valor em que se divide o capital. Quanto às considerações do professor *Theóphilo de Azeredo Santos*, esclarece que, se a ação nominativa não pode incluir-se, rigorosamente, como título de crédito, na clássica definição de *Cesare Vivante*, uma vez que não constitui documento necessário ao exercício dos direitos que dela resultam, cabe perfeitamente na definição mais abrangente de Whitacker, para quem título de crédito é o documento capaz de realizar imediatamente o valor que ele representa.[442]

5.5 CONCEPÇÃO QUE REJEITA A AÇÃO COMO TÍTULO DE CRÉDITO

---

[440] Cf. *Comentários à Lei das Sociedades Anônimas - Lei n° 6.404, de 15 de dezembro de 1976*, vol. I, Rio de Janeiro, Editora Forense, 1977, p. 172.

[441] Cf. *Títulos de Crédito*, 2ª ed./9ª tiragem, Rio de Janeiro: Editora Forense, 1983, p. 35.

[442] Cf. *op. cit.*, p. 262.

AS AÇÕES DAS SOCIEDADES E OS TÍTULOS DE CRÉDITO

Alega-se muito que FRANCESCO CARNELUTTI era o principal defensor na Itália, da tese de que não é a ação um título de crédito e sim, um título de participação; porém estas informações são equivocadas. Realmente, defendia aquele jurista ser a ação um título de participação, mas, também, um título de crédito. Assegurava ele que a prática do comércio instituiu "um título de crédito, representante do direito de quota ou quinhão na sociedade, o qual facilita a cessão; este título é a ação".[443]

Do estudo feito pelo professor *Theóphilo de Azeredo Santos*, extraímos que os ataques mais bem fundamentados contra a concepção dominante partiram de *De Gregorio*. Relata o professor THEÓPHILO DE AZEREDO SANTOS que, "enquanto vários juristas, como vimos, colocam a ação na esfera dos títulos de crédito, título que incorpora em si condição de sócio e, assim, confere a seu titular o *status socii*, do qual deriva uma série de direitos e faculdades, ALFREDO DE GREGORIO não tem a ação como um documento necessário para o exercício dos direitos que nela se contêm. Afirma que os possuidores de títulos-ações não somente não são possuidores de documentos necessários para fazer valer o direito literal e autônomo neles mencionados, senão que já não podem valer-se mais de tais títulos, que, deste modo, poderão ficar privados, até certo ponto ou por completo, inclusive da mais modesta função de um documento probatório comum".[444] O requisito da literalidade é, na explicação de ALFREDO DE GREGORIO, reduzido a pequenas proporções no título-ação, para ter em conta exata a própria situação jurídica, não deveria ater-se à mera expressão literal do título, mas teria que recorrer à leitura das sucessivas modificações estatutárias, que podem ter transformado substancialmente a natureza de sua participação social".[445] Alguns outros juristas italianos acompanharam esta posição, porém com pouca ênfase.

Na França, RAYMOND-THÉODORE TROPLONG também se rebelou contra a ideia predominante. Tem ele a ação como "uma parte da sociedade - *pars societatis* - o que denuncia uma ideia de co-propriedade organizada e posta em ação ao lado da propriedade social. Aduz um argumento que reputamos de valia: ela é sujeita às oscilações da alta e da baixa, que lhe imprime o estado de maior ou menor prosperidade da sociedade, o que afasta toda ideia de título de crédito, porque o valor deste

---

[443] Cf. *Teoria Giuridica della Circolazione*, Pádua: Casa Editrice Dottore Antonio Milani – CEDAM, 1933, n° 81, p. 247.

[444] Cf. "Natureza Jurídica das Ações". In: *Revista Forense*, vol. 169, Rio de Janeiro: Editora Forense, p. 487.

[445] Cf. *Delle società e delle associazioni commerciali*, Torino: Unione Tipografico-Editrice Torinese – UTET, 1938, p. 72 e segs..

é estável: o direito do credor não varia, segundo aumenta ou diminui o patrimônio do devedor".[446]

Entre nós, três juristas do passado se destacam na defesa do entendimento aqui comentado. CLÓVIS BEVILÁQUA acentua que as ações não são títulos de crédito, pois representam, apenas, frações do capital da sociedade e concretizam os direitos de sócios.[447] ACHILLES BEVILÁQUA, por sua vez, também preconiza não ser a ação título de crédito e, sim, um título de participação, que representa uma fração do capital, concretizando os direitos do acionista, pois "se a ação fosse título de crédito, as amortizações reduziriam o capital, o que não acontece (artigo 81), salvo o caso de reembolso".[448] JOSÉ MARIA DE CARVALHO SANTOS sustenta que "as ações das sociedades anônimas são bens móveis por definição legal (Código Civil, artigos 48, inciso II, e 790; Código Comercial, artigo 191, 2ª alínea), não havendo, a esse respeito, direito eventual que o acionista passa a ter, em troca do capital que empregou ao adquiri-la, uma parte dos lucros, enquanto durar a sociedade, ou a uma parte do patrimônio social, quando esta vem a ser dissolvida".[449]

DÍDIMO AGAPITO DA VEIGA JUNIOR, já antes do início do século, rejeitava a inclusão das ações na categoria dos títulos de crédito. Insistia ele em que, só pelo fato de ser representativa de uma porção do capital, a ação deixa de ser um título de crédito. Aquele ilustre juiz de direito destaca que a circulação das ações, conseqüência inerente à sua índole e natureza, não é o característico de um título de crédito e a sua oscilação, segundo a maior ou menor prosperidade social, não se prende ao crédito (no sentido restrito) da sociedade, mas sim, ao aumento ou diminuição do valor do capital, segundo o estado deste e a probabilidade que ofereça da renda. Esta oscilação denuncia, conseguintemente, a co-propriedade do fundo social, e não o simples crédito sobre ele, que se deveria manter desde que o capital, garantia do título, não mudasse, não sofresse alteração real para mais ou para menos. É o fato de cercarem todas as leis o resgate das ações das mais rigorosas cautelas, indicativo de que a noção de co-propriedade revela-se nelas com maior acentuação do que a de título de crédito: a proibição da compra de suas próprias ações por parte da

---

[446] Cf. *Du Contrat de Sociétè en Matiere Civile et Commerciale: Contrat de Mariage*, vol. 2, Paris: Hingray, 1843, n° 140.

[447] Cf. *Código Civil dos Estados Unidos do Brasil Comentado*, vol. III, 8ª ed., Rio de Janeiro, Editora Francisco Alves, 1950, p. 390, nota n° 2, *in fine*.

[448] Cf. *Sociedades Anonimas e em Comandita por Ações: Decreto-lei n. 2.627 de 26 de setembro de 1940*, Rio de Janeiro, Editora Forense, 1957, n° 27, p. 20.

[449] Cf. *Repertório Enciclopédico do Direito Brasileiro*, por José Maria de Carvalho Santos, coadjuvado por José de Aguiar Dias, vol. 1°, vocábulo "Ação", Rio de Janeiro: Editor Borsoi, 1958, p. 379.

AS AÇÕES DAS SOCIEDADES E OS TÍTULOS DE CRÉDITO

sociedade não tem outra razão de ser mais do que a redução do capital, que se opera por este modo e que é conseqüência de tal fato. E termina suas considerações da seguinte forma: "Ora, se a amortização de ações importa, necessariamente, redução do capital, aquelas são alguma coisa a mais do que títulos de crédito: são títulos de co-propriedade no fundo social".[450]

No momento, lembramos que a co-propriedade (ou compropriedade) é o domínio de duas ou mais pessoas, sobre uma determinada coisa (no caso, universalidade de bens da sociedade), conjunta e simultaneamente. A co-propriedade significa direito de propriedade sobre o fundo social. Sobre o direito de propriedade lembramos, também, que, segundo a melhor doutrina de Direito Civil, em especial do Direito das Coisas, a propriedade é um direito complexo, se bem que unitário, consistindo num feixe de direitos consubstanciados nas faculdades de usar, gozar, dispor e reivindicar a coisa que lhe serve de objeto. A propriedade é o mais amplo direito de utilização econômica das coisas, *direta ou indiretamente*. O proprietário tem a faculdade de servir-se da coisa, de lhe perceber os frutos e produtos e lhe dar a destinação que lhe aprouver. Exerce poderes jurídicos tão extensos que a sua enumeração seria impossível. Ou, ainda, a propriedade é a soma de todos os direitos possíveis que pertencem ao proprietário sobre a sua coisa, quais os de posse, uso, gozo e livre disposição.[451]

Assim, entende-se que o direito de propriedade é composto pelos poderes jurídicos elementares do domínio, que são os direitos de usar, gozar e dispor da coisa *(jus utendi, fruendi et abutendi)*. Os direitos reais se definem ao se destacar um ou mais poderes jurídicos da propriedade. Por sinal, quando um terceiro detém os poderes de usar ou de gozar, se diz que detém a posse direta e o proprietário a posse indireta da coisa. A posse direta é, pois, a que tem o não-proprietário, a quem cabe o exercício de uma das faculdades do domínio, por força de obrigação; a posse indireta, a que o proprietário conserva quando se demite, temporariamente, de um dos direitos elementares do domínio, cedido a outrem seu exercício. Apesar de fictícia, a tese da bipartição da posse é bem aceita, mesmo, por vezes, recebendo algumas críticas. ORLANDO GOMES DOS SANTOS defende a posse indireta, dizendo que pouco importa que ela seja uma ficção como alguns sustentam. "As necessidades do comércio jurídico justificam-na. Inúmeras situações reclamam a extensão da proteção possessória para maior garantia de interesses legítimos. A espiritualização da posse atende a esses reclamos. Permite a concomitância do poder de fato sobre a mesma

---

[450] Cf. As Sociedades Anonymas, Rio de Janeiro, Imprensa Nacional, 1888, p. 272 e segs.

[451] SANTOS, Orlando Gomes dos. *Direitos Reais*, 8ª ed., Rio de Janeiro, Editora Forense, 1983, p. 85.

coisa, embora esvaziando o seu conteúdo quase completamente, para que coexistam outros poderes concorrentes".[452]

Outro aspecto agregado ao domínio diz respeito ao fato de o direito de propriedade ser *perpétuo*. Incluindo a perpetuidade entre seus caracteres, significa que tem duração ilimitada e não se extingue pelo não-uso.[453] Parece, pois, que a ação atribui direitos que não se esgotam pelo seu exercício, isto é, atribui direitos perpétuos e representam a utilização econômica da propriedade sobre o fundo social, indiretamente.

No século passado ocorreram interessantes debates sobre a matéria aqui em foco. O professor THEÓPHILO DE AZEREDO SANTOS cita passagens desses debates ocorridos na sessão do Senado, de 05.05.1882. Informa ele que o *Senador Nunes Gonçalves* assim emitiu seu ponto de vista a respeito: "As ações de uma companhia ou sociedade anônima não são papéis de crédito destinados à circulação: elas representam, simplesmente, emprego de capital, como títulos de propriedade e não devem ser confundidas com as letras de câmbio nem, muito menos, com os títulos que, por sua natureza, representam as funções de moeda na circulação; elas têm por fim tornar certo o capital das sociedades anônimas".[454] E, na sessão de 26 do mesmo mês e ano, o Senador reforçou sua opinião, afirmando: "Eu já aqui disse e repito, as ações de companhias e sociedades anônimas são títulos de propriedade, representando um emprego de capital, como meios de renda para o acionista e não devem ser confundidas com os papéis de crédito destinados à circulação e desempenhando as funções de moeda. É preciso não desnaturá-las dando-lhes um caráter que não lhes compete, tanto mais quanto é evidente que, convertidas as ações ao portador, elas vêm contrariar o salutar pensamento da limitação do voto, que o projeto consagra, dando lugar a que os grandes acionistas se constituam dominadores das assembleias gerais, para lhes imporem todos os seus caprichos.[455]

Contra a afirmação de que a ação atribui ao seu titular um direito de propriedade, MIGUEL MARIA DE SERPA LOPES argumenta que, a sociedade, como uma pessoa jurídica distinta, que passa a ter o domínio dos bens assim entregues pelo sócio para composição de sua quota, de modo que, mesmo ao se proceder à liquidação da sociedade, o sócio nenhum direito tem a ser reintegrado na coisa por ele transferida, pois o quinhão que

---

[452] Cf. *op. cit.*, p. 41 e 42.
[453] *Ibid.*, p. 85.
[454] Cf. *Anais*, 1ª sessão da 18ª legislatura, p. 367.
[455] Cf. *Anais*, 2ª sessão da 18ª legislatura, p. 59.

AS AÇÕES DAS SOCIEDADES E OS TÍTULOS DE CRÉDITO

lhe couber decorrerá da partilha do acervo social.[456] De fato, a liquidação é a redução de todo ativo a dinheiro, tendo, pois, aquele que promove a liquidação da sociedade todos os poderes necessários a este fim, podendo, inclusive, alienar os bens imóveis, mesmo que o estatuto não o preveja. Entretanto, até mesmo nas sociedades anônimas, admite-se que a assembleia-geral, mediante deliberação aprovada por acionistas, possuidores de ações com voto e sem voto, representativos de, no mínimo, noventa por cento do capital, determine condições especiais de partilha, atribuindo-se aos sócios os próprios bens da sociedade em lugar do produto de sua venda.[457]

Na atualidade, dois juristas brasileiros se destacam na defesa dos pensamentos de *Dídimo Agapito da Veiga Júnior*. São eles *Wilson de Souza Campos Batalha* e *José Edwaldo Tavares Borba*.

WILSON DE SOUZA CAMPOS BATALHA, comentando a postura adotada por *Ruy Carneiro Guimarães* e pelo professor *Theóphilo de Azeredo Santos*, argumenta que se como título de crédito se consideram apenas documentos abstratos e destinados à circulação (negociáveis), asseverando que a obrigação consubstanciada no título não é subordinada à existência e à eficácia da relação interna subjacente (relação entre credor e devedor que deu origem ao título e fica oculta na sua circulação), que deu causa à emissão ou à transmissão do título,[458] concluir-se-á que a ação não se reveste das características do título de crédito, mesmo que assuma a forma ao portador. A emissão de uma ação constitui negócio diverso do simples *negozio cartolare*, puramente abstrato, dirigido a um destinatário fungível, porque substituível mediante endosso ou identificável com a posse do documento.[459]

WILSON DE SOUZA CAMPOS BATALHA menciona, ainda, que não lhe parece possível enquadrar as ações das sociedades anônimas, sobretudo as nominativas, no conceito de título de crédito. E esclareceu que a ação não incorpora direito de crédito, mas representa o *status* de sócio. Não é título literal, porque não vale pelo que nele está escrito, uma vez que o *status* de sócio envolve todo o conteúdo dos estatutos, de suas modificações e das deliberações assembleares; divergência, se existir, entre a ação e os estatutos não obriga a sociedade mas apenas acarreta a

---

[456] Cf. *Curso de Direito Civil*, vol. IV ("Fontes das Obrigações – Contratos"), Rio de Janeiro, Livraria e Editora Freitas Bastos, 1958, p. 531.

[457] BORBA, José Edwaldo Tavares. Direito Societário, Rio de Janeiro, Livraria e Editora Freitas Bastos, 1986, p. 355 e 357.

[458] Cf. *Sociedades Anônimas e Mercado de Capitais*, 1º vol., Rio de Janeiro: Editora Forense, 1973, p. 236.

[459] BETTI, Emílio *Teoria Generale del Negozio Giurídico*, Milano: Giuffrè, 1952, p. 208.

responsabilidade dos administradores (inciso II do §1° do art. 121 do Decreto-Lei n° 2.627, de 26.09.1940, posteriormente revogada pela Lei n° 6.404, de 15.12.1976).[460] A emissão de qualquer das declarações obrigatórias na ação dá ao acionista o direito de indenização por perdas e danos contra os diretores, na gestão dos quais foram os títulos emitidos (parágrafo único do art. 2° do Decreto-Lei n° 2.627, 26.09.1940,[461] posteriormente, §1° do art. 24 da Lei n° 6.404,de 15.12.76).[462] A ação não é

---

[460] "Art. 121. Os diretores não são pessoalmente responsáveis pelas obrigações que contraírem em nome da sociedade e em virtude de ato regular de gestão.
§1°. Respondem, porem, civilmente, pelos prejuizos que causarem, quando procederem: I- dentro de suas atribuições ou poderes, com culpa ou dolo; II- com violação da lei ou dos estatutos.
§2°. Quando os estatutos criarem qualquer orgão com funções técnicas ou destinado a orientar ou aconselhar os diretores, a responsabilidade civil de seus membros apurar-se-á na conformidade das regras deste capítulo".
[461] "Art. 2° Pode ser objeto da sociedade anônima ou companhia qualquer empresa de fim lucrativo, não contrário à lei, à ordem pública ou aos bons costumes.
Parágrafo único. Qualquer que seja o objeto, a sociedade anônima ou companhia é mercantil e rege-se pelas leis e usos do comércio".
[462] "Art. 24. Os certificados das ações serão escritos em vernáculo e conterão as seguintes declarações: I- denominação da companhia, sua sede e prazo de duração; II- o valor do capital social, a data do ato que o tiver fixado, o número de ações em que se divide e o valor nominal das ações, ou a declaração de que não têm valor nominal; III- nas companhias com capital autorizado, o limite da autorização, em número de ações ou valor do capital social; IV- o número de ações ordinárias e preferenciais das diversas classes, se houver, as vantagens ou preferências conferidas a cada classe e as limitações ou restrições a que as ações estiverem sujeitas; V- o número de ordem do certificado e da ação, e a espécie e classe a que pertence; VI- os direitos conferidos às partes beneficiárias, se houver; VII- a época e o lugar da reunião da assembléia-geral ordinária; VIII- a data da constituição da companhia e do arquivamento e publicação de seus atos constitutivos; IX- o nome do acionista (redação dada pela Lei n° 9.457, de 05.05.1997); X- o débito do acionista e a época e o lugar de seu pagamento, se a ação não estiver integralizada (redação dada pela Lei n° 9.457, de 05.05.1997); XI- a data da emissão do certificado e as assinaturas de dois diretores, ou do agente emissor de certificados (art. 27) (redação dada pela Lei n° 9.457, de 05.05.1997).
§1°. A omissão de qualquer dessas declarações dá ao acionista direito à indenização por perdas e danos contra a companhia e os diretores na gestão dos quais os certificados tenham sido emitidos.
§2°. Os certificados de ações emitidas por companhias abertas podem ser assinados por dois mandatários com poderes especiais, ou autenticados por chancela mecânica, observadas as normas expedidas pela Comissão de Valores Mobiliários (redação dada pela Lei n° 10.303, de 31.10.2001)".

AS AÇÕES DAS SOCIEDADES E OS TÍTULOS DE CRÉDITO

título abstrato. Mesmo quando a declaração documental tenha destinatário fungível, como na hipótese de ações ao portador não identificadas, o terceiro possuidor de boa-fé não permanece estranho ao negócio jurídico subjacente que deu causa à emissão e à circulação do título. A pessoa injustamente desapossada de título ao portador pode obter novo título e impedir que a outrem sejam pagos os dividendos, mediante o processo de recuperação de títulos ao portador [arts. 336 e seguintes ("Da Recuperação de Títulos ao Portador") do Código de Processo Civil de 1939 (Decreto-Lei nº 1.608, de 18.09.1939); posteriormente, arts. 907 a 913 ("Da Ação de Anulação e Substituição de Títulos ao Portador") do Código de Processo Civil de 1973 (Lei nº 5.869, de 11.01.1973); e, atualmente, a "Ação de Recuperação ou Substituição de Título ao Portador" é regida pelo inciso II do art. 259,[463] e pelos arts. 318 e segs. do Código de Processo Civil de 2015 (Lei n13.105, de 16.03.2015), que trata a respeito do *procedimento comum*]. Comprando o título em leilão público ou em Bolsa, o dono que pretender a restituição pagará ao possuidor o preço da compra, ressalvado o direito de reavê-lo do vendedor (Código de Processo Civil de 1939, art. 340; Código Civil, art. 521, parágrafo único e Código de Processo Civil de 1973, art. 913). O *processo de recuperação de ações ao portador*, antes previsto pelos arts. 336 e seguintes do Código de Processo Civil de 1939, posteriormente, previsto nos arts. 907 a 913 do Código de Processo Civil, e, atualmente, pelo inciso II do art. 259 e pelos arts. 318 e segs. do Código de Processo Civil de 2015, aplica-se, também, às ações endossáveis (art. 38 da Lei nº 6.404, de 15.12.76);[464] até que os certificados sejam recuperados ou substituídos, as transferências serão averbadas sob condição e a sociedade emitente poderá exigir do titular ou cessionário, para o pagamento dos dividendos, garantia de sua eventual restituição, mediante fiança idônea (art. 37 da Lei nº 4.728.

---

[463] "Art. 259. Serão publicados editais: I- na ação de usucapião de imóvel; II- *na ação de recuperação ou substituição de título ao portador*; III- em qualquer ação em que seja necessária, por determinação legal, a provocação, para participação no processo, de interessados incertos ou desconhecidos".

[464] "Art. 38. O titular de certificado perdido ou extraviado de ação ao portador ou endossável poderá, justificando a propriedade e a perda ou extravio, promover, na forma da lei processual, o procedimento de anulação e substituição para obter a expedição de novo certificado.

§1º. Somente será admitida a anulação e substituição de certificado ao portador ou endossado em branco à vista da prova, produzida pelo titular, da destruição ou inutilização do certificado a ser substituído.

§2º. Até que o certificado seja recuperado ou substituído, as transferências poderão ser averbadas sob condição, cabendo à companhia exigir do titular, para satisfazer dividendo e demais direitos, garantia idônea de sua eventual restituição".

14.07.1965,[465] posteriormente, §2° do art. 38 da Lei n° 6.404, de 15.12.76). Nem é título autônomo porque o atual titular não é imune às relações entre os anteriores titulares e a sociedade emitente, na hipótese de ações não-integralizadas. Nem é sempre condicionado à posse do título o exercício da qualidade de sócio. Quando muito, poder-se-ia dizer que a ação constitui título representativo da qualidade de sócio, que apresenta algumas afinidades, sobretudo quando revestido da forma ao portador, com os títulos de crédito.[466]

O venerável tratadista FRANCISCO CAVALCANTI PONTES DE MIRANDA FERREIRA [467] também optou por retirar as ações da categoria dos títulos de crédito. Diz ele que "as ações são partes, de igual valor, do capital das sociedades por ações. Há a classificação pelo modo de circulação (ações nominativas, ações ao portador) e a classificação pelos direitos que delas se irradiam. Ação é o título, como ação é a fonte dos direitos. Título de valor, papel de valor e não de crédito, porque os títulos de valor podem ser de crédito, ou não ser. Nas ações, há valor, o estado de sócio; delas podem nascer créditos, como outros direitos (*e. g.*, o de voto, o de ser eleito para órgão ou alguma função da organização social)".

Finalmente, JOSÉ EDWALDO TAVARES BORBA diz que "a ação é uma unidade do capital da empresa, dando ao seu titular o direito de participar da sociedade como acionista. É, portanto, um título de participação. Título no sentido amplo, com cártula ou sem cártula: quem é o titular de uma ação tem uma unidade do capital, um título de participação na sociedade".[468] Afirma, ele, ainda, que "muitos a consideram um título de crédito, mas, na verdade, não é essa a sua natureza".[469] Realmente a "circulação da ação observa, isto sim, a sistemática própria da circulação dos títulos de crédito. Mas daí a considerá-la um título de crédito coloca-se uma

---

[465] "Art. 37. No caso de perda ou extravio do certificado das ações endossáveis, cabe ao respectivo titular, ou a seus sucessores, a ação de recuperação prevista nos arts. 336 e 341 do Código de Processo Civil, para obter a expedição de nôvo certificado em substituição ao extraviado.
Parágrafo único. Até que os certificados sejam recuperados ou substituídos, as transferências serão averbadas sob condição e a sociedade emitente poderá exigir do titular ou cessionário, para o pagamento dos dividendos, garantia de sua eventual restituição, mediante fiança idônea.
[466] Cf. *Sociedades Anônimas e Mercado de Capitais*, 1° vol., Rio de Janeiro: Editora Forense, 1973, p. 237.
[467] Cf. *Tratado de Direito Privado*. Tomo 50 ("Direito das Obrigações: Sociedade por ações"). 2ª ed., Rio de Janeiro: Editor Borsoi, 1965, p. 53.
[468] Cf. *Direito Societário*, Rio de Janeiro, Livraria e Editora Freitas Bastos, 1986, p. 153.
[469] *Ibid.*, p. 152.

AS AÇÕES DAS SOCIEDADES E OS TÍTULOS DE CRÉDITO

grande distância".[470]

Após esta afirmação, JOSÉ EDWALDO TAVARES BORBA enumera os aspectos que impedem a inclusão das ações na categoria dos títulos de crédito: 1º) as ações não dependem, por natureza, de uma cártula, tanto que a ação nominativa pode prescindir de certificado, enquanto a ação escritural nem mesmo pode ter certificado; 2º) inexiste a literalidade, pois os direitos de sócio fundam-se no estatuto e nas deliberações assembleares; 3º) não há autonomia, uma vez que a ação apenas declara direitos, não os constitui; 4º) as ações ao portador dependem de um certificado, mas, mesmo nessa hipótese, em que a cartularidade se encontra presente, os demais requisitos - literalidade e autonomia - não se apresentam; 5º) o certificado da ação nominativa, quando emitido, funciona como mero documento probatório, podendo ser substituído por outro, no caso de extravio - não trata, é bem de ver, nem mesmo de título de legitimação; 6º) o direito derivado da relação fundamental - condição de acionista - e o direito cartular não se distinguem; 7º) a posição do acionista perante a sociedade não é de um credor - ainda que se considere o vocábulo credor no seu sentido amplo; 8º) a posição é a de um participante, com direitos e deveres, enquanto o título de crédito não impõe deveres, mas só direitos e, em certos casos, alguns ônus; 9º) a inoponibilidade de exceções não se aplicaria, igualmente, na sua inteireza, pois ao adquirente da ação é oponível, por exemplo, o pagamento de dividendos antecipados, operando em favor de anterior titular do papel; 10º) o acionista não faz jus a prestações predeterminadas ou predetermináveis, mas a um fluir de direitos e 11º) a ação não é título de resgate, mas de permanência, sendo o resgate uma exceção.[471]

Por todos os aspectos acima enumerados, conclui JOSÉ EDWALDO TAVARES BORBA: "Verifica-se que considerar a ação um título de crédito envolve uma certa inadequação de conceitos".[472]

---

[470] *Ibid.*, pág. 153.
[471] BORBA, José Edwaldo Tavares. *Direito Societário*, Rio de Janeiro, Livraria e Editora Freitas Bastos, 1986, p. 152 e 153.
[472] *Ibid.*, p. 153.

CAPÍTULO 6 – CONCLUSÃO

O fim dos nossos esforços é aprofundar e reforçar a fundamentação da natureza jurídica das ações conforme a concepção que rejeita a ação como título de crédito.

Este trabalho começou por fazer uma construção histórica da ação das sociedades. Foram vistos os conceitos de crédito, de título de crédito e seus pressupostos. Analisaram-se o valor, as formas e as espécies de ações e, por último, apresentamos as correntes doutrinárias que divergem sobre sua natureza jurídica.

Nesta parte final do trabalho, tentaremos dar ao tema do capítulo anterior uma pequena contribuição de nossas reflexões, apesar de, ao longo da dissertação, termos, em alguns momentos, antecipado a nossa opinião a respeito dos aspectos que iam sendo abordados no decorrer da explanação.

Iniciaremos os nossos comentários pelo crédito. Porque o crédito? Em vista de o crédito em sentido estrito (*stricto sensu*), como alguns preferem, constituir o ponto determinante para que um documento possa ser um título de crédito. Não se concebe ser título de crédito aquele documento que não expresse uma operação de crédito em sentido estrito. Assim, o crédito é o principal ponto de afastamento entre os títulos de crédito e as ações das sociedades comerciais. Ele é fundamentalmente responsável pela distinção entre a natureza de um e a natureza de outro.

No capítulo III, dissemos que o crédito importa sempre três propriedades básicas, sem as quais não se pode caracterizá-lo: o ato de confiança, a devolução obrigatória do valor transferido (seja por compensação ou por pagamento em espécie) e o uso do capital por um lapso de tempo determinado.

Quando um acionista adquire uma ação, obviamente existe o ato de confiança, não em uma pessoa devedora, mas no sucesso do empreendimento a ser desenvolvido pela sociedade. Porém não existe a obrigação de devolver o valor transferido (resgate), porque a ação, como foi visto ao final do capítulo II, é uma captação de dinheiro que não exige a sua devolução (recursos próprios ou recursos não-exigíveis); pode, sim, haver a obrigação de partilhar entre os acionistas o que se apurar em liquidação, mas isto, excepcionalmente. Ademais, o uso do capital captado por parte da sociedade tem, em si, o caráter permanente.

A transferência de valores realizada na aquisição de ações não atende absolutamente aos pressupostos do crédito. Daí se dizer que a ação não é título de resgate, mas de permanência, pois o resgate é típico dos documentos de crédito e não dos documentos de mera participação em empreendimentos de risco. Daí se dizer, também, que o acionista não faz jus a prestações predeterminadas ou predetermináveis, mas a um fluir de direitos, pois predeterminação é própria dos documentos de crédito, onde há a obrigação de pagar o valor previamente estabelecido, previsão esta própria, também, em relação ao prazo.

Dessa maneira, é muito difícil colocar as ações entre as operações de crédito e impossível colocá-las na categoria dos títulos de crédito.

Existe mais de um aspecto importante para definirmos a natureza jurídica das ações. Entre eles, outro ponto que muito se tem discutido na doutrina, além da natureza do documento que espelha as entradas feitas pelo sócio para compor o capital da sociedade, é a natureza do direito do acionista sobre a universalidade dos bens sociais, pois uma coisa está invariavelmente ligada à outra. Apesar de ainda ser fruto de debates, é quase inquestionável que as entradas realizadas pelo acionista não são uma operação de crédito – inquestionável pelo menos no seu sentido estrito, conforme já demonstramos. Se não é uma operação de crédito, conclui-se que o acionista também não é credor, como seria, se beneficiário numa

AS AÇÕES DAS SOCIEDADES E OS TÍTULOS DE CRÉDITO

operação cambial. Então o que será?

Parece-nos que a posição dos sócios na sociedade está mais perto do direito de propriedade que do direito de crédito. A participação na administração da sociedade diretamente como gerente ou como simples conselheiro, fiscalizando os atos de administração, é um direito que deriva do principal que é o direito real ou de propriedade. No entanto a doutrina tem caminhado para o desdobramento da posição dos sócios em duas partes: um direito pessoal e outro patrimonial. Para esta corrente doutrinária, o direito pessoal do sócio é o que decorre do *status* de sócio, ou seja, participar na administração da sociedade, e o direito patrimonial é o direito de crédito consistente em perceber o quinhão dos lucros durante a existência social e, em particular, na partilha da massa residual, depois de liquidada a sociedade.

A esse respeito, ponderamos que uma pessoa, proprietária de uma determinada coisa, a administra pessoalmente ou entrega a administração de seu uso a outra pessoa, sob a sua fiscalização, como parte do exercício do seu direito de propriedade. A participação na administração da coisa é própria do direito de propriedade. O mesmo não podemos dizer do direito de crédito, onde o credor não participa da administração do bem entregue ao devedor, enquanto este não cumprir a prestação prometida. Sob este ângulo da questão, o conjunto de faculdades do sócio ou acionista está mais próximo do direito de propriedade.

Pois bem!. Comentamos no capítulo anterior que a propriedade é o mais amplo direito de utilização econômica das coisas, direta ou indiretamente. Comentamos, também, que, quando terceiro detém os poderes de usar e gozar, detém a posse direta e o proprietário a posse indireta, pois este ainda permanece detendo o domínio sobre a coisa. A parte do Direito Civil que rege a propriedade estabelece que, quando são destacados todos os seus elementos, perde-se o domínio sobre a coisa e, por conseqüência, a própria propriedade. A extinção do domínio, para o Direito das Coisas, é a perda da propriedade.

Imaginemos, entretanto, ser possível destacar todos os elementos da propriedade, operando-se a transmissão voluntária da coisa e, ainda assim, ter-se a propriedade indireta, ficando o alienatário com a propriedade direta. Dentro desta situação entendida por muitos como ficção, a bipartição ou o estado de propriedade direta e indireta perduraria enquanto existisse o alienatário, após o que a propriedade direta retornaria ao alienante, ou ainda perduraria enquanto houvesse anuência do alienante a tal estado de coisas. Uma vez que este quisesse pôr fim a esta situação, teria o domínio absoluto sobre a coisa, objeto da transferência, pois esta, como foi dito, voltaria ao seu poder direto. Também, enquanto o alienatário detivesse a propriedade direta, entregaria os frutos da utilização econômica da coisa ao proprietário indireto ou alienante.

Tais circunstâncias, evidentemente, são inimagináveis na concepção e nos princípios adotados pelo Direito das Coisas em relação à propriedade, em virtude, justamente, de ocorrer a alienação, com a qual haveria, irremediavelmente, a perda total do domínio sobre a coisa transferida. Impossível, portanto, dentro dessa parte do Direito, falar-se em propriedade direta ou indireta. Porém, no universo societário, quer seja mercantil ou civil, encontramos claros indícios desse estado de domínio, a respeito do qual, inclusive, poderíamos meditar com mais liberdade, extrapolando um pouco as tradicionais argumentações sobre o direito de crédito e o direito de propriedade.

Nesta oportunidade, vale ressaltarem-se as particularidades do Direito Societário, que não são seguidas pelos demais campos do Direito. A inaplicabilidade integral dos princípios do Direito das Coisas ao Direito Societário também toma corpo no caso da incorporação dos bens imóveis. Para o Direito das Coisas, os bens imóveis se adquirem originariamente *inter vivos* pela transcrição do título em registro público apropriado. Doutrinadores civilistas asseguram que a lei cerca de maiores garantias a circulação da riqueza imobiliária, exigindo solenidades para a transmissão da propriedade dos bens imóveis, que se estendem até o próprio título. Assim é que a alienação de tais bens deve obedecer necessariamente à forma de escritura pública (art. 134 do Código Civil de 1916 e art. 108 do Código Civil de 2002).[473] A escritura pública é da substância do ato nos contratos constitutivos ou translativos de direitos reais sobre imóveis. Por outro lado, esta regra não pode ser aplicada no Direito Societário com a abrangência adotada pelo Direito das Coisas, já que o art. 89 da Lei nº 6.404, de 15.12.1976,[474] ao contrário das disposições do Código Civil, prescreve que a incorporação de imóveis para a formação do Capital Social não exige escritura pública. Tais exemplos mostram que as construções doutrinárias do Direito das Coisas não podem ser tomadas a rigor quando examinadas as instituições do Direito Societário.

Além disso, vale lembrar que, na hipótese por nós imaginada, a coisa é sempre transferida para uma pessoa abstrata, fictícia (existe apenas juridicamente); o alienante é parte determinante da sua existência e detém direitos de gestão e obrigação de cooperação, ao contrário da transferência considerada no Direito das Coisas, onde o alienatário, após consumada a alienação, não mantém qualquer vínculo com o alienante. Vê-se que isto é

---

[473] "Art. 108. Não dispondo a lei em contrário, a escritura pública é essencial à validade dos negócios jurídicos que visem à constituição, transferência, modificação ou renúncia de direitos reais sobre imóveis de valor superior a trinta vezes o maior salário mínimo vigente no País".

[474] "Art. 89. A incorporação de imóveis para formação do capital social não exige escritura pública".

AS AÇÕES DAS SOCIEDADES E OS TÍTULOS DE CRÉDITO

uma situação toda particular do universo associativo.

O alienante e o alienatário são, aqui, pessoas distintas - quanto a isso não há dúvida - mas, irrefutavelmente, permanecem vínculos entre ambos, mesmo após a alienação completa dos bens entregue pelo alienante; vínculos muito diferentes daqueles entre credor e devedor.

Devemos destacar que este vínculo entre a sociedade e o sócio, considerando-se o direito de propriedade, amplia-se infinitamente aplicando-se a doutrina do *Disregard of Legal Entity* (do direito anglo-saxão), ou doutrina da penetração, ou, ainda, teoria da desconsideração da personalidade jurídica, onde o patrimônio da sociedade se comunica com o patrimônio do sócio. A doutrina da penetração tem sido aplicada, inclusive, pelos tribunais brasileiros, quando verificada a utilização abusiva da forma societária, com prejuízo a terceiros, a fim de, desconsiderando a personalidade jurídica, atingir e vincular ilimitadamente a responsabilidade do sócio. Porém, a doutrina ressalva, com muita ênfase, que a regra plenamente vigente é a de que as pessoas jurídicas têm existência distinta da dos seus membros, ou seja, é a da absoluta separação dos patrimônios, somente se admitindo superá-la quando haja ruptura manifesta entre a realidade e a forma jurídica. Justifica-se a desconsideração da personalidade jurídica atingindo-se o patrimônio pessoal do sócio porque a atuação foi dele e não da sociedade. O ato foi determinado pelo exclusivo interesse da sociedade, que era distinto.

A *teoria do superamento ou desconsideração da personalidade jurídica*, que surgiu na doutrina jurisprudencial, hoje adotada pelo Código do Consumidor (art. 28 da Lei n° 8.078, de 11.09.1990),[475] permite também que as fraudes em sucessão comercial sejam apuradas com prova inequívoca de que a sucessora opera no mesmo local, com o mesmo ramo, os mesmas instalações e acervo, além do mesmo sócio majoritário. Isto evidencia o

---

[475] "Art. 28. O juiz poderá desconsiderar a personalidade jurídica da sociedade quando, em detrimento do consumidor, houver abuso de direito, excesso de poder, infração da lei, fato ou ato ilícito ou violação dos estatutos ou contrato social. A desconsideração também será efetivada quando houver falência, estado de insolvência, encerramento ou inatividade da pessoa jurídica provocados por má administração.
§1° (Vetado).
§ 2°. As sociedades integrantes dos grupos societários e as sociedades controladas, são subsidiariamente responsáveis pelas obrigações decorrentes deste código.
§3°. As sociedades consorciadas são solidariamente responsáveis pelas obrigações decorrentes deste código.
§4°. As sociedades coligadas só responderão por culpa.
§5°. Também poderá ser desconsiderada a pessoa jurídica sempre que sua personalidade for, de alguma forma, obstáculo ao ressarcimento de prejuízos causados aos consumidores".

domínio indireto do sócio sobre o acervo social e sua responsabilidade, independente da pessoa abstrata que detém o domínio direto sobre este acervo.

A *doutrina da penetração*, portanto, é mais um exemplo que vem reforçar a hipótese de domínio indireto do sócio sobre os bens sociais, pois esta doutrina pode ser equiparada às limitações jurídicas ao direito de propriedade. Pelo princípio da normalidade do exercício dos direitos oriundos da propriedade, uso pode transformar-se em abuso, se o titular exercer sobre eles o direito sem legítimo interesse ou de modo contrário à sua destinação social. O desvio da normalidade é inadmissível. Quem o pratica comete abuso de direito. O exercício anormal em detrimento do direito de terceiros cosntitui ato ilícito, respondendo, no regime societário, o sócio com o seu patrimônio pessoal na reparação dos prejuízos causados.

A *doutrina da penetração*, agora considerando-se o outro lado, parece-nos ser inconciliável com a concepção de que a posição jurídica do sócio é simplesmente de credor, ou seja, constitui um mero direito de crédito sobre os lucros líquidos e o acervo social. É muito difícil, quase impossível, responsabilizar ilimitadamente o credor pelos danos causados a terceiros em virtude da má utilização do crédito pelo devedor.

Por outro ângulo, apesar de haver alienação da coisa quando o sócio realiza a sua contribuição para a constituição do capital, parece, na verdade, permanecer o *animus domini* (intenção de agir como dono) do alienante. O alienante continua a agir, com relação à coisa ou à universalidade na qual ela se integrou, como se efetivamente lhe pertencesse, embora, no plano estritamente jurídico do Direito das Coisas, isto não ocorra. Nessa alienação, não se verifica, por outro lado, o *animus vendendi* (intenção de vender). Há, sim, a intenção de entregar algo a outrem, transferindo os poderes de usar, gozar e dispor, porém não, de maneira definitiva, mas apenas enquanto houver interesse de quem transfere ou, então, enquanto existir quem detenha tais poderes, voltando a coisa ao transmitente, uma vez extinta a pessoa jurídica.

Sobre o retorno da coisa ao transmitente, ainda existe espaço para fazermos algumas observações. Boa parte da doutrina, como comentamos no capítulo anterior, entende a sociedade, como uma pessoa jurídica distinta, que passa a ter o domínio dos bens assim entregues pelo sócio para composição de sua quota, de modo que, mesmo ao se proceder à liquidação da sociedade, o sócio nenhum direito tem a ser reintegrado na coisa por ele transferida, pois o quinhão que lhe couber decorrerá da partilha do acervo social. Todavia, sem colocar de lado a atenção que esta afirmação merece, dentro da hipótese de domínio indireto do sócio sobre os bens sociais, podemos, ainda, buscar algumas explicações para o fenômeno, contrárias à esta invariável. Por exemplo, quando, na liquidação da sociedade, se verifica que o acervo social é inferior às entradas realizadas pelos sócios,

AS AÇÕES DAS SOCIEDADES E OS TÍTULOS DE CRÉDITO

evidentemente seria impossível a reintegração justa e integral nas coisas por eles transferidas, pois tal situação resulta da perda ou perecimento, total ou parcial, da propriedade. No caso de perda parcial, a reintegração opera-se como se fora uma espécie de indenização, limitada a proporção de cada um no acervo social. Quando, na liquidação da pessoa jurídica, os bens sociais são iguais às entradas das contribuições sociais, a reintegração da coisa ao patrimônio do sócio pode perfeitamente se efetivar, uma vez que não implicaria desarmonia na partilha do acervo. Por último, quando, na liquidação da sociedade, a universalidade dos bens sociais, é superior ao somatório das entradas realizadas pelos sócios, a reintegração da coisa transferida pode operar-se de maneira integral e, inclusive, com acessão contínua da propriedade,[476] ou seja, o conjunto de coisas, objeto do direito de propriedade retornaria, aumentado, ao alienante.

Como já comentamos no capítulo anterior, para reforçar a afirmação de que sócio algum tem direito de ser reintegrado na coisa por ele transferida, eventualmente, adiciona-se o argumento de que a finalidade da liquidação é a redução de todo ativo a dinheiro, tendo, pois, aquele que promove a liquidação da sociedade todos os poderes necessários a este fim, podendo, inclusive, alienar os bens imóveis, mesmo que o estatuto não o preveja. Isto é, para alguns, um obstáculo à tese de que o bem transferido à sociedade retornaria, após a sua dissolução, ao sócio. Entretanto, não entendemos assim, pois, vale repetir, até mesmo nas sociedades anônimas, admite-se que a assembleia-geral, mediante deliberação aprovada por acionistas, possuidores de ações com voto e sem voto, representativos de , no mínimo, noventa por cento do capital, determine condições especiais de partilha, atribuindo-se aos sócios os próprios bens da sociedade em lugar do produto de sua venda.

Outro aspecto contrário a este pensamento levantado pela doutrina diz respeito ao fato de que os direitos reais têm como objeto uma coisa e, assim sendo, só se poderia possuir o título em si, no caso das sociedades por ações, porém nunca, a universalidade dos bens, que é indivisa e incorpórea. Realmente, a universalidade dos bens é indivisa e incorpórea; entretanto, não afeta a individualidade das coisas que a integram. Ademais, a universalidade dos bens só existe enquanto em atividade a pessoa jurídica: após a sua extinção, finda a indivisão que as unia e ressalta a plenitude da individualidade das coisas para que possam reintegrar-se ao patrimônio de cada sócio. Dessa forma, isto não chega a ser um óbice à tese de domínio

---

[476] Extensão da propriedade, simples modificação desta; aumento da propriedade pela incorporação da coisa acessória; alteração quantitativa ou qualitativa em conseqüência do trabalho humano; na acessão não há aquisição, pois a incorporação não depende de novo título, é a mesma propriedade, apenas aumentada.

indireto do sócio.

Não é difícil, ao nosso ver, aceitar tal postura. Nesta nova postura, o sócio, ao realizar sua entrada, deteria ainda a propriedade indireta da coisa transferida. Hipótese em que, apesar de ter cedido o domínio para outrem, não resultaria a perda definitiva de todos os poderes; apenas ocorreria, vamos dizer assim, a suspensão temporária desses poderes. Aí verifica-se, isto está claro, a manutenção de um vínculo qualquer com a coisa cedida e, uma vez havendo este vínculo, não podemos, como foi dito, falar em perda definitiva da coisa, mesmo que alienada. Aqui a suspensão ocorreria da mesma forma que na posse direta e indireta da propriedade. Quando se tem a posse indireta sobre determinado bem, encontram-se suspensos, por algum tempo, os poderes de usar e gozar da coisa. Na participação societária, encontrariam-se suspensos os poderes de usar, gozar e dispor da coisa (o domínio). Por isso que o contribuinte possuiria a propriedade indireta e a sociedade (pessoa jurídica) a propriedade direta sobre os bens que compõem o fundo social.

A bipartição do direito de propriedade verificada na participação societária parece não ser a única situação em que ficam evidenciadas a propriedade direta e a propriedade indireta. Há quem defenda a bipartição do domínio na enfiteuse, na qual o senhorio direto possui a propriedade direta do imóvel (domínio eminente ou direto) e o foreiro possui a propriedade indireta ou domínio útil do imóvel, em alusão ao processo de fragmentação da propriedade realizado no Direito medieval. Assim, o enfiteuta ou foreiro exerce direitos que a muitos respeitos o colocam na posição de proprietário. Entretanto, a maioria defende a tese de que é direito real na coisa alheia, ainda que tão extenso quanto a propriedade.

Na realidade, a importância desta argumentação está limitada ao campo doutrinário, que trabalha na busca de um esclarecimento melhor para a natureza da contribuição social ou parte do sócio na composição do capital social. Assim, com o intuito de ter uma compreensão desse sistema de forma mais elucidativa, não vemos razão para deixar de aceitar a bipartição ou desdobramento da relação dominial no plano societário, como dito, mesmo que alguns entendam ela como fictícia.

Temos que, neste momento, justificar nossos esforços para encontrar um espaço onde possamos acomodar a contribuição do sócio na relação dominial. Isto se explica, ainda, pela proposição, que tem gerado múltiplas conclusões, de que a participação na sociedade cria efeitos obrigacionias. Esta proposição é indiscutível, porém a maior parte da doutrina vem construindo uma concepção a respeito, mais voltada para o Direito das Obrigações ou Direito de Crédito, adotando todas as peculiaridades dessa parte do Direito Civil, mesmo que adaptadas, para regerem a relação sócio/sociedade.

De certo que a obrigação nesse campo do Direito leva em si

AS AÇÕES DAS SOCIEDADES E OS TÍTULOS DE CRÉDITO

aspectos exclusivamente creditícios. A obrigação para o Direito de Crédito é um vínculo jurídico, em virtude do qual uma pessoa física fica adstrita a satisfazer uma prestação em proveito de outra. É certo, também, que a todo direito corresponde uma obrigação, mas nem todas as obrigações são de natureza creditícia. É digno de ser observado que a faculdade correspondente à obrigação de natureza creditícia é de caráter transitório, esgota-se com o seu uso. O direito do credor consome-se, finda-se, desde que ele o faz efetivo, ao receber o que é devido. Ao contrário, é pacífico na doutrina que a faculdade correspondente ao dever jurídico, em suas outras manifestações, é, na maioria dos casos, permanente, inesgotável, não se aniquilando pelo uso natural que dela se faça. Como também que, pelo uso normal, em conseqüência de sua aplicação comedida e legal, não se extingue o direito de propriedade, nem, conseqüentemente, se esgota as múltiplas faculdades que se contêm no domínio, nem tampouco os direitos de família, nem o geral das pessoas.

Quando falamos da participação do sócio na sociedade, fica claro que a pretensão dele dirige-se apenas à atividade da sociedade e ao *animus domini* sobre sua parte no fundo social, bem como que se trata de uma faculdade permanente, inesgotável, a exemplo de qualquer outro direito de propriedade. A esse respeito, inclusive, como comentamos no capítulo anterior, "a ação não é título de resgate, mas de permanência, sendo o resgate uma exceção".

A faculdade permanente da relação obrigacional societária está evidente, inclusive na amortização integral que dá causa à emissão das ações de fruição. Mesmo pagando-se ao acionista o valor integral da ação, ainda assim permanecerá ele participando da sociedade, pois o direito de propriedade não se esgota no valor da ação: ele abrange a coisa transferida e integralizada na universalidade de bens sociais, bem como a acessão contínua. Parece-nos certo que a ação não representa apenas uma parte do capital social. Ela representa muito mais: ela representa o domínio indireto do acionista sobre a universalidade de bens da sociedade, de maneira que, mesmo pagando-se o seu valor de mercado, ainda assim persistirá o direito à equivalência pecuniária, se não houve perda, à coisa transferida e aos aumentos ocorridos. Perguntamos: que crédito ainda existirá após cumprida integralmente a prestação obrigacional? Qual a obrigação de natureza creditícia que é permanente e não se esgota nos limites do próprio crédito, isto é, no cumprimento do dever de prestação?

A esse respeito, inclusive, exige-se que lembremos constituir locupletamento indevido a vantagem obtida sobre o patrimônio do devedor, além da prestação prevista que compõe a relação creditícia.

Uma das correntes doutrinárias julga absurda a solução eleita por alguns ao atribuírem às contribuições do sócio um direito de propriedade, que fica suspenso durante a existência da sociedade. Considera-a absurda porque isso equivaleria a reconhecer dois proprietários: um em atividade e outro em estado letárgico; haveria um sócio como proprietário em disponibilidade.

Algumas de nossas argumentações não são novas. Já houve quem afirmasse, como já vimos, que cada sócio se imagina e se diz proprietário de sua parte social. Parte dos autores há, que consideram a ação título de propriedade, e isto porque os indícios de domínio são mais fortes que os de crédito. Assim, eliminar este aspecto de seu conceito, a fim de ficar mais fácil para a doutrina, ainda que aparentemente, estabelecer a sua natureza jurídica, é a mesma coisa que tentar tapar o sol com uma peneira.

No que tange a questão de excluir a ação da categoria dos títulos de crédito, há, além da sua natureza puramente participativa, outras incompatibilidades que não nos permitem incluí-las entre aqueles documentos, conforme já tivemos oportunidade de demonstrar no decorrer desta exposição.

Como vimos exaustivamente, os títulos de crédito têm como pressupostos obrigatórios a cartularidade, a literalidade e a autonomia. A ação, por sua vez, não atende a nenhum dos três pressupostos, apesar de encontrarmos, às vezes, indícios de cartularidade e de autonomia em algumas de suas formas. Consideramos estes indícios precários, porque insuficientes para constituir uma característica comum a todas as ações.

Já dissemos que a ação não requer necessariamente a existência de um título ou de uma cártula. A ação nominativa pode valer sem a emissão de certificado, enquanto que a ação escritural não comporta a emissão de documento para existir ou circular. Portanto, o princípio da cartularidade não se aplica às ações. Nelas a cartularidade é uma faculdade; não, uma obrigação.

Pelo fato de o seu valor real não ser predeterminável e sim, diariamente variável, chegando, até mesmo, às vezes, a não constar valor algum na cártula (ações sem valor nominal), as ações têm valor ilíquido e a falta de liquidez do seu montante é incompatível com o princípio da literalidade. Literalidade esta também prejudicada em vista de a ação ser incerta, tanto em relação ao pagamento integral de seu valor, como em relação ao recebimento de dividendo, ou seja, não existe predeterminação do tempo para resgate ou outros pagamentos acessórios. A incerteza, por sua vez, também é incompatível com o princípio da literalidade. Outro ponto que afasta definitivamente a literalidade como característica das ações é o fato de os direitos assegurados não estarem determinados no título, mas em estatuto e nas deliberações das assembleias, que podem modificá-los a qualquer momento.

Pelo princípio da autonomia, a relação de débito e crédito, que dá origem ao título de crédito, dele se desprende na sua circulação, não podendo, por isso, serem opostos exceções, com base na relação

AS AÇÕES DAS SOCIEDADES E OS TÍTULOS DE CRÉDITO

fundamental, aos sucessivos possuidores de boa-fé. Isto não ocorre integralmente em relação às ações, pois ao seu adquirente são oponíveis exceções derivadas da relação fundamental, de maneira que o terceiro cessionário é solidariamente responsável pela integralização da parte no capital social que corresponde à ação, como também é oponível ao cessionário o pagamento de dividendos antecipados, operados em favor do anterior titular da ação. Assim, a autonomia, da mesma maneira que a cartularidade, não é uma de suas características comuns.

Em vista disso, podemos, com muita tranqüilidade, assegurar que a ação não é título de crédito. É, sem sombra de dúvida, um indicativo, por registro ou por cártula, da participação do seu possuidor na sociedade por ações. Quando muito, se considerarmos que o título pode existir, em sentido amplo, com cártula ou sem cártula, poderíamos qualificá-la como um título de valor.

Por todas essas razões, mesmo nos sujeitando a riscos, achamos por bem optar por dizer que a ação da sociedade não constitui propriamente um direito de crédito nem, própria ou impropriamente, um título de crédito, mas, sim, um indicativo, cartular ou não, de participação do acionista no empreendimento. Esta ação, dentro dos limites por ela mesma estabelecidos em relação ao montante do capital social, em vista de sua própria natureza, expressa, em proporcionalidade com aquele, o domínio indireto sobre uma parte na universalidade indivisa dos bens sociais, pois o fundo social está indiviso entre todos os acionistas. Como conseqüência do domínio indireto, tem o acionista o direito à percepção dos frutos resultantes da utilização econômica e comercial do bem entregue (dividendos), que fica ao dispor da sociedade, como, também, o direito de participar direta ou indiretamente da gestão do empreendimento, sendo o domínio sobre o bem, ou o seu equivalente em espécie, resgatado pelo acionista, quando discordar dos caminhos que a sociedade tomou (acionista dissidente) ou quando for dissolvida a união dos bens sociais (liquidação da sociedade).

Sabemos que é difícil e perigoso propor conclusões, mas, como procuramos, a cada momento, deixar claro, não pretendemos, aqui, tentar impor ou ajudar a impor novos dogmas. O que objetivamos com a presente dissertação é apresentar uma contribuição para o deslinde da natureza jurídica das ações, instituto que, até o instante atual, vem sendo motivo de profundas divergências nos debates entre os grandes doutrinadores. Por isso, não colocamos de parte o respeito pelas posições contrárias àquelas que adotamos durante este trabalho, principalmente neste capítulo final. Esperamos, apenas, que nossas colocações sejam o germinal de novas reflexões sobre o assunto, mesmo que em direção oposta à que tomamos.

AMÉRICO LUIS MARTINS DA SILVA

BIBLIOGRAFIA

ALMEIDA, Cândido Mendes de. *Introdução aos Princípios do Direito Mercantil*, por José da Silva Lisboa (Visconde de Cayrú), 6ª ed., vol. I, Rio de Janeiro: Typographia Academica, 1864.
ARAUJO, José Paulo de Figueiroa Nabuco de. *Legislação Brasileira, ou coleção cronológica das leis, decretos, resoluções de consulta, provisões, etc., desde o ano de 1808 até 1831*, Rio de Janeiro: Typographia Imperial e Constitucional de J. Villeneuve & Cia., 1836.
ASCARELLI, Tullio. *Derecho Mercantil*, Mexico:Porrua Hnos y Cia, 1940.
_____. *Teoria Geral dos Títulos de Crédito*, São Paulo: Livraria Acadêmica Saraiva & Cia. - Editores, 1943.
BATALHA, Wilson de Souza Campos. *Sociedades Anônimas e Mercado de Capitais*, 1º vol., Rio de Janeiro: Editora Forense, 1973.

BEKKER, Ernst Immanuel. *Die Aktionen des römischen Privatrechts*, Berlin: Verlag Von Franz Valhen, 1871.
BETTI, Emílio *Teoria Generale del Negozio Giurídico*, Milano: Dottore Giuffrè Editore, 1952.
BEVILÁQUA, Achilles. *Sociedades Anonimas e em Comandita por Ações: Decreto-lei n. 2.627 de 26 de setembro de 1940*, Rio de Janeiro: Editora Forense, 1957.
BEVILÁQUA, Clóvis. *Código Civil dos Estados Unidos do Brasil Comentado*, vol. III, 8ª ed., Rio de Janeiro: Editora Francisco Alves, 1950.
BONELLI, Gustavo. *Dei Titoli di Credito: Contributo ad una Teoria Scientifica*. Torino: Utet Giuridica, 1897.
BONFANTI, Pietro. *Storia del Diritto Romano*, vol. I, Milano: Sociétà Editrice Libraria, 1923.
BORBA, José Edwaldo Tavares. *Direito Societário*, Rio de Janeiro: Livraria e Editora Freitas Bastos, 1986.
BORGES, João Eunápio. *Títulos de Crédito*, 2ª ed./9ª tiragem, Rio de Janeiro: Editora Forense, 1983.
BRANCO, Elcir Castelo. "Crédito". In: *Enciclopédia Saraiva do Direito*, vol. 21, São Paulo: Edição Saraiva, 1977, p. 139 e segs.
BRUM, Carlos Augusto H. "O fim das Ações Preferenciais". In: In: *Caderno Especial da ABERJ*, n° 111 da Associação de Bancos no Estado do Rio de Janeiro – ABERJ, janeiro de 1990, p. 2 e segs.
BRUNETTI, Antonio. *Trattato del Diritto delle Sociétè*, vol. II, Milano: Dottore Giuffrè Editore, 1948.
BRUNNER, Heinrich. *Endermanns Handbuch des Handelsrechts*, vol. II, Leipzip, 1882, p. 140-235.
BRUSCHETTINI, Arnaldo. *Trattato dei Titoli al Portatore*, Turim: Fratelli Bocca Editori, 1898.
CAEN, Charles Lyon & RENAULT Louis. *Manuel de Droit Commercial, y Compris le Droit Martitime*, 15è édition, Paris: Librairie Générale de Droit et de Jurisprudence – LGDJ, 1928.
CALÓGERAS, João Pandiá. *Formação Histórica do Brasil*, São Paulo: Companhia Editora Nacional, 1938.
CARDOSO, Vicente Licinio. *À Margem da História do Brasil*, São Paulo: Companhia Editora Nacional, 1933.
CARNELUTTI, Francesco. *Teoria Giuridica della Circolazione*, Pádua: Casa Editrice Dottore Antonio Milani – CEDAM, 1933.
COLENBRANDER, Herman Theodoor. "Über das erste Auftreten des Wortes 'Aktie' in den Niederlanden". In: *Zeitschrift für das Gesamte Handelsrecht (ZGH)*, tomo 50 (NF 35), 1901, p. 383 e seguintes.
COMPARATO, Fábio Konder. *Direito empresarial: estudos e pareceres*. São Paulo: Saraiva, 1995, p. 3-37 (ISBN: 8502006940).
COSTA, Emílio, *Cicerone Giureconsulto*, vol. I, Bolonha: Nicola Zanechelli

AS AÇÕES DAS SOCIEDADES E OS TÍTULOS DE CRÉDITO

Editore, 1927.
CUQ, Edouard. *Manuel des Institutions Juridiques des Romains*, Paris: Plon-Nourit, 1917.
D'AVANZO, Walter. *Instituzioni di Diritto Civile*, 4ª ed., Roma: Editrice Stamperia Nazionale, 1950.
DAVIS, John Preston. *Corporations*, vol. II, New York: Capricorn Books, 1961.
DÉFOSSÉ, Gaston. *La Bourse des Valeurs et les Opérations de Bourse*, 6ᵉ édition mise à jour, Paris: Presses Universitaires de France – PUF, 1968.
DE GREGORIO, Alfredo. *Delle società e delle associazioni commerciali*, Torino: Unione Tipografico-Editrice Torinese – UTET, 1938.
DELOISON, Georges. *Traité des Sociétés Commerciales, Françaises et Étrangères*, tomo II, Paris: Alphonse Picard, Libraire-Editeur, 1882.
DIAS, José de Aguiar. *Repertório Enciclopédico do Direito Brasileiro*, por José Maria de Carvalho Santos, coadjuvado por José de Aguiar Dias, vol. 1°, n° 1, vocábulo Ação, Rio de Janeiro: Editor Borsoi, 1958, p. 370.
DRUCKER, Peter Ferdinand. *The Frontiers of Management: Where Tomorrow's Decisions Are Being Shaped Today*, New York: Harper & Row Publishers, Inc., 1987.
EHRENBERG, Richard. "Die Amsterdamer Aktienspekülation im 17, Jahrhundert" [La especulación en acciones de Amsterdam en el siglo XVII]. In: *Jahrbuch für Nationalöken und Stalistik*, 3ª série, tomo III, p. 809 e segs.
EMMETT, Eric; BARLOW, Trafford Brereton & EMMETT, Michael D. *Principles of South African Company Law*, 6th ed., Claremont, Africa do Sul: Cape Town, Juta, 1969.
ENCICLOPÉDIA DELTA LAROUSSE, vol. II, 2ª edição, Rio de Janeiro: Editora Delta, 1967.
ENCICLOPÉDIA SARAIVA DO DIREITO, vol. 69, Coordenação do Professor R. Limongi França, Edição Saraiva, 1977.
ESCARRA, Jean. *Manuel de Droit Commercial*, vol. I, Paris: Recueil Sirey, 1947.
_____ . *Traité Theorique e Pratique de Droit Commercial: Les Societes Commerciales*, Paris: Librairie du Recueil Sirey (Saint-Amand: impr. de R. Bussiere), 1950.
FARIA, Antônio Bento de. *Codigo Commercial Brazileiro*, 2ª ed., Rio de Janeiro: Jacintho Ribeiro Santos, 1912.
_____ . *Direito Comercial*, vol. II ("Das Sociedades Comerciais"), parte primeira, Rio de Janeiro: A. Coelho Branco Filho Editor, 1948.
FERRARA, Francesco. *Trattato di Diritto Civile Italiano*, Roma: Athenaeum, 1921.

FERREIRA, Francisco Cavalcanti Pontes de Miranda. *Tratado de Direito Cambial*, vol. III ("Duplicata Mercantil"), 2ª ed., São Paulo: Max Limonad, Editor de Livros de Direito, 1954.

_____. *Tratado de Direito Privado*. Tomo 50 ("Direito das Obrigações: Sociedade por ações"). 2ª ed., Rio de Janeiro: Editor Borsoi, 1965.

FERREIRA, Waldemar Martins. *História do Direito Brasileiro*, tomo III, São Paulo: Max Limonad Editor, 1955.

_____. *Tratado de Direito Comercial*, 4° e 8° vols., São Paulo: Edição Saraiva, 1961.

FERRI, Giuseppe. *I Titoli di Credito*, Torino: Unione Tipografico-Editrice Torinese – UTET,1952.

FISHER, Hans Albrecht. A Reparação dos Danos no Direito Civil, São Paulo: Livraria Acadêmica Saraiva & Cia - Editores, 1938

FIORENTINO, Adriano. "La Consegna nell'alienazione dei titoli di credito". In: *Banca, Borsa, Titoli Credito*, 1948, vol. I, p. 129 e segs.

FISHER, Rodolfo. *Las Sociedades Anônimas: Su Regimen Jurídico y Fiscal*, Madrid: Editorial Rens, 1934.

FRÉMERY, Achille. Études de droit commercial ou droit fondé par la coutume universelle des commerçants, Paris: Alex-Gobelet, 1833.

FUCHS, Carl Johannes. *Economia Política*, 2ª ed., tradução de Manuel Sánchez Sarto, Barcelona: Editorial Labor, 1927.

GASPERONI, Nicola. *Las Acciones de las Sociedades Mercantiles*, trad. por Francisco Javier Osset, Madrid: Editorial Revista de Derecho Privado, 1950.

GRANDES PERSONAGENS DA HISTÓRIA UNIVERSAL, vol. 3 ("Guilherme de Orange"), São Paulo: Abril Cultural, 1971.

GROS, Francisco. "Ações Preferenciais e Democratização Gerencial na Empresa". In: *Caderno Especial do SBERJ*, n° 473, Sindicato dos Bancos do Estado do Rio de Janeiro – SBERJ, p. 1 e segs.

GUILERY, Jules. *Des Sociétés commerciales en Belgique: Commentaire de la loi du 18 mai 1873*, vol. 2°, Bruxelles: Braine-l'Alleud, 1874.

GUIMARÃES, Ruy Carneiro. *Sociedades por Ações*, vol. I, Rio de Janeiro: Editora Forense, 1960.

GUSMÃO, Sadi Cardoso. "Noção de capital e seu tratamento jurídico". In: *Revista Forense*, vol. CXXXI, ano XLVII, fascículo 568, outubro de 1950, n° 5, p. 358 e segs.

HEINSHEIMER, Karl August. *Das Recht dos Aktiengesells Chaften*, vol. I, Berlin: Lehamnn und Ring/Handelsgesetzbuch, 1899.

_____. *Derecho Mercantil*, trad. espanhola segundo a 3ª ed. Alemã, Barcelona: Editorial Labor, 1933.

HILFERDING, Rudolf. *Das Finanzkapital*, Vienna: Wiener Volksbuchhandlung, 1910.

AS AÇÕES DAS SOCIEDADES E OS TÍTULOS DE CRÉDITO

HUECK, Alfred & CANARIS, Claus Wilhelm. *Recht der Werpapiere*, 12ª ed., Munchen: Franz Vahlen, 1986.

LA LUMIA, Isidoro. "Appunti sulla natura giuridica dei titoli di credito". In: *Rivista del diritto commerciale*, 1940, vol. I, p. 1 e segs.

_____. "La atipicità delle società commerciali". In: *Rivista del Diritto Commerciale e del Diritto Geenerale delle Obligazioni*, vol. XXXVI, 1938, parte I, p. 217-235.

LAMY FILHO, Alfredo. "A Reforma da Lei das Sociedades Anônimas". In: *Revista de Direito Mercantil, Industrial, Econômico e Financeiro – RDM*; Nova Série; fascículo n° 7, São Paulo: Editora Revista dos Tribunais, 1972, p. 123-158.

LAMY FILHO, Alfredo & PEDREIRA, Jose Luiz Bulhões. *A Lei das S.A.* 3ª ed., Rio de Janeiro: Editora Renovar, 1997, p. 132 (ISBN: 8571470227).

LEHMANN, Karl. *Die geschichtliche Entwicklung des Aktien- reehts bis zum Code de Commerce*, Berlin: Verfasser/Beitragende, Jahr, 1895.

LEME, Ernesto. *Das Acções Preferenciaes nas Sociedades Anonymas*, São Paulo: Livraria Acadêmica Saraiva, 1933.

LORDI, Luigi. *Le Obligazioni Commerciali*, vol. 1, 2ª ed., Milano: Societa Editrice Libraria - SEL, 1936.

MACEDO, Gastão Azevedo. *Curso de Direito Comercial*, 6ª ed., Rio de Janeiro: Biblioteca Universitária Freitas Bastos, 1979.

MACHIAVELLI, Niccolò di Bernardo dei. *Le Istore Fiorentine (1520-1525)*, 4° vol., Florença: Casa Editrice Adriano Salani, 1957.

MAGALHÃES, Roberto Barcelos de. *A Nova Lei das Sociedades por Ações Comentada*, vol. I, Rio de Janeiro: Livraria e Editora Freitas Bastos, 1977.

MARGHIERI, Alberto. "Delle Società e delle Associazioni Commerciali". In: *Il Codice di Commercio*. Vol. 4, Torino:, Unione Tipografico-Editrice Torinese – UTET, 1929.

_____. *Il Diritto Commerciale Italiano: Esposto Sistematicamente*, vol. 2°, 2ª ed., Nápoles: R. Marghieri Di Gaus, 1887.

MARTINS, Fran. *Títulos de Crédito*, vol. I, 2ª ed., Rio de Janeiro: Editora Forense, 1977.

MARX, Karl Heinrich. *O Capital*, vols. I e III, Chicago: Charles Kerr & Co., 1933.

MAYNZ, Charles Gustave. *Cours de Droit Romain*, tomo II, Bruxelas: Librairie Polytéchique d'Ang. Decq., 1870.

MAZEAUD, Léon. *Cours de Droit Commercial*, Paris: Les Cours de Droit, 1955.

MENDES, Octavio. *Dos Títulos de Crédito*, São Paulo: Livraria Acadêmica Saraiva & Cia. - Editores, 1931.

MENDONÇA, José Xavier Carvalho de. *Tratado do Direito Comercial*

Brasileiro, vol. III, livro II ("Dos comerciantes e seus auxiliares"), parte III e vol. V, parte II, 3ª ed., Rio de Janeiro: Livraria Editora Freitas Bastos, 1938.

MESSINEO, Francesco. *Manuale di Diritto Civile e Commerciale*, vol. 3°, 1ª parte, tomo 1°, 8ª ed., Milano: Dottore Giuffrè Editore, 1953.

_____. *Titoli di Credito*, vol. I, Pádua: Casa Editrice Dott. Antonio Milani – CEDAM, 1928.

MILL, John Stuart. *Princípios de Economia Política*, vol. II, São Paulo: Editora Abril Cultural, 1983.

MOSSA, Lorenzo. *Trattato del Nuovo Diritto Commerciale*. vol. 1°, Pádua: Casa Editrice Dottore Antonio Milani – CEDAM, 1951.

NAMUR, Parfait Joseph. *Le Code de Commerce Belge: Revise, Interprete par les Travaux Preparatoires des Lois Nouvelles, par la Comparison avec la Legislation Anterieure et par la Doctrine et la Jurisprudence*, 2ª ed., vol. 2°, Bruxelles: Bruylant-Christophe et Cie., 1877.

NAVARRINI, Umberto. *Trattato Elementare di Diritto Commerciale*, volume primo, quinta edizione, Torino: Unione Tipografico-Editrice, Torinese, 1937.

NAVARRINI, Umberto & FAGGELA, Gabriele. *Das sociedades e das Associações Comerciais*, vol. II, Rio de Janeiro: José Konfino Editor, 1950.

PIC, Paul. *Traité Général de Droit Commercial: Des Sociétès Commerciales*, vol. 2°, tomos 1° e 2°, 3ª edición, Paris: Librairie Arthur Rousseau & Cie, 1927.

PIPIA, Umberto. *Trattato di Diritto Commerciale*, vol. 2°, Torino: Unione Tipografico-Editrice Torinese – UTET, 1914.

PIRES, Gudesteu. *Manual das Sociedades Anônimas*, Rio de Janeiro: Livraria e Editora Freitas Bastos, 1942.

PONTES, Aloísio Lopes. *Sociedades Anônimas*, vol. 1°, 3ª ed., Rio de Janeiro: Editora Revista Forense, 1954.

PRIMKER, K. "Die Aktiengesellschaft", In: *Handbuch des Handelsrechts Handels*, See und Wechselrechts, von W. Endemann, vol. I, Leipzig: 1881, p. 471-685.

RAISER, Ludwig. "Der Gleichheitsgrundsatz im Privatrecht" In: *Zeitschrift Für das gesammte Handelsrechet* und Wirtschaftsrecht (ZHR), vol. 111, Berlin: 1975, p. 19 e segs.

REQUIÃO, Rubens *Curso de Direito Comercial*, 2° vol., São Paulo: Editora Saraiva, 1984.

RENAUD, Louis. *Traité de Droit Commercial*, 5ª ed., 2° tomo ("les sociétés commerciales"), Paris: Librairie Générale de Droit et de Jurisprudence – LGDJ, 1936.

RIPERT, Georges. *Aspects Juridiques du Capitalisme Moderne*, Paris: Librairie Générale de Droit et de Jurisprudence – LGDJ, 1951.

AS AÇÕES DAS SOCIEDADES E OS TÍTULOS DE CRÉDITO

RIVAROLA, Mario Alberto. *Sociedades Anônimas : Estudio Jurídico Economico de la Legislación Argentina y Comparada*, Tomo I, Buenos Aires: Liberia y Editorial El Ateneo, 1941.
RAMELLA, Agostino. *Trattato del Titoli All'Ordine*, vol. 1°, Firenze: Fratelli Camelli, 1900.
RIPERT, Georges. *Traité Elementaire de Droit Commerciale*, 2ª ed., Paris: Librarie Générale de Droit et de Jurisprudence – LGDJ, 1951.
ROCCO, Alfredo. *Principli di Diritto Commerciale*, Torino: Unione Tipografico-Editrice Torinese – UTET, 1928.
ROSA JUNIOR, Luiz Emygdio Franco da. *Direito Cambiário*, vol. I ("letra de câmbio e nota promissória"), Rio de Janeiro: Livraria e Editora Freitas Bastos, 1984.
ROTONDI, Mario. *Instituzioni di Diritto Privato*, 6ª edizione, Pavia: Tipografico del Libro, 1954.
ROUSSEAU, Rodolphe. *Des Sociétès Commerciales françaises et étrangéres*, vol. I, 3° édition, Paris: Arthur Rousseau Editeur, 1906.
RUSSEL, Alfredo. *Curso de Direito Comercial Brasileiro*, tomo segundo, 2ª ed., Rio de Janeiro: Editor Jacintho Ribeiro dos Santos, 1929.
SALANDRA, Vittorio. *Corso di Diritto Commerciale: obbligazioni commerciali in genere, titoli di credito, titoli cambiarii*, Roma: Societa Editrice del Foro Italiano, 1939.
_____ . *Societa Commerciali; Estratto dal Nuovo Digesto Italiano*, Torino: Unione Tipografico-Editrice Torinese – UTET, 1938.
SANTOS, José Maria de Carvalho. . *Repertório Enciclopédico do Direito Brasileiro*, por José Maria de Carvalho Santos, coadjuvado por José de Aguiar Dias, vol. 1°, vocábulo "Ação", Rio de Janeiro: Editor Borsoi, 1958, p. 379.
SANTOS, Orlando Gomes dos. *Direitos Reais*, 8ª ed., Rio de Janeiro: Editora Forense, 1983, p. 85.
SANTOS, Theóphilo de Azeredo. *Manual dos Títulos de Crédito*, Rio de Janeiro, Editora Pallas, 1975.
_____ . "Natureza Jurídica das Ações". In: *Revista Forense*, vol. 169, Rio de Janeiro: Editora Forense, p. 485 e segs.
SCHMIT, Conrad. "Zur Theorie der Handelskrisen und der Uberproduktion". In: *Sozialistische Monatshefte*, vol. II, Bd. 2, n° 9, 1901, , p. 669-682.
SCHLFGELBERGER, Franz & QUASSOWSKY, Leo. *Aktiengesetz - Komentar*, 3ª ed., Berlim: Franz Vahlen, 1939.
SEMO, G. de. *Le obligazion solidali*, Pádua: Casa Editrice Dottore Antonio Milani – CEDAM, 1963.
SCHILLING, Wolfang. "La legge evoluzione della società in Germania del dopoguerra". In: *Rivista delle Società*, Milano: Dottore A. Giuffrè Editore, 1957, p. 37.

SICARD, Mélanges Germain. *Aux Origines des Sociétès Anonymes - Les Moulins de Toulouse au Moyen Âge*, Paris: Librairie Armand Colin, 1953.

SILVA, José Justino de Andrade e (org.). *Coleção Cronológica da Legislação Portuguesa: 1683-1701*. Lisboa: Imprensa Nacional, 1859.

SIVILLE, Armand. *Traité des Sociétés Anonymes Belges, Régies par le Code de Commerce*, 1° vol., Bruxelles: Bruylant-Christophe, 1898.

SWEEZY, Paul Marlor. *Teoria do Desenvolvimento Capitalista*, São Paulo: Editora Abril Cultural, 1983.

TENA, Felipe de Jesus. *Derecho Mercantil Mexicano*, vol. 2, Mexico: Porrua Hnos y Cia, 1939.

THALLER, Edmond-Eugène. *De la Nature Juridique du Titre de Crédit*, Paris: Librairie Nouvelle de Droit et de Jurisprudence, Arthur Rousseau, Éditeur, 1907.

_____. *Traité Elémentare de Droit Commercial, à l'exclusion du Droit Maritime*, 4ᵉ édition, Paris: Arthur Rousseau, Éditeur, 1910.

THORNTON, Henry. *Enquiry into the Nature and Effects of the Paper Credit of Great Britain*, 1° vol., London, J. Hatchard, 1802.

TRABUCCHI, Alberto. *Instituzioni di Diritto Civile*, Pádua: Casa Editrice Dottore Antonio Milani – CEDAM, 1950.

TROPLONG, Raymond-Théodore. *Du Contrat de Société en Matiere Civile et Commerciale: Contrat de Mariage*, vol. 2, Paris: Hingray, 1843 (ISBN: 978-116797739-8).

TUNC, André. *Le Droit Anglais des Societés Anonymes*, Paris: Librairie Juridique Dalloz, 1971.

ULMER, Eugen. *Das Recht der Wertpapiere*, Berlin: W. Kohlhammer Erscheinungsjahr, 1938.

VALERI, Giuseppe. *Diritto Cambiario*, vol. I, Milão: Casa Editrice Dottor Francesco Vallardi, 1936.

VALVERDE, Trajano de Miranda. *Sociedades por Ações*, vol. I, São Paulo: Editora Revista dos Tribunais, 1953.

VIDARI, Ercole. *Corso di Diritto Commerciale.*, vol. II e III, São Milano: Ulrico Hoepli, 1896.

VIDIGAL, Geraldo de Camargo. "As ações escriturais no Anteprojeto de Lei das S/A". In: *Balencete Mensal*, n° 20, p. 5 e segs.

VIVANTE, Cesare. "Nueva Antologia". In: *Rivista del diritto commerciale e del diritto generale delle obbligazioni*, Cesare Vivante e Angelo Sraffa (org.), vol. I, Milão: Casa Editrice Dottor Francesco Vallardi, 1916, p. 637

_____. *Trattato di Diritto Commerciale*, vols. II e III ("Le Cose"), 4ª ed., Milão: Casa Editrice Dottor Francesco Vallardi, 1914.

WAHL, Albert. *Traité Théorique et Pratique des Titres au Porteur Français et Étrangers*, vol. I, Paris: Librairie Nouvelle de Droit et de Jurisprudence, Arthur Rousseau, 1891.

WALD, Arnoldo. "Crédito". In: *Enciclopédia Saraiva do Direito*, vol. 21, São

AS AÇÕES DAS SOCIEDADES E OS TÍTULOS DE CRÉDITO

Paulo: Editora Saraiva, 1977.

_____ . "Em Defesa das Ações Preferenciais". In: *Caderno Especial da ABERJ*, nº 111 da Associação de Bancos no Estado do Rio de Janeiro – ABERJ, janeiro de 1990, p. 1 e segs.

WEBB, Garn H. *Uniform Commercial Code handbook: analysis and explanation*, New York: Holt, Rinehart and Winston, 1969.

WEILAND, Karl. *Die Kapitalgesellschafien, Handelsrecht*, vol. II, Leizpig: Duncker & Humblot München, 1931.

WHITAKER, José Maria. *Letra de Câmbio*, 2ª ed., São Paulo: Livraria Acadêmica - Saraiva & Comp., 1932.

www.ingramcontent.com/pod-product-compliance
Lightning Source LLC
Chambersburg PA
CBHW050056230526
45470CB00004B/1560